MORYA

I

MORYA I

Enseñanzas de los Maestros Ascendidos

Mark L. Prophet
Elizabeth Clare Prophet

Summit University Press Español®
Gardiner, Montana

La búsqueda del Santo Grial

Los problemas de la humanidad disminuirían, las bandas que esclavizan a los hombres se desatarían, si todos reconocieran en masa

la necesidad de la Búsqueda.

Cuando la caballería floreció en este planeta y los hombres entendían algo de los elementos de la gallardía eterna, existía un espíritu de búsqueda que llenaba el corazón de los hombres, que hacía que buscaran lo que podían hallar mediante un proceso diligente en el cual prometían dedicar su vida a un principio.

Y la esperanza que llenaba su ser los mantenía constantes en su dedicación a ese principio, hasta que realizaban totalmente aquello que sus ojos deseaban observar por sí mismos.

ahora evoco el Grial.

Amados, la búsqueda del Santo Grial llenó la conciencia de muchos caballeros en días pasados, y esa búsqueda no ha terminado. No quisiera quitarle al símbolo del Grial el maravilloso y místico significado que tiene para el corazón de los hombres con una explicación franca de él. Aun así, siento una responsabilidad mayor que todas las demás consideraciones que me hace afirmar aquí y ahora:

que el Santo Grial se convierte en el cáliz de la ofrenda de los hombres;

que las personas que buscan el Santo Grial llegan a un punto en el que se dan cuenta de que, aunque exista un Grial llamado santo,

a menos que su expresión luminosa individual (su forma física, su cuerpo emocional, su cuerpo mental y su cuerpo de la memoria) se purifique compasivamente con los fuegos de la devoción de tal manera que esos cuerpos se conviertan en un cáliz en el que el Espíritu Santo de Dios pueda manifestarse, ellas no tendrán la capacidad de reconocer el Santo Grial si llegan a contemplarlo.

Y, por tanto, lo primordialmente esencial para todos los hombres es reconocer en sí mismos:

que Dios les comunica el latido del corazón de la eternidad y que ese latido es el de su propio bendito corazón.

Reconocer esto primero, este punto de contacto que es el mantenimiento de la fuerza vital en ellos, se convierte en la puerta hacia reinos infinitos donde la manifestación positiva de las virtudes del cielo llega a existir con resplandor como

la voluntad de Dios…

Os ofrezco mi mano en el santo nombre de Dios.

Os ofrezco mi mano como a caballeros de la Mesa Redonda de antaño.

Os ofrezco mi mano como a cruzados de la santa causa.
Os ofrezco mi mano porque aún hay que buscar el Santo Grial;
y os lo presento como el cáliz de vuestro corazón.

¡Oh, sí que existe un Santo Grial! Y hace mucho tiempo se depositó en Glastonbury. Pero, queridos, hoy se ha amplificado espiritualmente hasta depositarse réplicas de ese Santo Grial como una filigrana radiante de luz alrededor de cada corazón humano que aspire a ser un cáliz de oportunidad Crística...

Amados, hay veces en las que mi corazón se conmueve y siento un deseo... de extenderos ambas manos y tomar las vuestras para deciros:

Oh amado, la caballería de gloria espiritual
continúa amaneciendo para la humanidad.
Eres un recipiente escogido, escogido por la llama de
la vida que tienes dentro para representar a
Dios ante el hombre y a la voluntad de Dios
ante el hombre...

Os convertiréis en caballeros errantes enviados a una búsqueda sagrada. Pero no será una empresa infructuosa, os lo prometo. Será una empresa llena de todo el drama, de todas las maravillas, de toda la música, de toda la alegría y el regocijo que el propio cáliz universal puede contener. Porque no tiene límite esa bendición que cualquier parte de la vida puede extraer de Dios, si tan solo se tiene la fe de creer en ella y después de persistir en seguir adelante superando todas las piedras de tropiezo y engaño...

A vosotros os digo: si no sabéis qué hacer,
deteneos y buscad la llama de la santa voluntad
de Dios, y entonces avanzad y continuad la carrera.
Seguir la estrella y llegad al punto en el que seáis
la total representación del Cristo en
manifestación para que toda la humanidad vea y
contemple al Unigénito del Padre, aparecido de
nuevo en la segunda aparición, la tercera
aparición y la millonésima aparición después de
que cada corriente de vida también haya
manifestado lo mismo, hasta que toda la Tierra
se haya convertido en una diadema de estrellas,
estrellas tan numerosas que todo el universo vea
y sepa que la santa voluntad de Dios, la voluntad
del Cristo, se ha manifestado en cada hombre.

Con este fin servimos en Darjeeling.
Con este fin permanecemos con las evoluciones de este planeta.

¿Permaneceréis hoy conmigo?

El Morya

NOTA AL LECTOR: *Morya I* es una compilación de dictados del Maestro Morya fechados desde el 7 de agosto de 1958 al 25 de diciembre de 1963 (sin incluir las cartas del maestro publicadas como *Perlas de Sabiduría*). Estos dictados incluyen 29 de los 46 publicados anteriormente en *Morya: el maestro de Darjeeling habla a sus chelas sobre la búsqueda del Santo Grial (Morya: The Darjeeling Master Speaks to His Chelas on the Quest for the Holy Grail)* (1982). *Morya I* también incluye tres dictados jamás publicados (capítulos 2, 3 y 28), así como la parte no publicada del dictado que ahora sí lo está en su totalidad en el capítulo 20. Los dictados del 7 de agosto de 1958 (1er capítulo) y del 3 de septiembre de 1961 (13º capítulo) ya se han publicado como *Perlas de Sabiduría* en 1986 y 1982 respectivamente. El prólogo, una carta de El Morya dirigida a sus chelas con motivo de la fundación de The Summit Lighthouse, también se publica aquí por primera vez.

MORYA I
de Mark L. Prophet y Elizabeth Clare Prophet

Título original:
MORYA I
de Mark L. Prophet y Elizabeth Clare Prophet

Para obtener más información, póngase en contacto con
Summit University Press.
63 Summit Way, Gardiner, MT 59030.
Tel: 1-800-245-5445 o 406-848-9500.
Correo electrónico: TSLinfo@tsl.org
Sitio web: www.SummitLighthouse.org

Library of Congress Control Number: 2022952440
(Número de Control de la Biblioteca del Congreso: 2022952440)
ISBN: 978-1-60988-432-1 (rústica)
ISBN: 978-1-60988-433-8 (libro digital)

SUMMIT UNIVERSITY PRESS ESPAÑOL®

Índice

Introducción

Lo amaba antes de conocerlo…

Sin embargo, lo he conocido siempre.

Morya.

Recuerdo cuando me sostuvo en sus brazos con mi vestidito blanco de bautizo. Él, mi padre; y yo, tan amada, tan deseada, tan orgullosa de ser suya. Qué mayor dicha existe que la de amar y vivir en el corazón del Gurú para siempre. Qué recuerdos alimentan al alma en las horas de la batalla victoriosa.

Lo aprecié cuando era Abraham; sentí el poder del Espíritu del SEÑOR sobre él; conocí mi propia fragilidad ante al trasfondo de su fortaleza. Mis dudas se hicieron lágrimas ardientes que dolían ante la presencia de una fe tan grande.

Lo conocí como el Amigo de Dios.

Siempre lo tuve a mi lado enseñándome lo que yo quería ser… lo que yo podía llegar a ser, porque él encarnaba todo lo que Dios era y todo lo que Dios es para mí.

Todo lo que sé de Dios, sé que es cierto gracias a él.

Morya. La simple mención de su nombre me trae lágrimas a los ojos. Porque su amor por mí es tan grande, que tocarlo con alguna parte de mi ser es casi insoportable. Porque un amor así solo puede existir en el cielo. Para mantener un amor así en la tierra hay que traducirlo de inmediato a la acción.

Debo ocuparme de los asuntos de mi Padre porque lo amo… tantísimo.

¿Cómo conocerá o comprenderá jamás el mundo un amor así? Porque es la causa de todos mis esfuerzos y mi voluntad de existir. Sí, quiero existir porque él vive. Y quiero estar donde él esté. Y él está allá donde yo estoy, cuando permanezco en el corazón de la voluntad de Dios. Porque esa es su morada.

Él es una gran águila que se eleva más allá de los Himalayas. Su espíritu es tan tierno, su corazón de un amor tan sereno, de un propósito tan inmaculado, que su escudo y armadura deben protegernos a los dos del divino encuentro… hasta que llegue el momento según está ordenado.

¿Ha conocido un amor tan grande, que le obliga a protegerse para que no lo consuma? Entonces, amigo, usted ha conocido a Morya, y usted también lo ha amado. Y ahora debe conocerlo como lo conozco yo.

Morya es la nomeolvides que crece y florece dentro del corazón. La florecilla azul siempre está ahí. Forma parte de una misma. Una no quiere que le falte. Una casi la da por sentado. Pero es Morya, asomándose por la apertura del yo.

Él es una misma… lo mejor de una misma. Todo lo que una posee de noble, le ha llegado a su templo deslizándose por los rayos de sol del corazón de él. Morya: haces de sol entran en mi mundo, formando cordones de amor hacia su corazón.

Tesoros de eternidad ocupan tiempo y espacio donde estoy, porque él me ama. Porque soy suya.

Si conozco el significado de la verdad es porque su razón pura ha llenado mi mente. Él me ha enseñado todo lo que sé, desde el principio hasta el fin de todas las cosas deslumbrantes y hermosas.

Me ha enseñado los doseles celestiales donde rondan los querubines. Él, el ilustre, me ha ilustrado las matemáticas de las estrellas. Me ha llevado al Sol Central y me ha devuelto. Me ha presentado a sus amigos en otras vías y en otros mundos.

Él me ha enviado a los suyos con esta misión: enseñarles el camino de la voluntad de Dios y devolverlos a su corazón. Por eso me ha llamado Madre, porque lo que él necesita tanto en esta hora de la consumación de los mundos es que sus benditos hijos y sus amadas hijas tengan una madre.

Hay una urgencia cósmica y una gran necesidad en estos momentos; como en los tiempos de Noé, que fueron para la caída y el surgimiento de muchos continentes.

Morya es un maestro del cambio. Él, el Mago, viene para ordenar los cambios. Es el gran astrónomo-astrólogo de las estrellas de su destino. Conoce cualquier planeta que usted diga... los mundos de maya que usted haya lanzado y puesto en el cielo de su propio sistema solar.

Él conoce los movimientos de los cuerpos causales en órbita en la constelación de su personalidad. Conoce el porqué de esos efectos que golpean las rocas del subconsciente, hasta que se llega a la resolución. Y las rocas se suavizan, y el mar está en calma, y solo el suave chapoteo de la marea señala el ritmo de una vida recobrada.

Si usted es listo, amigo, lo buscará y lo encontrará. Y cuando lo haga, le implorará para que interceda en su vida. Porque, como chohán del primer rayo, él tiene la clave de la voluntad de Dios en su vida. Morya desvela el diseño original del alma; es decir, el fuego solar, el viento y la calidez solar, las lluvias solares y la energía terrestre, los mares y las cadenas montañosas de su cuerpo solar.

Todo eso está dentro de usted, y aún más, amigo. Morya me ha enseñado mi universo interior, y aún más. ¡Oh, ojalá pudiera usted imaginar el milagro de todo lo que él tiene guardado! ¡Para usted, para usted!

Yo misma no siempre fui tan inteligente como para darlo todo con el fin de buscarlo. Y aun cuando lo hice, a veces perdí momentáneamente su mano o aparté mi mirada de la suya. Él no me soltó ni me perdió de vista, pero el seguir agarrada a él y la atención puesta en su rostro —¡ah, su bendito rostro!—, eso me tocaba a mí, ¿entiende? Y siempre será así, para usted y para mí, hasta la gran asimilación de los mundos.

Encontrarlo, pues, solo es el principio. Pero agarrarlo y fijar la mirada sin pausa y no perder de vista la meta, esto y más es el fin.

¿A qué fin me refiero? Es el fin del tiovivo del tiempo y el espacio y los ciclos del karma propio y la necesidad de llevar puestos estos recipientes de barro que no dan a nuestra alma la expresión de nuestra naturaleza más interna y grandiosa.

Somos oriundos de otras esferas, y también lo es Morya. Él proviene del origen que todos conocimos. Con su esfuerzo y su triunfo ha llegado a la estación en las octavas superiores donde la vida se vive con un potencial más puro y los seres libres en Dios y los santos esperan nuestro regreso. Esperan a que acabemos el trabajo que ellos empezaron durante los largos siglos de nuestro encarcelamiento en esta Tierra.

Cuando el Cordero abrió el quinto sello, Juan, el amado revelador, vio habitando en un plano del cielo, «bajo el altar» del Altísimo, a las almas de los que fueron muertos por causa de la Palabra de Dios y por el testimonio que tenían.

Juan oyó a esas almas clamar a gran voz:

«¿Hasta cuándo, Señor, santo y verdadero, no juzgas y vengas nuestra sangre en los que moran en la tierra?».[1]

Y observó que a todos se les dieron vestiduras blancas y se les dijo que descansasen todavía un poco de tiempo, hasta que se completara el número de sus consiervos y sus hermanos, que también habían de ser muertos como ellos.[2]

Las almas de este «remanente martirizado», como se las llama, están destinadas algún día a ser consideradas parte de la multitud que nadie puede contar y que se reúne en reinos aún más altos ante el trono del Anciano de Días y ante el Cordero, vestidos de ropas blancas y con palmas en las manos, cuyo clamor, a gran voz, es el decreto dinámico:

La salvación pertenece a nuestro Dios que está sentado en el trono, y al Cordero.[3]

Este mantra de los libres lo repiten una y otra vez durante el ritual sagrado de todo el poder del cielo y la tierra que han obtenido. Son los iniciados del fuego sagrado a quienes el Anciano reveló a Juan como los que salieron de la «gran tribulación», que «han lavado sus ropas, y las han emblanquecido en la sangre del Cordero».[4]

El Apocalipsis, como el libro de Enoc, revela un orden jerárquico del mundo celestial y nuestro futuro sitio en él. A través de esos antiguos textos nos vemos como seguidores de Cristo; primero como sus queridos hijos, después como hijos siervos y, finalmente, como coherederos con él en la gloria del Cordero.

Sabemos que el sendero hacia la gloria *Shekinah* es un camino de persecución que pertenece a los profetas y que Cristo prometió a los benditos. Lo entendemos como un sendero no de aflicción y cilicio, sino de gozosa transmutación, por la cual, a través del fuego sagrado que él ha puesto en nuestro corazón, nos quedamos en la tierra para consumir las obras y el peso del mal planetario. A través de la alquimia del Espíritu Santo, lo que se percibe como la gran tribulación se convierte en la carga generosa del Señor. Y nuestro amor por él es una intensidad rubí que arde en nuestro corazón.

Sabemos que Cristo es quien vive en nosotros y a quien quieren destruir los que obran maldades. Por tanto, la definición de mártir es alguien que lleva a Cristo en su pecho y gozosa y victoriosamente enfrenta la enemistad de este mundo, hasta que este sea transformado total y completamente a través del sagrado corazón de Jesús y diez mil de sus santos.

El remanente martirizado que habita tanto en la tierra como «bajo el altar» son los humildes que consideran a Cristo como su única realidad y como la realidad de su alma. No desean una existencia apartados de él. Viven, se mueven y tienen su ser literalmente en él… porque saben que son su descendencia, el fruto de su semilla. Estando muertos para la carne, sus males y sus placeres, están vivos para la infalible dicha del Espíritu.

Ahora bien, está profetizado que los santos de la tierra

deberán ser muertos del mismo modo en que lo fueron los que esperan en las octavas superiores. ¿Qué clase de muerte es esta? Es la iniciación, enseñada por los adeptos, conocida como el matar al ego, ese ego que es la antítesis del Ego Divino; es transmutación, mediante la llama violeta, del (anti) yo inferior que está en guerra, como observaron Jesús y Pablo, con el Yo Superior.

La voluntad para morir por Cristo (al que se adora como la divinidad esencial de todos los hijos y las hijas de Dios), en el sentido de entregarse uno mismo al Escogido, es la esencia del sendero y las enseñanzas de la Gran Hermandad Blanca.*

Los que aúnan sus esfuerzos en el camino del servicio radiante en el cuerpo místico de Dios y como él, componen esa confraternidad de almas ascendidas y no ascendidas. De hecho, los términos *Gran Hermandad Blanca* y *cuerpo místico de Dios* son sinónimos, refiriéndose ambos a los santos vestidos de blanco y a los ejércitos del Fiel y Verdadero, descritos en el Apocalipsis.

El primer grupo de devotos, mencionado en el Apocalipsis 6:9-11, son los discípulos que aún están equilibrando las cargas de la injusticia individual y colectiva. Su mantra, «hasta cuándo, Señor...», revela el sentimiento de lucha, que aún supone una carga en su sendero de la superación. El segundo grupo, descrito en el Apocalipsis 7:9-17, son los iniciados que ya han salido de la gran tribulación, que consiste en enfrentar el karma personal y planetario.

Estos últimos, estudiantes más avanzados de la Ley del Uno, han dado los pasos iniciáticos de lavar sus «ropas», es decir, sus cuatro cuerpos inferiores o vehículos de conciencia, de todas las manchas producidas por el abuso del libre albedrío, de las leyes de Dios y su energía en todas las encarnaciones anteriores. Estos han emblanquecido sus ropas mediante la transmutación a través de la sangre (es decir, el fuego sagrado) del Cordero. Su mantra llega a los reinos superiores de su alabanza perpetua a Dios.

Estos iniciados, que moran con Dios y que lo sirven día

*La palabra *blanca* no se refiere a la raza, sino al aura, al halo que rodea a estos inmortales.

y noche en Su templo, han trascendido las octavas inferiores, donde los que aún no han logrado la victoria sobre la bestia de la naturaleza humana siguen evolucionando espiritualmente mientras asumen el dominio sobre fuerzas y contrafuerzas en la tierra.

Aquellos cuya transición a los planos del cielo los ha llevado ante el trono de Dios y a la morada de su Cordero, se denominan Maestros Ascendidos. Estos han ascendido al plano del YO SOY EL QUE YO SOY. Durante el proceso de la maestría sobre sí mismos en el tiempo y el espacio, han cumplido todos los requisitos que la Gran Ley exige para el diseño original interior y el plan divino de su alma.

Estos Maestros Ascendidos, de entre quienes nuestro querido Morya es de lo más humilde y distinguido, guían con amor a las almas que suben por las octavas de la tierra y que han sido «muertas» vida tras vida por la Palabra de Dios y por el testimonio de Verdad que tuvieron.

Estos discípulos del Señor, que dijeron: «Para este fin nací y por esta causa vine al mundo, para dar testimonio de la Verdad», también son *chelas* de los Maestros Ascendidos. Ser un chela significa que uno ocupa la posición de consiervo de Cristo junto con los maestros, mientras estudia y trabaja bajo su dirección por la iluminación de las evoluciones de la Tierra.

Los discípulos de Cristo en todas las épocas son aprendices de aquellos verdaderos pastores a quienes el SEÑOR prometió enviar en lugar de los falsos pastores, que «destruyen y dispersan las ovejas de mi rebaño».[5] La asombrosa Verdad eterna es que los Maestros Ascendidos son los verdaderos pastores que vienen con todo el poder del Señor, Justicia Nuestra, prometido a través de Jeremías. En ellos reconocemos y seguimos la excelencia de su ejemplo de Cristeidad individual. Nos apegamos a ellos como nuestros amados y reverenciados maestros instructores, que nos enseñan a multiplicar y perfeccionar nuestra ofrenda sobre el altar de Dios.

Los Maestros Ascendidos, nuestros hermanos y hermanas mayores, han adorado tanto al Cristo vivo que se han unido a él a través del Cordero, y comparten la herencia de comunión perpetua con Dios siendo él, el Todopoderoso, manifiesto en la persona del Anciano de Días.

Nosotros, sus chelas encarnados físicamente, trabajamos codo con codo con otros chelas que continúan la gran obra de las eras en la octava etérica de la Tierra. Este es el sitio «bajo el altar» donde podemos descansar «por un poco de tiempo», ya sea entre encarnaciones o mientras esperamos la realización del plan divino de aquellos compañeros de trabajo que aún están esforzándose para traer el reino de Dios (su conciencia) a la manifestación en la tierra mediante su testimonio de la Verdad.

Ahora, amigo mío y querido lector, le traigo este conocimiento de los órdenes de los santos descritos por el amado Juan, que el propio Morya me ha dado, para que usted se pueda considerar parte de los hijos de la luz subiendo por la escalera de la grandiosa espiral evolutiva de la vida, paso a paso. Nuestro amigo El Morya (la palabra *El* delante de su nombre se refiere a Dios y al que siempre pone a Dios primero) es nuestro instructor (Gurú), que nos enseña la diferencia entre lo que está bien y lo que está mal, que nos revela el Camino… y el camino que parece derecho y que su fin es la muerte del alma.

El Morya nos enseña tanto en el plano etérico, en su retiro de Darjeeling, como poniéndose entre nosotros y entregando dictados a través del Espíritu Santo, como los reunidos en este libro. Del mismo modo, muchos Maestros Ascendidos, como Saint Germain, tienen retiros etéricos especialmente para sus chelas.

El plano etérico (que es tan tangible o incluso más que el plano físico al que está acostumbrada nuestra mente) es el punto de reunión de los maestros y sus chelas. Nosotros «subimos» desde las octavas más densas de la tierra y ellos «bajan» desde las octavas superiores del cielo.

Nuestro cuerpo etérico es el vehículo del alma, la «vestidura» que llevamos por la noche mientras el vehículo físico descansa y se recarga. Tal como nos cambiamos de ropa cada noche, quitándonos la ropa de día y poniéndonos la de noche, nuestra alma sale de su vestidura física y entra en las dimensiones etéricas, vestida con el «traje espacial» adecuado.

Por tanto, noche tras noche, a niveles internos, estudiamos y servimos juntos en los retiros de los Maestros Ascendidos de la Gran Hermandad Blanca. Al amanecer volvemos a la escena de la tarea que tenemos actualmente en la tierra para aportar la mayor utilidad y el amor más grande a nuestra familia, a nuestros amigos y a la evolución planetaria en la que nos encontramos.

Para mí y para mi difunto esposo e instructor, Mark L. Prophet, y para millones de personas que adoran la voluntad de Dios primero, después y siempre, Morya es el guía. Él conoce el camino de la superación de nuestra alma en Cristo. Él nos conoce, a cada cual, de manera íntima. Porque el Señor Jesucristo le asignó esta tarea.

Puede que usted lo haya conocido como Tomás Moro, cuya vida fue y sigue siendo el paradigma de todas las virtudes en Cristo por las que nos esforzamos.

Quizá lo recuerde como Arturo, rey de los britanos, ocupante del trono de toda Inglaterra por derecho.

Puede que haya seguido los hilos de su encarnación musulmana como Akbar el Grande, gobernante del Imperio mogol, el rey Arturo de la India.

O quizá para usted Becket sea la figura que sobresale por encima de todas las demás como el gigante de la Inglaterra medieval, cuya alma ciertamente ha debido incendiar los mundos internos.

Yo lo he conocido como todos ellos y más, y he llorado en muchas vidas por su martirio, planeado por sus enemigos más dedicados y llevado a cabo por la mano de amigos bien intencionados y chelas ineptos.

Lo amo con un amor ardiente que es el fuego purificador, un fuego que no puede apagarse hasta que ha hecho su trabajo. Este amor se traduce en un deseo de hacer más por él, más y más, hasta que su trabajo está hecho y el nuestro puede descansar un poco de tiempo, hasta que llegue el llamamiento superior.

Morya es el amante de nuestra alma; y nuestra alma, desnuda en Dios, desea ser asimilada espiritualmente por aquel a través de cuyo corazón diamantino somos trasladados a la conciencia superior de nuestro Yo Real, que espera apenas detrás del velo.

Igual que Cristo nos dijo: «Esto es mi cuerpo que por vosotros es partido... tomad, comed; esta es mi sangre... bebed todos de ella», nosotros le diríamos a Morya, ese ser libre en Dios siempre con nosotros a través de Emanuel: «Esto es mi cuerpo que por ti es partido. Tómame, maestro. Asimílame. Me entrego por completo a Dios a través de ti. Toma mi sangre y mi carne, el Alfa y la Omega de mi ser. Aquí, Señor, en la tierra como en el cielo, deja que yo sea tu corazón, cabeza y mano».

Este libro es la historia de El Morya, escrita por El Morya. Consiste en unos dictados a su amanuense y mensajero Mark L. Prophet entre los años 1958 y 1963. Durante la potente entrega del Espíritu Santo que hicieron, yo estuve presente junto con otros chelas de los Maestros Ascendidos en todos los dictados, excepto en los trasmitidos antes del verano de 1961 (cuando conocí a Morya y a Mark «exteriormente») o en aquellos que Mark recibió mientras viajaba a los hogares y los centros de los chelas de Morya, donde se dieron algunos de ellos.

A través de la palabra impresa usted encontrará una manera de concentrar su atención en aquel ser espiritual que hoy está vivo y coleando en el planeta Tierra en las múltiples dimensiones del ser que ocupa gracias a su logro, incluyendo la octava física.

El Morya está más allá del reino de lo palpable. Los que se cobraron su cabeza en siglos pasados no pueden desfigurarlo ni martirizarlo. El Morya es inmortal, uno con Dios, un santo en el cielo vestido con la blancura de la gloria de Cristo, cuyo siervo sigue siendo y tras cuyos pasos nos guía.

La excelencia de su alma, la brillantez de lo que algunos llaman su mente geminiana minis, su capacidad con las leyes de

Dios y el hombre, su conocimiento más que exhaustivo de los asuntos que van de la salvación a la historia, la arquitectura, la ciencia antigua de la construcción de pirámides y los logros extraordinarios de la Atlántida, todo esto y más lo convierten, para quienes lo conocen y lo aman, en *la fuente inagotable,* la fuente de sabiduría que necesitamos para nuestra Cristeidad individual.

En este libro, Morya se revela a sí mismo como el Gurú inimitable. Por lo que dice a sus chelas se descubre en cierto modo la clase de maestro que es. Porque los maestros de hecho tienen su personalidad, y muy fuerte. Morya también revela el estado de conciencia de los chelas y su discipulado, tanto en general como en particular. Por eso publico este libro, para que usted se familiarice más con Morya y consigo mismo como un chela en potencia, o quizá avanzado, en el sendero de la iluminación a través de la maestría sobre usted mismo en todos los planos de su ser.

A través de las palabras y frases enfatizadas por su inefable amor y la intensidad de su celo por liberarlo a usted del mortal engaño y el devaneo con el yo inferior, encontrará al Morya que siempre ha conocido y amado, tanto en esta vida como en los mundos de la prexistencia de su alma, donde él también lo sostuvo en sus brazos en el momento del bautismo, cuando sus patrocinadores celestiales lo dedicaron a que fuera e hiciera la voluntad de Dios. ¡Oh Morya, vivo porque te amo!

Elizabeth Clare Prophet

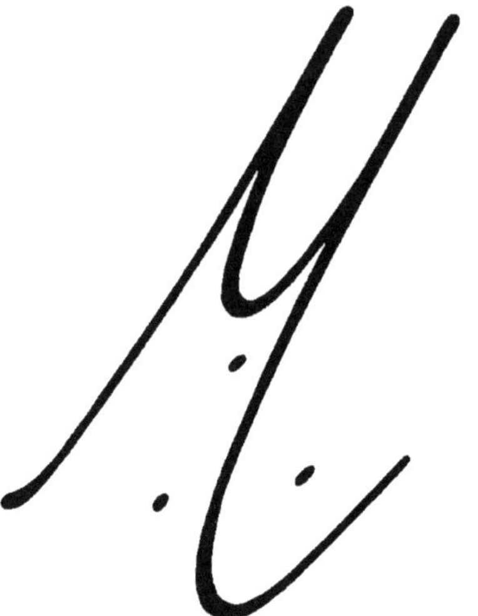

Prólogo

8 de agosto de 1958

¡Chelas míos!

¡Para mí poseeros no es más que hacer la voluntad de Dios!

La ofrenda más grande de mi corazón es revelaros las oportunidades que nosotros, la hueste ascendida, conocemos. Porque estas ofrecerán a las corrientes de vida las experiencias y vías de servicio necesarias para hacer posible la entrega del bien más grande de todos, de forma individual y colectiva, de acuerdo con la sabiduría divina. Un servicio así, prestado con amor y voluntariedad, también expandirá el servicio y la luz de esa gran jerarquía de luz, tan bien denominada como la Gran Hermandad Blanca.

¡Cuán a menudo habéis sentido mis vibraciones! ¡Cuán a menudo habéis respondido al poder magnético de mi amor cuando he enviado el Llamado! Ahora, de nuevo, por necesidad y ley cósmica, he considerado necesario dirigir mis energías hacia una nueva línea de trabajo a través de ciertos chelas míos no ascendidos.

Cuando las primeras oleadas de mi actividad apenas empezaron a moverse en el corazón del amado *Daddy Ballard**, pocas personas de la humanidad imaginaron con la conciencia exterior qué actividad tan magnífica estaba naciendo o qué enorme sería el resultado de sus aplicaciones.

---

*Sobrenombre con el que sus seguidores conocían cariñosamente al mensajero del Movimiento YO SOY, Guy Ballard. (N. del T.)

Muchos de vosotros, la mayoría, fuisteis suficientemente afortunados para que se os incluyera entre los que vivieron el potente impulso de mi radiación cuando emitió el primer ímpetu del cumplimiento de la voluntad divina de Dios en la Actividad YO SOY. Todos vosotros visteis el comienzo tan pequeño expandirse más y más, hasta llegar a ser un penacho azul magnífico de fe, cuyo resplandor ha cubierto a todo este planeta con las bendiciones de la buena voluntad.

En medio de la aparente victoria, sin embargo, muchos se asustaron al descubrir que yo había iniciado el trabajo de formular otro plan de acción, iniciando el movimiento del Puente a la Libertad. Una vez más vosotros respondisteis a mi llamado y formasteis el núcleo de esa actividad tan esperanzadora, que quería llevar esperanza al corazón de los hijos de los hombres de todo el mundo, cuyo corazón anhelaba más luz. La exteriorización planeada de esa actividad, la maravillosa estimulación de esperanza, se manifestó como el penacho amarillo de la llama trina.

Cuando se le quita la silla a alguien que se está sentando, no cuesta saber cuál será el resultado. Porque la ley de la gravedad, como sabéis, no tiene favoritos. Igual que la ley de la gravedad hace que la sustancia densa baje, las viejas costumbres del pensamiento y el sentimiento de la humanidad hacen que la conciencia exterior haga una evaluación negativa de la mayoría de las situaciones problemáticas cuando se propone encontrar las sombras en vez de pedir al instante nuestra luz para el problema, lo cual disiparía las sombras y corregiría todas las cosas.

Como es natural, yo os perdono por hacer eso, incluso antes de que me lo pidáis; pero no os sorprendáis cuando os digo que la persona normal y corriente, incluso nuestros chelas más sinceros, siente que este aparente cisma entre el Puente a la Liberad y la amada Sra. Ekey es algo personal. Mirarán deprisa al mundo de todas las personas implicadas en este asunto para ver qué tipo de defecto haya y determinar, si es posible, a quién echar la culpa.

¡Levantad la cabeza ahora! ¡Levantad los ojos! ¡Contemplad a Dios en todo esto! Y al hacerlo, veréis el camino superior que intentamos presentaros y os daréis cuenta de que el verdadero motivo de esta expansión no surge del barro de la personalidad humana.

El motivo verdadero y real de este nuevo estallido cósmico, cuando avanzamos hacia la Nueva Era de los gloriosos logros del amado Saint Germain, es el progreso en las actividades del séptimo rayo. Por tanto, la potente causa detrás de ello se os revela aquí y ahora como la necesidad de establecer la llama de la caridad, la llama rosa del amor divino en acción cósmica, en la tercera actividad de la llama trina.

Esta es la Ley, amados. ¿Comprendéis? Estamos marchando hacia una luz más grande, incondicionada por la conducta humana. En el nombre del cielo, en el nombre de Dios Todopoderoso, vuestra amada Presencia YO SOY, ¿creéis que Dios y el Gran Consejo Kármico deban desarrollar sus planes según los caprichos del pensamiento humano? ¡No!

Nuestras ideas nacen en el corazón flamígero de la Verdad misma; y afortunados sois cada uno de vosotros que podéis tomar parte del glorioso karma de producir la perfección que exteriorizaremos a través de vosotros, si os interesáis voluntariosa y amorosamente en servir a esta causa en el nombre y por la autoridad del amor divino.

Este amor divino ahora fluye, y continuará fluyendo hacia vosotros y hacia todos quienes sirvan amorosamente con vosotros en esta actividad del Faro de la Libertad*, no solo desde mi corazón y el de la amada Nada, Saint Germain, Jesús, la amada María y todas las huestes resucitadas, sino también de los grandes Helios y Vesta, con la gloriosa impronta ígnea de los propios Alfa y Omega del Gran Sol Central, en los aspectos más optimistas de su santa naturaleza.

Esta enorme entrega de amor divino, que es la mismísima

***Lighthouse of Freedom,* nombre original. (N. del T.)

sustancia luminosa de nuestro ser, esperamos verla personificada en cada uno de vosotros. Esto, lo decreto, tendrá lugar, helando, como si dijéramos, su propia forma de pensamiento como una hermosa oración de Maestros Ascendidos para cada uno de vosotros, decreto que se sostendrá en nuestra octava hasta que cada uno de vosotros esté totalmente ascendido y sea totalmente libre.

¡Oh, hijos de mi corazón, sentid mi amor ilimitado por vosotros! Soy bien consciente de todo el alcance del servicio y sufrimiento físico que algunos de vosotros habéis asumido voluntariamente al poner vuestras energías sobre el altar de la vida. Este karma lo habéis asumido abnegadamente para la transmutación, a través del uso del fuego violeta, de modo que la raza pueda liberarse con más rapidez.

Yo también sé que al yo exterior no le gusta pasar por cambios constantes. Cuando vuestras raíces apenas han llegado al nivel del agua y aún no han alcanzado un mínimo de tenacidad, arrancarlas y transferirlas al desierto estéril de la incertidumbre no os resulta cómodo. Sin embargo, os pido que comprendáis, si podéis, que todo esto sirve al interés del avance del progreso.

Si pensáis en ello por un momento, estoy seguro de que cada uno de vosotros comprenderá que tanto Saint Germain como yo, así como cada una de las huestes ascendidas que ha pisado el camino de la Tierra, hemos pasado por tribulaciones parecidas, siempre amando la vida lo suficiente para cooperar con total altruismo y con el empuje propio de la vida hacia su meta suprema. Sabéis que la obediencia no es más que la cooperación amorosa con el Bien, y que está escrito: «El obedecer es mejor que los sacrificios».[1]

Ahora bien, quiero que sepáis algo de la belleza y magnificencia positiva a cuya exteriorización física os pido que os dediquéis ahora, en esta actividad del Faro de la Libertad, a fin de completar la llama trina de mi empeño. Porque esta actividad está afianzada en el poder del bendito Elohim Hércules y su complemento divino Amazonia, con la total protección Crística de nuestro amado Señor Miguel y la ilimitada cooperación de mis legiones de llama azul, así como mi pleno poder en acción como chohán del primer rayo.

La estructura corporativa del Faro sin duda debe ser de material de corazón diamantino, y la integridad de las corrientes de vida que compongan ese corazón me son conocidas a niveles internos. ¡La lucha debe ser un registro olvidado para todos los interesados que sirvan a esta causa! La cooperación amorosa mutua, así como con nosotros, debe ser un fíat divino de luz para todos vosotros.

Las células de este centro del corazón, aquí, en la zona oriental de estos Estados Unidos, deben hacer un máximo esfuerzo para producir la claridad cristalina de los impulsos totalmente acumulados de sus Santos Seres Crísticos. Deben hacer destellar esta luz cristalina a través de todo su ser coma la cualidad radiante del penacho rosa, amor divino, para la vida en todas partes, liberando a la vida mediante el glorioso resplandor de la *luz que nunca, nunca, nunca falla.*

Las nuevas enseñanzas que entregaremos en esta oleada de progreso están basadas en la esperanza en que la fe, cargada de amor, os transmita a vosotros y a todos los que con amor sirvan a nuestra causa, mediante la aplicación a su Presencia YO SOY, una expansión ilimitada de la llama trina que late en el corazón de todos.

A medida que vayáis adquiriendo este conocimiento mayor que entregaremos y cuya exteriorización será una alegría para vosotros, todos vosotros hallaréis esa paz que sobrepasa todo entendimiento[2] de la mente exterior. Porque esta nueva actividad del Faro traerá la mayor entrega de libertad para la vida desde los días de las antiguas eras de oro.

Las ascensiones ya no serán emisiones aisladas desde la Tierra; porque habrá ascensiones en masa cuando se ame a la vida libre y sus energías transmutadas acumulen unos impulsos tales como para hacer que la vida obedezca la orden Divina de los hijos de la luz: «¡Belleza, amor y verdad, manifestaos!».

Ahora, queridos corazones, no creáis que no soy consciente de las confusiones que puedan haberse manifestado en vuestra mente y en vuestros sentimientos en lo que respecta a las actuales apariciones de aflicción. ¡Simplemente procurad no darle más poder a esta fuerza! Aferraos continuamente a vuestra amada Presencia YO SOY y a mí. Yo no dejaré de verter la luz de mi mismísima vida en todos aquellos de vosotros que la invoquen con un corazón sincero y que con constancia se aferren a ella con una gran fe en el presente y el futuro, aferrándose también a una esperanza firme y a una caridad benigna. Debéis mantener estas cualidades por todos los hijos de la Tierra que anhelen hallar un cese de todas las aflicciones.

En el futuro, en nuestra actividad del Faro, los decretos deberán estar graduados para distintos niveles de conciencia. Las instrucciones se deben exponer de una manera tan sencilla que todos puedan comprenderlas; y vuestro servicio ha de ser constante, como implica la vocación de un Guardián de la Llama. A medida que sirváis así y desarrolléis personal y colectivamente estas cualidades Divinas dentro de vosotros y a vuestro alrededor, llegaréis a ser un Faro espiritualmente pintoresco construido sobre la roca de la verdad. Esta roca de la verdad será la solidificación de todos los granos de verdad vivos que se han encarnado en las dos actividades anteriores.[3]

Este Faro será un edificio que, construido con solidez sobre la roca de la verdad y afianzado en ella, elevará su gran superestructura al cielo para que todos la contemplen. Entonces, con la atención fija, los ojos levantados de la humanidad se mantendrán constantes sobre la luz y la perfección de la hueste ascendida. Y el símbolo del Faro será el haz más maravilloso que haya hecho destellar su pulsación a través de la noche de la conciencia humana desde que el Señor Miguel devolvió a su origen a la primera raza raíz en la victoria de la ascensión.

Tal es la necesidad del momento. ¡No dudéis de vuestra destreza ni de la mía para realizarlo! Dios y el Bien están de vuestro lado. Podéis ayudarnos a expandir la luz todopoderosa[4] de este Faro hasta que su resplandor alcance y bendiga el final de vuestra cadena planetaria, llenando todo el espacio con la fragancia pura de las flores de la libertad.

El amor que hizo nacer la belleza de la buena voluntad de Dios en nuestra primera actividad YO SOY, sigue siendo mantenida eternamente por nuestro amado y misericordioso Obediencia, *Daddy Ballard,* que siempre está tan cerca de vosotros y es tan querido por vosotros.

Ahora pongo vuestra mano y vuestro corazón contra el mío mientras juntos miramos el patrón divino de la perfección eterna de Dios, que está encarnado en todas las células de los seres y mundos de los Maestros Ascendidos. A su amor y luz os encomiendo ahora, esperando ver sus cualidades exteriorizadas a través de vosotros, tal como YO SOY.

Atentamente,

EL MORYA KHAN: ¡Vondir!

N.B.: *Khan* es un título utilizado en la India; significa «gobernante» o «señor». *Vondir:* el amado Maestro El Morya, también conocido como Maestro M., con frecuencia utiliza ese término después de su firma o al final de un mensaje o enseñanza; significa «¡Dios te bendiga, te guarde y te acompañe en tu camino!».

1

Con una sonrisa de esperanza

Avanzad, hijos de las huestes celestiales, ¡avanzad! Sostened en alto ante vosotros vuestro escudo de fe. Sí, sostenedlo en alto y daos cuenta de que en efecto nos estáis dando la mano.

Es mucho mejor que sonriáis, queridos corazones, a que frunzáis el entrecejo. Pues, al fin y al cabo, la hueste angélica muestra la sonrisa de Dios allá donde va, porque disemina la cualidad del consuelo. Y estoy seguro de que, como os dijo el Maha Chohán, vosotros también sentisteis la radiación de su consuelo y su amor.

Y ahora quiero que sintáis la radiación de mi poder y mi voluntad. ¿Sabéis, queridos corazones, que la energía con la que he cargado las tres actividades[1] es enorme? ¿Sabéis que no creo que este planeta pueda contener de una vez, si la sumarais, la enorme energía y el conocimiento que la acompaña que he emitido a lo largo de los años?

Sin embargo, aquí estoy, otra vez al trabajo. Y esto me recuerda un poco a la obra de uno de vuestros dibujantes, cuando creó el patrón que ha divertido a los niños, el de Blancanieves y los siete enanitos.[2] E hizo que los enanitos cantaran: «Ay ho, ay ho, marchando a trabajar». Otra vez os digo: «¡Marchando a trabajar!».

Por tanto, debéis arremangaros. Debéis olvidaros del pasado, porque el pasado de hecho es prólogo. Pero debéis aceptar que la amplitud del futuro está ante vosotros, un futuro que puede ser tan hermoso como queráis hacer que sea.

Ahora, si tomáis un cubo cristalino de luz pura sin grabados y hacéis pasteles de barro sobre él, estoy seguro de que nadie admirará el cubo cristalino. Pero si tomáis el cubo cristalino y con las energías de vuestra corriente de vida grabáis en él los hermosos rostros de los seres ascendidos haciendo su voluntad, lo que logréis se manifestará en efecto ante los ojos de toda la humanidad, que dará gloria a Dios por vuestras obras en él.

Lo habéis oído decir antaño: «Una ciudad asentada sobre un monte no se puede esconder»[3]. Y os digo que, entre los varios cuerpos de estudiantes con los que entraréis en contacto, hay cantidades de estudiantes de otros grupos de ocultismo, protectores de los misterios sagrados, que tienen la capacidad de saber qué clase de manifestación estáis produciendo.

Una dispensación de Helios y Vesta para esta actividad

Por tanto, os insto, amados corazones, a hacer aquellas cosas en vuestra vida que no me desacrediten ni a mí ni a las huestes ascendidas; no simplemente porque me enorgullece (sin rubor) presentaros ante el mundo, sino porque las almas de las corrientes de vida a las que llegaréis recibirán una gran ayuda a través de vosotros si os aceptan con fe. En las actividades pasadas que hemos patrocinado, desafortunadamente (y no me entretendré en explicarlo), ha habido corrientes de vida que han pensado que por tener libre albedrío podían hacer lo que querían. Y así les hemos dicho: «Haced lo que queráis».

Ahora bien, en esta actividad nueva de The Summit Lighthouse of Freedom no os agarraré de las faldillas para obligaros a que hagáis esto o lo otro. Pero os extiendo mi amor y os digo que espero que deis vuestras voluntades libremente a Dios. No os obligo, sino que espero que lo hagáis porque me habéis indicado a niveles internos que estáis dispuestos a hacerlo. Y os he creído, y en base a eso he conseguido de Helios y Vesta a gran precio una dispensación para esta nueva actividad.

Os aseguro que debido a ciertas acciones que tuvieron lugar

en actividades anteriores patrocinadas por los Maestros Ascendidos, no fue fácil conseguir esta dispensación. Sin embargo, con la esperanza del cielo, he ofrecido (como aval por mis chelas) tesoros espirituales de los que no voy a hablar.

Y hoy estoy ante vosotros, con mi turbante y mi faja, con una sonrisa de esperanza que no se atenúa por los fracasos de mis chelas en cualquiera de las acciones del pasado. Estoy cristalizando ante vosotros la luz del corazón diamantino con un enorme poder.

Cada uno de estos pequeños cristales de diamante tiene una forma triangular, y la llama azul arde en ellos y canta una canción del Creador de toda la Vida, diciendo: «¡Tu voluntad, oh, Dios, es buena! ¡Tu voluntad, oh, Dios, es buena! ¡Tu voluntad, oh, Dios, es buena!».

Y estas llamas azules cantan un himno de alabanza al Padre de la Vida. Y el cristal a su alrededor está compuesto de las radiantes esperanzas de los hijos de la luz que están reunidos. He tomado las esperanzas espirituales de muchos, tanto de las huestes ascendidas como de las no ascendidas, y con mis propias manos he formado en el aire ante vosotros el símbolo cristalino del corazón diamantino. Este corazón en realidad está compuesto de las esperanzas de ellos, y tiene la radiación de mi corazón.

Rodeo a este hermoso corazón diamantino, que exteriorizó María, la Madre de Jesús, con un patrón más grande de mi corazón, y cargo el corazón diamantino con las cualidades de mi corazón de carne, no la carne física, sino la carne del nacimiento nuevo, ¡la carne del Espíritu vivo de Dios!

Salvaguardad nuestra inversión en esta actividad: sed nuestros socios

Oh chelas míos, no es apropiado que El Morya llore, pero lloraría si creyera que eso sirva para daros una mayor eficiencia en traer al Origen una cosecha con dignidad. Hay tantas personas que creen que nuestras energías son ilimitadas, y por supuesto que así es. Pero deseo enfatizar que, aunque no nos atormenta el desagrado al entregarnos a nuestros chelas, difícilmente es apropiado que debamos derramar constantemente nuestras energías sin ninguna esperanza de recibir nada a cambio. Es más, la Gran Ley no lo permite.

Llamo vuestra atención a la parábola del hombre que enterró el talento de su señor, y cuando este regresó le dijo: «Aquí tienes, señor, lo que me diste. Te lo devuelvo». Su señor dijo: «Debías haber dado mi dinero a los banqueros, y al venir yo, hubiera recibido lo que es mío con los intereses… Al siervo inútil echadle en las tinieblas de afuera»[4].

Cuando esté ante los Señores del Karma en años futuros, habiendo entregado a The Summit Lighthouse una inversión tan grande de energía como me concedieron, y me pregunten: «¿Cuál ha sido tu cosecha?», si solo les puedo devolver aquello que me dieron como dispensación original, sin que se haya multiplicado en las obras de mis chelas, en vuestro nivel humano bajaríais la cabeza con vergüenza. Pero en mi nivel cargaré con la responsabilidad. Seré responsable y podré perder más que el aval que he puesto hoy.

Y así, a las huestes ascendidas no les complace no recibir nada a cambio por su inversión. Porque sabemos que cuando volvamos a llamar a la puerta por nuestros chelas que están aquí abajo, puede que no nos la abran.

Por tanto, os insto a que salvaguardéis nuestra inversión en esta actividad con vuestra mismísima vida y seáis nuestros socios. Sé lo que ya habéis invertido, y sé lo que invertiréis porque me amáis y porque yo os amo.

Regocijaos en la mutualidad de nuestra fe. Somos socios de Dios. Y como sus socios, es cierto que no podemos fallar. Sin embargo, recordad, queridos corazones, que es la carne externa la que es débil. Solo la carne es débil. El espíritu a la verdad está dispuesto.[5] ¡Oh, Dios, danos más espíritus; danos más espíritus que estén dispuestos y de igual modo fortalécelos en la carne!

Os tocamos con una radiación especial

Y así, nosotros de las huestes ascendidas nos hemos reunido hoy entre vosotros, tocándoos con una radiación especial de la voluntad de Dios en el mismo punto de la cabeza que tocaron los dedos del Maha Chohán.

Allá donde vayáis, alrededor de vuestras corrientes de vida, en un diámetro de trescientos metros, derramaremos como pequeños diamantes brillantes la luz de la voluntad de Dios. Daos cuenta de que, como faros de Dios, llevaréis esta radiación; y tratad de manteneros en calma y controlar los enormes impulsos de energía que a veces se vierten a través de vosotros.

Recordad, por supuesto, que soy un «hombre del primer rayo» y soy consciente de lo poderosas que son las energías del primer rayo. Sonrío porque hay mucha gente que, en su bendita ignorancia, supone que toda esta actividad es simplemente el producto de la imaginación humana.

A nosotros, las huestes ascendidas, nos resulta difícil al mirar atrás, incluso a nuestras encarnaciones pasadas, comprender cuáles son las limitaciones que tiene la humanidad. Porque cuando se llega a nuestro reino y nos retrotraemos en el tiempo y el espacio, ¡no se ve nada más que la gloria de Dios! Las limitaciones del pasado se olvidan.

Se ve el hermoso poder de Dios, se ve la voluntad de Dios, se ven los haces resplandecientes y se dice: «Oh, esto es fácil». Y entonces, al cargarlos en la contumaz sustancia de la humanidad, uno siente la espada de la vida misma doblarse y ceder porque la humanidad ha solidificado su voluntad en el sentido equivocado.

Recordad, queridos corazones, que la voluntad humana, cuando se usa mal, sigue poseyendo las cualidades de la voluntad de Dios y, por tanto, puede hacer que la forma se moldee en creaciones erróneas igual que puede hacer que la forma se moldee en creaciones justas. Y así, hay una fuerza espiritual debilitada sobre otra fuerza espiritual; en primer lugar, una creación de sombra y luego, una creación de luz y vida.

Dadnos la mano y escalad la gloriosa montaña de fe e iluminación

Podría hablaros durante muchas horas y contaros muchas experiencias maravillosas que tenemos en los reinos ascendidos, pero comprendo que se os podrían cansar los oídos. ¡Pero esta tarde no creo que ninguno de vosotros se sienta cansado en lo más mínimo! Creo que os alegraría que os hablara más tiempo.

Os prometo que habrá otros momentos en los que el sol de la vida brillará y estaremos juntos. Entretanto, os alegraréis todos los días al reunir las *Perlas*[6] según van saliendo de la mano de Dios. Enhebrad los mensajes de estas *Perlas* con el cordón de la vida como para exponerlas excelentemente da la humanidad.

¡Oh chela, levanta las manos! Oh querido corazón, nuestra amistad es muy antigua y hay veces que anhelo sacar la mano y, como en la carne, volver a dártela con amistad. Llegará el momento en el que eso sea posible. Entretanto, aférrate a mi mano en el Espíritu.

El cáliz de la vida siempre tiene la cualidad del cristal. Cuando un chela exterioriza la cualidad de la fe, otro exterioriza la del amor. Cada uno irradiará la cualidad del amor por el enorme amor que sentís por Jesús y las huestes ascendidas.

Y el contacto a través de quien estoy hablando exteriorizará la cualidad de la esperanza en vuestra actividad, porque él ha tenido mucha esperanza y no siempre ha visto la cosecha manifiesta exactamente en la manera que deseó. Pero yo le aseguro también que el futuro traerá días más soleados. Y todos vosotros veréis días más soleados cuando levantéis el cáliz de la conciencia hacia la poderosa Presencia de Dios, que YO SOY, y contempléis la luz (el Cristo) de Dios, que no puede fallar. No puede fallar porque es la vida de Dios y porque exteriorizará la voluntad de Dios independientemente de la sustancia contumaz o cualquier fantasma de la conciencia o la imaginación humana.

Y la voluntad de Dios quiere que el resplandeciente Hijo de Dios vaya victorioso en cada uno de vosotros y en todos los que han de llegar a esta actividad y que son de la luz. ¡Y el resplandeciente Hijo de Dios está yendo victorioso ahora con toda la gloria!

Espero que los no ascendidos del pueblo de Dios nos den la mano y escalen la montaña gloriosa de fe e iluminación. Espero que esto llegue a tener lugar. Y haré todo lo que esté en mi poder para que así sea, junto con las huestes ascendidas de luz y los hijos de la Gran Hermandad Blanca. Y los Hijos de la mañana en la llama, los arcángeles, las arcangelinas, los señores de las montañas santas, Merú e Himalaya, harán su parte.

¡He hablado! ¡He hablado! ¡He hablado!
¡Adoro la luz! ¡Adoro la luz! ¡Adoro la luz!
¡Levantad la cabeza hacia la luz!
¡Levantad la cabeza hacia la luz y alabadla!
Vondir.

7 de agosto de 1958
Filadelfia (Pensilvania),
en la fundación de The Summit Lighthouse
a través del Mensajero Mark L. Prophet (MLP)

2

Trabajar y ganar

¡Morya saluda a todos los chelas de la Gran Hermandad Blanca allá donde estén reunidos! Morya saluda a los chelas de la luz, de la libertad, reunidos por la gloria y el honor de la libertad que expresa a Dios, que se expresa en la naturaleza y como se ha expresado tan noblemente a través de la vida y las energías de la vida de aquel al que con amor llamamos Libertad; me refiero al amado Saint Germain, chohán del séptimo rayo.

Las palabras que os digo hoy tienen una corriente vibrante de mi energía, y como comentario de apertura os digo a cada uno de vosotros: «¡Trabajar y ganar!».

A lo largo y ancho de esta gran extensión de tierra a la que llamáis hogar, cada día millones de personas van a trabajar duro. No hay nada más cierto que esto no es como Dios quiere, en el sentido de que no debería existir un sentimiento de lucha ni debería existir un sentimiento de afán en el trabajo. Pero en medio de toda esta discusión sobre el tema en sí —trabajar y ganar— os digo, amados corazones, que el propio Jesús hace mucho tiempo pronunció estas palabras: «El Padre hasta ahora trabaja, y yo trabajo».[1] Ahora bien, si evaluáis este pensamiento adecuadamente, estoy seguro de que cada uno de vosotros verá que Jesús quiso decir: «El Padre presta el servicio supremo al universo, y yo presto el servicio supremo al universo».

Es cierto que no es posible que cada uno de vosotros pueda expresar la plenitud de Dios. Pero es posible que cada uno de vosotros pueda admitir esa posibilidad. Amados corazones, cuando os ponéis límites diciendo que no sois perfectos y enumerando, como si dijéramos, vuestras imperfecciones y debilidades que ahora habéis expresado o que expresáis ahora, erigís un muro entre vuestro Yo Divino y el patrón inmortal de perfección de la vida para vosotros, que de alguna forma menor (y a veces mayor) actúa para evitar un logro real que buscáis.

Os ofrecemos con gusto el impulso acumulado de nuestra victoria

Puesto que este año el Faro de la Libertad se ha dedicado a prestar servicio a la felicidad de toda la humanidad, hoy deseo, como servicio mío de amor, eliminar del corazón de cada uno de los que escuchan mis palabras (y cada uno de los que lean mis palabras) cualquier idea de limitación. En verdad, la eliminación de la limitación es como quitarle de delante a un antiguo castillo un gran rastrillo de hierro. Ello abre de par en par la puerta para que las grandes huestes de luz —incluso las huestes de luz aún no ascendidas, pues os saludo como tales— puedan pasar y entrar a la victoria, la victoria que estáis llegando a ser realmente.

Para ello, para trabajar y ganar, sobre todo debéis aceptar no solo la posibilidad, sino que debéis aceptar que Dios quiere que prestéis vuestro servicio y que logréis la victoria. Para hacer esto con dignidad debéis tomar cada día tal como llegue y debéis renovar vuestra fortaleza cada día, como dijo el salmista de antaño.

En verdad, nosotros de las huestes ascendidas no logramos la victoria en un día ni en un año. A veces fue el trabajo de siglos. En vuestro caso, el Señor en las alturas ha oído y ha acortado el tiempo necesario para el logro.

Si nos dais la mano muy suavemente, pero con firmeza, si nos dais a diario vuestra atención y os sintonizáis con nuestro mundo, nosotros os ofrecemos con mucho gusto el impulso acumulado de nuestra victoria, la marea de amor puro. Si alguna vez habéis escuchado el ruido del oleaje, sin duda un corazón honesto admitirá tener un sentimiento de asombro sobrecogedor, ciertamente la primera vez que la persona oyó el oleaje. El gran océano del infinito, el gran océano del amor de Dios, hace latir su mensaje en el corazón de toda la humanidad cada día. Y nuestro propósito al daros este discurso es activar vuestra conciencia de tal manera que veáis con claridad y percibáis esta oleada de amor como una sustancia real y tangible que entra en vuestro mundo a nuestro llamado y al vuestro.

Porque, amados corazones, cuando nos llamáis, nosotros debemos responderos. Pero, además, cuando llamamos a nuestra amada Presencia Divina, YO SOY, esa Presencia nos responde al instante. Porque eso es aquello en lo que nos hemos convertido y es aquello en lo que vosotros os convertiréis en la victoria de vuestra ascensión. Estas no son palabras vanas, sino que son palabras para trabajar y ganar.

El servicio del Espíritu Santo, la magnificencia de la efusión que hace de la luz ilimitada de la libertad, ha comenzado a brillar en vuestro sendero con una luminosidad mayor en el Faro. Esto no se debe a que deseemos atribuir ningún desmerecimiento a todos los hitos del pasado, porque sin los hitos del pasado, ¿cómo podría haber un presente? Porque «de Egipto llamé a mi hijo»,[2] se dijo de Cristo hace mucho tiempo. Y, en verdad, de la esclavitud Dios os ha llamado a todos, llamándoos a disfrutar la libertad ilimitada y sin trabas de la hueste ascendida, llamándoos a tener y a que atesoréis como algo sagrado en vuestro corazón el amor que tenemos y que con gusto compartimos con vosotros.

Que haya una gran efusión de buena voluntad y libertad

Hoy sois los invitados a nuestra mesa. Y no os damos migas, sino que os damos la sustancia eterna para que podáis satisfacer vuestra alma a la mesa festiva de Dios Todopoderoso, y con acción de gracias podáis comer el pan de libertad en memoria de ese amado Saint Germain, cuya luz amo y me enorgullece y alegra tanto llamarlo hermano mío.

Amado Saint Germain, acompáñame hoy y haz resplandecer en este grupo (incluso el primer día de la clase, aquí, en Filadelfia) la magnificencia de la luz de tu corazón. Que haya una mezcla de rayo azul y violeta en una gran efusión de buena voluntad y libertad que atraviese esta clase cada día, haciendo hebras de luz pura que tejan un tapiz hermosísimo y den a cada cual que haya asistido a estas reuniones la capacidad de volver a su hogar, con el corazón latiendo con una mayor felicidad por la libertad exteriorizada que extraerá de su amada Presencia YO SOY y de ti y, en verdad, de todos nosotros. ¡Pues el Espíritu de la Gran Hermandad Blanca os saluda hoy, oh benditos chelas de la hueste ascendida!

En verdad, esta actividad está destinada a ser, al poneros a trabajar juntos para ganar, una ciudadela, una torre a lo largo de la costa rocosa de la conciencia humana, y a extraer del océano las magníficas corrientes que irradien la luz de Dios por tierra y mar, mostrando a la humanidad que la luz de Dios nunca falla y que esta proporcionará un viaje seguro hacia el hogar a todo corazón que ame el amor, a todo corazón que ame a un amante y a todo corazón que esté abierto a recibir las vibraciones de pureza y libertad con toda la confianza y el conocimiento de que Dios no podría querer nada menos con su voluntad. Pues su virtud y su fortaleza están llegando a existir en la humanidad.

En la Divinidad misma hay una verdadera fuente de sabiduría. Y nosotros de la hueste ascendida hemos entrado en esa fuente para añadir gotitas de nuestras energías y los potentes torrentes de nuestra amada Presencia YO SOY y Santo Ser Crístico. Al recibir nosotros las sagradas energías de nuestros propios corazones en esta unión, esta gran ola creciente de entusiasmo por el amor y la buena voluntad de Dios envolverá a la Tierra y al universo. Y al chapotear el mar contra la orilla más distante, ocurrirá en vuestra conciencia esa paz que supera todo entendimiento,[3] esa paz que viene de conocer la verdadera libertad en la buena voluntad, un entrar y un logro que no conoce fin, pero que en sí mismo es un eterno comienzo.

Os concedo mi bendición

Os doy las gracias por las energías de vuestro corazón, estudiantes de Filadelfia y de todo el mundo. Os doy las gracias a todos y cada uno de vosotros, personal e individualmente. Os estrecho la mano y os concedo mi bendición, la bendición del primer rayo y de su chohán.

Que tengáis éxito a lo largo de esta clase con alegría, que sus ahora divinamente ordenadas energías puedan descender a vuestro corazón con la gracia del Espíritu Santo y traeros consuelo y paz a cada momento de cada día sagrado.

Que tengáis éxito ahora a través del poder de su luz y amor en los que os sello siempre, a los que toda la hueste ascendida os encomienda.

Gracias y buenas tardes.

2 de junio de 1959
Ciudad de Washington
MLP

3

No os canséis de hacer la voluntad de Dios

Os traigo saludos de la Hermandad de Darjeeling, aquellos que conocen el significado de la sagrada voluntad de Dios, no como un yugo o una carga a la espalda, sino como un manto a llevar con honor y dignidad.

Amados, al repasar mentalmente una parte de mis viajes en tiempos muy remotos y al considerar cómo algunos de vosotros también habéis estado conmigo desde los días teosóficos y a lo largo de muchos movimientos, pienso en ello un poco como en una travesía del desierto sobre algunos de los especímenes animales más infelices, como los camellos. Muchos de vosotros, individualmente, habéis viajado un poco sobre la joroba de un camello. Y aunque el viaje pueda haber sido levemente incómodo a veces para vuestro mundo físico, vuestro amor y vuestra devoción no os han disuadido de soportar las incomodidades de ese viaje para poder, al final, encontrar un oasis de paz y armonía donde al voluntad de Dios se conoce.

Por tanto, hoy os saludo con todo el destellante y magnífico amor del corazón diamantino. Ese amor, amados, está afianzado dentro de vuestro mundo.

Os deleitáis, me decís, al oírme hablar. Yo también me deleito en hacerlo. ¿Acaso creéis que el placer es todo vuestro? Yo comparto ese placer. Porque muchos de vosotros me habéis hablado no solo durante el día, sino que en las horas nocturnas habéis hecho una vigilia y habéis contemplado conmigo las condiciones discordantes y disonantes del planeta, y habéis llamado a Dios Todopoderoso para alterar y cambiar esas condiciones. Tal devoción la comparo con las sagradas vírgenes vestales de los antiguos templos de la Atlántida, que cuidaban del fuego sagrado incluso con demasiado cuidado o con un cuidado mayor con el que algunos de vosotros, amados custodios de las plantas de la casa, cuidáis de vuestro jardincito.

Amados, voy a deciros solo unas pocas palabras más. Pero quiero que sepáis que estoy aquí, al lado del amado Saint Germain mientras os habla hoy, no con sus vestiduras reales, sino que está aquí, a mi lado, sobre el estrado, y lleva puesta una sencilla prenda de luz blanca resplandeciente, que le cae de los hombros a los tobillos. Tiene en el borde una sencilla franja de oro y muy pocos adornos, excepto por la luz de su corazón y la de sus centros, que irradian su amor y luz eternamente a toda la humanidad en el nombre de la libertad.

Benditos, continuad este viaje. No os canséis de hacer la voluntad de Dios. Es el único sendero posible que conduce a vuestra libertad. Yo, que os amo más de lo que la mente mortal pueda imaginar, os agradezco vuestra presencia aquí y os bendigo con la voluntad de la Hermandad de Darjeeling.

22 de mayo de 1960
Burnett Sanctuary
Nueva York
MLP

4

El regalo del Dios Tabor

Misericordiosos amigos y chelas míos del fuego sagrado, la verdad es que he estado esperando impacientemente, casi, para hablaros. Estoy seguro de que comprenderéis que como ser espiritual tengo un control total sobre mi paciencia, pero el enorme poder de atracción que tiene vuestro amor y la atención que habéis puesto sobre mí casi me sacó del Grand Teton la pasada tarde, y me fue algo difícil contenerme para no marcharme y venir aquí. Pero ahora, con alegría, estoy con vosotros.

Os traigo saludos de la Hermandad de Darjeeling, cuyo credo, «quiero»,* os es tan familiar a la mayoría de vosotros como lo es la acción vibratoria de mi amor y el amor del fuego sagrado. Traigo conmigo a un amigo de gran talla. Traigo a un amigo que ha participado en los servicios las pasada tarde en el Cónclave del Gran Teton. Y creo que, aunque él no os diga nada, vosotros apreciaréis plenamente la acción que llevará a cabo para el servicio de la luz cósmica.

Hoy, conmigo, sobre el estrado está un ser cósmico majestuoso. Todos vosotros estáis familiarizados con el Señor Tabor, y estoy aquí para deciros que conmigo está el Dios Tabor. Su presencia tiene un propósito muy especial, y estoy seguro de que la mayoría de vosotros estaréis muy interesados en oírle hablar. De este modo va a llevar a cabo un acto muy especial.

---

* "*I will*". (N. del T.)

La naturaleza celebra la eterna Misa Crística

Por toda la Tierra, como sabéis, existen varios pinos magníficos. Todos esos pinos conservan su verdor durante todas las estaciones del año. El motivo de que se mantenga esta acción es porque ello es en honor, en un sentido de la palabra, a la eterna Misa Crística. Por tanto, muchos de vosotros habéis expresado, durante la belleza del período navideño, el deseo de que el maravilloso espíritu de la Navidad se conserve en el corazón de los hombres todo el año.* Amados, esta es la verdad: el espíritu de la Navidad siempre se conserva en nuestro corazón. Y en honor a ese espíritu, los pinos han sido dotados por Dios Todopoderoso de esta eterna inocencia, de esta belleza y de este verdor. Ahora bien, hoy el Dios Tabor, que tiene mucho control y mucha actividad en lo que respecta a los pinos del mundo, va a llevar a cabo un servicio, dirigido desde este santuario en Nueva York, para toda la Tierra.

Mientras os hablo, el Dios Tabor levanta las manos y hace una invocación especial. Esta invocación en primer lugar se dirige al corazón de los amados Helios y Vesta en el sol de este sistema solar y después se proyectará con poderosos rayos luminosos a través del cosmos, hasta el corazón de los amados Alfa y Omega. Y su fíat ya se ha autorizado. El fíat que hoy pronuncia entre vosotros y que se está emitiendo por la Tierra es que todos los pinos de la Tierra exuden hoy una fragancia intensificada cien veces por una esencia espiritual, que saturará la Tierra con una acción purificadora, y que esta acción purificadora produzca en el corazón de los hombres un sentimiento más grande de una Navidad eterna. Este es un regalo muy real y misericordioso del corazón del amado Dios Tabor. Y os voy a decir por qué se ha producido.

Amados amigos de luz, amigos de la voluntad de Dios, siento la enorme radiación de vuestra Presencia Divina que proyecta su amor hacia mí. Pido que intensifiquéis este amor hacia

*En inglés, Navidad es *'Christmas'* y Misa Crística es *'Christ Mass'*. (N. del T.)

vuestra Presencia Divina y que hagáis el favor de no concentrarlo tanto en mí, porque debo continuar con lo que nos ocupa. De otro modo, me vais a atraer hacia vuestra aura personal y casi se me va a olvidar el tema sobre el que estoy tratando de hablaros. Por tanto, por favor, dirigid vuestra enorme atención, amados corazones, hacia vuestra Presencia divina mientras continúo hablándoos y derramando mi amor.

Purificad el intelecto, educad el corazón

Amados, en este planeta se necesita una actividad especial. Anoche se habló en el Cónclave del Grand Teton de que a la humanidad le ha faltado enormemente una expresión de inteligencia divina. Ahora bien, esto no es cierto en lo que respecta a la humanidad en su totalidad, en un sentido de la palabra, puesto que hay personas en este planeta que son bien capaces de expresar el rayo de la sabiduría y el poder del intelecto. Estas tienen y poseen el poder y la capacidad del intelecto. Tienen y poseen el poder y la capacidad de comprender grandes principios científicos, de comprender el uso de muchos idiomas y comprenden muchas, muchas ideas profundas, y las captan casi al instante. Otras, sin embargo, tienen muchas dificultades para comprender hasta simples hechos. Entre estas personas del planeta cuyo cuerpo y capacidades intelectuales son tan limitadas, se encuentran muchos corazones tan magníficos que ni siquiera deseo deciros lo magníficos que son.

Ahora bien, hasta cierto punto aquí existe un estado de desequilibrio, en un sentido de la palabra. Muchas de las corrientes de vida que poseen un intelecto y unas capacidades y destrezas de comprensión amplísimas y enormes, no pueden poseer las cualidades del corazón con la misma capacidad con la que tienen las cualidades del intelecto, y viceversa. Puesto que esta circunstancia existe y es un hecho auténtico y real en el planeta, se ha producido cierta discordia como resultado directo de la incapacidad por parte de los que poseen grandes y enormes capacidades intelectuales de comprender totalmente la acción sencilla del corazón de quienes no poseen esas capacidades enormes e infinitas (casi) de sabiduría. Por tanto, los que tienen el gran poder del corazón no parecen ser capaces de comprender por qué su mundo no recibe las grandes capacidades de sabiduría y comprensión divina. Este ha sido un tema de la Gran Hermandad Blanca anoche.

Por supuesto, amados corazones, comprended que aquí el karma juega su papel y que los que no tienen las grandes capacidades intelectuales carecen de ellas simplemente porque no han expandido su cuerpo mental o porque, en algunos casos, han consumido narcóticos, cigarrillos u otros agentes químicos o han hecho uso de otros dispositivos en particular que han hecho que se extienda una película por la cubierta del cerebro, por la piamadre y la duramadre. Por tanto, la cualidad de la sustancia cerebral posee cierto grosor, tanto que no puede comprender o reconocer los grandes aspectos divinos que se están manifestando en el rayo de la sabiduría.

Ahora bien, del mismo modo, el corazón de algunos hombres es casi como una bellota que tuviera una cáscara más dura, porque parece que tienen muchas dificultades para tener un sentimiento de amor divino. Como sabéis, yo adoro mucho la expresión: «De pequeñas bellotas grandes robles crecen». Y así, por ese motivo espero poder hoy romper la cáscara, no solo de los aquí presentes que tengan corazones sin desarrollar, sino de las personas de todo el planeta que no están aquí presentes.

Debido a la fragancia del pino que están despidiendo todos los pinos de la Tierra simultáneamente tras el llamado del Señor Tabor, está teniendo lugar una gran acción purificadora a niveles internos mientras yo hablo. Y la acción se produce con un propósito expreso de purificar el intelecto de toda la humanidad a fin de que en los distintos continentes del mundo donde hay personas que viven en la desgracia y la discordia (muchas de ellas en nuestra India sagrada, vistiendo *dhotis* y poco más) puedan comprender y sentir una gran necesidad de aprender. Pero debe ser la enseñanza adecuada, no una simple capacidad intelectual o un acrecentamiento, sino una comprensión, *educare,* un corazón educado capaz de apropiarse del intelecto infinito de Dios Todopoderoso y del gran poder del rayo de la sabiduría, y capaz también de combinar el sentimiento del corazón con una reverencia divina hacia toda la vida.

Que la fe despeje el camino para vuestro servicio a la vida

En las junglas de África hoy día hay un hospital construido por Albert Schweitzer. Muchos de vosotros no comprendéis, y algunos de vosotros sí, las potencialidades de esta gran alma de luz, que es amigo mío personal a niveles internos. Se ha dicho que no es bueno que reconozcamos a las personas que aún están encarnadas debido a los celos humanos. Yo, Señor Morya El, Señor del Primer Rayo, declaro que reconoceré, sí, decido reconocer a este hombre, Albert Schweitzer, por el enorme resplandor que ha derramado sobre las junglas de África.

En esta sala hay un joven que está estudiando el órgano con mucho esmero. Quiero que ese joven sepa que yo observo la luz de su corazón. Él también tiene un deseo de servir a la luz. Esto es algo real, algo tangible. Regocíjate. Recuerda que el señor del primer rayo te ha hablado hoy, diciéndote: tu servicio también puede expandirse en tu campo, la música, igual que Albert Schweitzer expandió su amor en la jungla. A cada cual lo suyo. Y a todos nuestra luz.

Ya ha pasado el tiempo en el que los hombres deban ser diletantes, aventurándose en esto o aventurándose en aquello y no sabiendo exactamente dónde están. ¿Creéis que el amado Jesucristo apareció simplemente por ser una persona nacida para caminar aquí, por la Tierra, y vivir treinta y tres años, reunir a un grupo de discípulos a su alrededor y crear una nueva fe y religión? Amados corazones, la mayoría de vosotros sabéis que la Gran Hermandad Blanca, que existió gracias al amor de seres espirituales por el corazón de Dios, hace mucho lleva deseando exteriorizar una gran fe y amor divinos en la humanidad para que esta extraiga esa gran y magnífica fe Divina. Tal como el Señor Miguel Arcángel tiene su espada de llama azul, las personas tienen en su mano una espada de fe. Con frecuencia esta posee el poder de cortar delante de ellas, despejar el camino y eliminar de su camino los obstáculos que con tanta frecuencia han impedido que la vida exprese la perfección Divina.

Nuestro amado Mensajero, que está aquí hablándoos, también ha tenido muchas oportunidades de topar en el camino con las piedras de tropiezo que le han puesto en él. No le gusta mucho cuando hablo de él, pero tengo motivos para hacerlo; y, por tanto, decido ejercer la prerrogativa. Espero que me perdone.

Al honrar vuestro cargo, honráis a vuestro Dios

Amados, os pido a cada uno de vosotros que hoy intentéis reconocer de manera consciente el poder del Dios Tabor, de modo que de hoy en adelante aquellos de vosotros que hayáis escuchado este dictado tal como se da en el Santuario de la Presencia de los Maestros, apreciéis para el equilibrio de vuestra vida el amor de un ser ascendido, el chohán del primer rayo. Yo honro mi cargo. Podáis vosotros hacer lo mismo. Y al honrar vuestro cargo, honráis a vuestro Dios.

Hoy os digo: los que honran la bandera de este país o de cualquier país del que provengan, que sea un país constructivo que viva en la luz constructiva de Dios, también dan tributo a Dios. Porque este país surgió no sin que se pagara un precio, y los hombres siempre han de ser conscientes del precio que han de pagar, no en el sentido de que el precio sea demasiado alto, sino en el sentido de que es necesario pagarlo. La razón de que haya que pagarlo es que en este universo siempre hay equilibrio, y los hombres creen que reciben algo sin dar nada a cambio. Pero lo que reciben sin dar nada a cambio es nada; lo que reciben dando algo a cambio es multiplicado por nuestro amor cien veces. Ya ha pasado el tiempo cuando una falta de unidad entre los hombres deba manifestarse.

Necesitamos cuerpos para servir a la luz

Estoy de lo más agradecido a Mary Myneta por su amable expresión de abrir la puerta aquí, porque ha sufrido muchas tribulaciones personales. No hablaré de eso. No deseo hablar de los asuntos personales de las personas. Sin embargo, deseo expresar mi gratitud. También deseo reconocer a todos los líderes de los grupos y a las personas de esta audiencia, no en lo individual, sino que deseo reconoceros, aunque podáis pensar que quizá no os perciba a cada uno de vosotros. Os percibo. Y quiero que sepáis que, independientemente de la actividad en la que hayáis servido a la luz, por ello os estoy agradecido. Estoy agradecido porque puede que al servicio a Dios no se le dé un nombre. Sin embargo, tenéis un cuerpo. Este tiene identidad. Los hombres os reconocen por él. Lo mismo es cierto con respecto a The Summit Lighthouse. Es necesario que tengamos alguna forma de cuerpo a través del cual podamos obrar.

En el pasado hemos tratado de establecer varios cuerpos. Hace muchos, muchos años, el amado y magnífico Kuthumi… amado Kuthumi, estoy agradecidísimo de te hayas dignado también a venir aquí conmigo hoy y a estar aquí en el estrado a mi lado. Te doy la bienvenida, hermano mío, gran hermano de luz, instructor cósmico. Te recibo con gran alegría. Por tanto, amados corazones, ahora que Kuthumi también está aquí, quiero que tengáis un sentimiento de reverencia por ese gran intelecto divino que puede manifestarse por todo el planeta y que producirá la comprensión divina en la conciencia de la humanidad.

Es esencial eliminar el velo. Es esencial abrir paso a una era de cooperación Divina. Los corazones de la humanidad me han exclamado tanto de noche como de día, no solo en este augusto cuerpo y asamblea, sino en todo el mundo. Puede que os sorprendáis cuando os diga que hay representantes en las Naciones

Unidas que incluso me han llamado por mi nombre. Algunos ni siquiera me conocen por mi nombre, pero me han llamado reconociendo que existe una gran influencia divina, el cargo de chohán del primer rayo, cuya responsabilidad hacia el gobierno ordenado es muy esencial en el mundo de los asuntos públicos. Por tanto, cuando los corazones de los hombres exclaman, nosotros debemos responder por ley cósmica. Cuando respondemos, nuestra respuesta es diligente.

Aferraos a la mano de vuestra Presencia Divina

¿Podéis imaginaros, queridos de la luz, que un ser ascendido acudiera a vosotros faltándole diligencia? ¿Pensáis que voy a presentarme entre vosotros sin empujaros suavemente a que toméis la mano de vuestra Presencia Divina y os aferréis a ella con un poco más de firmeza de lo que lo habéis hecho en tiempos pasados? Oh, sé que creéis que os habéis aferrado con mucha fuerza. Sentís que habéis logrado mucho, y quizá os hayáis esforzado hasta el último límite. Esto no es necesario. El esfuerzo con frecuencia se produce porque las personas, con su gran ansiedad de hacer nuestra voluntad, sienten la necesidad de tener que empujarse a sí mismas sin dejar que la Presencia las guíe hacia adelante. Os recuerdo que en Egipto la columna de fuego por las arenas del desierto fue un haz para Moisés y las tribus de Israel, pero iba delante de ellos para iluminar el camino. Vuestra Presencia Divina es así.

Yo, El Morya, Señor del Primer Rayo, estoy aquí hoy entre vosotros para deciros: nunca, nunca, nunca, en toda la eternidad, habrá nadie ni nada que sustituya a vuestra Presencia Divina. Esta es la luz de Dios que nunca falla. Esta Presencia Divina es vuestra magnificencia. Es la magnificencia de toda la vida compartida y de cada ser ascendido. Cuando nos encontramos unos con otros, nos inclinamos ante esa Presencia unos de otros, esa Presencia Divina. Y cuando nos encontramos con vosotros, nos inclinamos ante la Presencia Divina sobre vosotros y ante la luz Crística de vuestro corazón.

Deliberaciones del Cónclave del Grand Teton

«Engrandeced la voluntad de Dios, engrandeced la voluntad de Dios, engrandeced la voluntad de Dios», esa ha sido vuestra súplica. Pero la humanidad ha continuado en la desesperación y la discordia. En parte esto se debe a una falta de corazón. En parte esto se debe a una falta de inteligencia. Por tanto, el gran Cónclave del Teton ha reflexionado mucho sobre todo este tema. Y, ahora mismo, ante el Consejo Kármico hay dispensaciones, súplicas y peticiones relativas a un equilibrio de las energías obligatorias y naturales de los hombres en este sentido, amados corazones, para que la gran sabiduría de algunos hombres sea expandida y entregada a otros y la gran luz del corazón de otros complemente a los que son así de sabios. Este intercambio puede ser posible. Aún no se ha resuelto cómo lo deseamos. Vosotros también podéis ayudarnos haciendo llamados a la Presencia de Dios para la producción y la fuerza sustentadora de nuestra luz hasta que hayamos terminado nuestras deliberaciones.

Amados corazones, hay muchísimas personas que creen que después de ascender obtendrán de inmediato toda la sabiduría del universo. Estas personas no entienden muy bien que se asciende saliendo de la limitación y que ello supone nada más que la apertura de una puerta, y que las infinitas capacidades y poderes de Dios Todopoderoso son «por los siglos de los siglos». Y, por tanto, nosotros, igual que vosotros, emitimos energía. También tenemos deliberaciones y consejos. Tenemos grandes salones de luz. Y hacemos nuestras pequeñas fiestas y reuniones en las que hablamos, en la luz de nuestro corazón, del bienestar de la humanidad. Todo esto tiene un propósito, especialmente en lo que respecta al planeta Tierra: elevar y producir a las razas hasta que la era de oro pueda llegar a su plenitud y ese gran Manú, mi padre, el Gran Director Divino, pueda traer en Sudamérica por derecho esa magnífica civilización.

La ciudad de Brasilia, la nueva ciudad de Brasilia, tiene una arquitectura y una construcción de la Nueva Era. La finalidad que se tuvo de ubicarla ahí no ha sido comprendida por muchos, pero los que tienen el entendimiento de la ley divina y un conocimiento más profundo de los propósitos de la Gran Hermandad Blanca son conscientes de toda esta variedad de cosas.

Seguid siendo humildes ante vuestra Presencia Divina

No amonesto a aquellos de vosotros que quizá aún seáis más simples de comprensión. Tenéis un gran corazón. Pero hoy os digo: debido al poder del Dios Tabor, muchos de vosotros vais a ver que se os expandirá el intelecto enormemente. La única advertencia concreta que doy acaso es que sigáis siendo humildes ante vuestra Presencia Divina. Podéis ser positivos para el mundo, pero humildes ante vuestra Presencia Divina, y dad vuestro amor a otras personas de la humanidad a medida que vuestro intelecto también se expanda. Y aquellos de vosotros que tengáis dificultad en expandir la luz de vuestro corazón y no fuisteis capaces de generar con facilidad sentimientos de gran amor por los seres cósmicos y por otras personas de la humanidad, tendréis una mayor facilidad en los próximos días debido a la acción cósmica de la ley de independencia cósmica que ha actuado hoy en la ciudad de Nueva York.

En el centro de las Naciones Unidas, como si dijéramos, hemos enviado a las naciones unidas del mundo nuestro fíat, y hemos rezumado nuestra fragancia y nuestro bálsamo de pino a través de las corrientes del aire del mundo para poder producir entre la humanidad una eliminación de la película y el velo que ha impedido que una corriente de vida manifieste las grandes comprensiones divinas y las magníficas inteligencias que son de Dios. También estamos expandiendo la luz del corazón. Y, por tanto, está teniendo lugar una acción de equilibrio que es realmente maravillosa.

Una radiación que ninguno de vosotros olvidaréis

No deseo cansaros hoy, aunque he oído decir mientras hablaba de que algunos de vosotros habéis dicho que deseáis que os hable todo el día. Amados corazones, aquí hay otros que quizá no se sentirían tan cómodos como vosotros si continuáramos. Sin embargo, la radiación que voy a emitir al marcharme será una radiación que ninguno de vosotros olvidará, porque el Dios Tabor, el amado Confucio, el amado Lanto y muchos de Venus de hecho han venido a acompañarnos, en la atmósfera de este templo, porque este es un momento cósmico, como si dijéramos, un momento en el que la historia se está produciendo; no la historia con la que el mundo está demasiado familiarizado, sino la historia del Espíritu, que los que tienen corazón y sienten amor por Dios entenderán bien.

Gran Director Divino, gran columna magnífica de luz resplandeciente del Dios eterno, haz resplandecer sobre todos los presentes, sobre los hijos de la séptima raza raíz que han de venir y sobre todos, tu manifestación perfecta salida del corazón diamantino y resplandeciente de Dios. La voluntad de Dios, que es buena, es la voluntad de todo hombre si únicamente reconoce que él y ella están unidos a su Fuente. ¡Elevaos, elevaos, elevaos y engrandeced la voluntad de Dios! Levantad, levantad la bastilla de vuestra conciencia y reconoced que incluso en silencio, los Maestros Ascendidos son capaces de hacer resplandecer su luz a través de vuestro cuatro cuerpos inferiores y a través de la atmósfera de todo un planeta para producir una unidad cósmica más perfecta, un amor cósmico más perfecto en un mundo donde la perfección a menudo ha faltado.

En el nombre del Señor Miguel Arcángel y del Sol de donde vino, en el nombre de los grandes seres cósmicos y las fuerzas de los elementos, en el nombre del Señor Maha Chohán, en el nombre de todos los hijos del cielo y los grandes Cristos Cósmicos que han venido y han embellecido a esta Tierra y atmósfera para ayudar a los rezagados, en el nombre de Alfa y Omega, yo, vuestro amigo de antaño, vuestro amigo en Darjeeling, que a menudo hace otros viajes, me despido con mis mejores deseos hacia vosotros; no con un adiós, pues volveré a menudo. Hoy os dejo con mis mejores deseos. Y si os detenéis y comprendéis lo que eso significa, solo os deseo lo mejor en vuestro progreso hacia una mayor armonía, hacia una mayor paz, hacia una mayor sanación en vuestro cuerpo y vuestra mente y todo lo que sois.

Sois mis hijos tanto como los hijos de Dios. El chohán del primer rayo ama a todos en cada rayo. *Lux fiat. Omnipotens.*

Gracias y buenas tardes.

3 de julio de 1960
Nueva York
MLP

Nota: Se sugiere utilizar en el hogar la fragancia de pino, el incienso de pino y que se quemen agujas de pino, todo ello acompañado por la invocación a la amada Presencia Divina y al Dios Tabor, para vivificar y purificar las facultades mentales, el equilibrio del corazón y la cabeza y para limpiar el olor en los espacios cerrados o a humedad de los efluvios astrales y los desencarnados.

5

El castigo de un padre a sus hijos

Desde los lejanos Himalayas, llevado por las grandes corrientes cósmicas del aire, sonrío a esos corazones de luz que durante tanto tiempo nos han derramado, a nosotros del Consejo de Darjeeling, la radiación de su gran corazón. No os habéis inmutado; y, por tanto, me regocijo. No os habéis inmutado al acercarse a vuestro corazón el fuego cósmico. No os habéis dado la vuelta con miedo a que os quemara, sino que habéis entrado a comulgar con vuestro Presencia Divina. Y esto siempre es una bendición para aquellos corazones que son suficientemente valientes, suficientemente fuertes, suficientemente puros, suficientemente santos, suficientemente amantes para poder dar devoción a una causa y poder quizá darles la espalda a otras.

Os digo que una humanidad no puede adherirse a todas las causas. Es imposible que los hombres sirvan a todos los maestros.[1] Antes que nada deben dar lealtad a su Presencia y después a nosotros de las huestes ascendidas. A lo largo de los tiempos he observado muchas veces cuando las personas creían que podían, como si dijéramos, jugar a varias bandas, por así decirlo, y darle la mano a Dios por un lado y a muchos hombres por otro. Os digo que vuestra lealtad principal se la debéis a vuestra llama Divina y a nosotros de las huestes ascendidas. Y entonces no hace falta que temáis cómo hayáis de caminar, porque no tendréis ningún escorpión en el pecho, sino que en el pecho tendréis el amor y la gratitud eterna a Dios y a los seres ascendidos y cósmicos.

Nuestras disciplinas son fuertes

Nuestras disciplinas son fuertes. A veces somos severos, pero esto es el castigo del padre a sus hijos. Esta no es una frase vana. Amados, cuando os sonrío, quizá alguno de vosotros diga: «¡Incluso cuando sonríe es amenazador!». Pero os digo que no soy amenazador. Esto también puede sonar contradictorio puesto que muchas personas han tenido la sensación bajo distintas circunstancias y ocasiones de que he sido un poco abrupto al hablar. Bien, amados, si esas personas pudieran —y digo esto cautelosamente—, si pudieran haber caminado por donde caminé yo y pisado donde pisé yo, entenderían la necesidad, y quiero decir la verdadera necesidad cósmica, de acumular un impulso contra las aguas revueltas de la conciencia humana.

El letargo, el hastío, una falta de energía, un sentimiento de desesperanza es una cualidad humana; y la humanidad nunca, en toda la eternidad, escapará de las rondas y ascenderá con simplemente desear que eso ocurra. Por tanto, soy un hombre de acción y defiendo que todos mis hijos en todo el planeta reconozcan esto y asuman el mando de su mundo individual, y decidan que nada les siga impidiendo cumplir su destino divino.

El destino, amados, llegará tanto si lo humanidad lo quiere como si no. Por ejemplo, si los hombres continúan aceptando los abusos de la discordia, la vejez, el deterioro, el dolor; y la discordia que lo acompaña les sobrevendrá, y así se les terminará su pequeña ronda. Por tanto, ¿no les sería mucho más ventajoso, viendo que esto es inevitable en la actualidad, que entraran en la vida eterna? ¿No sería mucho más inteligente, por tanto, que se enseñorearan y adquirieran dominio de sus energías, pensamientos y sentimientos, decidiendo que nada les entorpeciera? Al fin y al cabo, esto que pido para vosotros, por vuestro bien, es la misma acción que nosotros llevamos a cabo hace mucho tiempo. Y puesto que llevamos a cabo esa acción, debido a que teníamos la firmeza en el nombre de Dios Todopoderoso de tomar esa decisión, hoy estamos ascendidos mientras cientos, miles y millones de personas que caminaron entre nosotros y se codearon con nosotros aún siguen afanándose con la rueda del nacer y el renacer.

Entonces, ¿cuál es la causa que defiendo? Un poco de acción por parte de mis chelas. ¿No es esto el amor de un padre por sus hijos? Creo que lo sabéis sin que os lo diga. Y, por tanto, vuelvo a sonreíros.

El gran milagro cósmico del Dios Tabor

Amados, quiero decir una cosa para terminar. Cuando hablé hace poco en la convocación de Nueva York,[2] tuvo lugar un acontecimiento maravilloso. Mientras yo hablaba en Nueva York, el Dios Tabor proyectó toda su conciencia y su forma y estuvo sobre el estrado. El Dios Tabor, desde el estrado del Santuario de Nueva York de la Presencia de los Maestros, realizó un gran milagro cósmico que benefició a todo el mundo.

El Dios Tabor dirigió a las fuerzas de la naturaleza y a los seres de los elementos y ordenó a todos los pinos del planeta en todas partes, en un instante, que rezumaran su fragancia cien veces más de lo normal. Y la hueste ascendida cargó esa fragancia con una cualidad especial que se diseminó en la atmósfera de la Tierra. Y esta se extendió por el planeta de modo que todos los que la respiraron (y esto significa toda la humanidad) recibió el beneficio de la acción del Dios Tabor, que se produjo como resultado del consejo en el Grand Teton.

Porque allí la Gran Hermandad Blanca decidió que existe tanto desequilibrio entre los hombres —algunos tan propensos al sentimiento Divino, otros tan propensos al pensamiento—, que se decidió elevar las mentes inferiores del mundo. Y, por tanto, se cargó una cualidad en la atmósfera que continuará día tras día elevando el nivel de inteligencia consciente de todos los que puedan estar por debajo de lo normal o ser inferiores en inteligencia. Y también se irradió una enorme energía equilibradora en el mundo de los sentimientos de quienes se ven afectados por sus emociones, de modo que esas personas adquieran un mayor control Divino de sus sentimientos. Esta gran ofrenda se concede a la humanidad este año, además de otras concesiones, porque la hora cósmica hace mucho que sonó.

Humanidad, comprende que, en lo que respecta a la hueste ascendida, toda la Tierra hace mucho que está ascendida. Tan solo estamos esperando que vosotros aceptéis vuestro derecho de nacimiento. Gracias y buenas tardes.

17 de julio de 1960
Boston (Massachusetts)
MLP

6

Quisiera ennobleceros

Amables amigos de luz, os hablo esta noche con una sonrisa de alegría mientras contemplo en vuestro corazón una piscina espejada y tranquila de resplandor divino. En esta piscina de sustancia luminosa, Dios quiso que se manifestara la imagen de su propia perfección. Cuando eleváis vuestra conciencia hacia él y derramáis vuestra adoración y vuestro amor hacia vuestra Presencia Divina, esta imagen de Dios se cristaliza y manifiesta más en el mundo de la forma.

Me alegra enormemente esta noche venir y hablaros, al no haber tenido muchos de vosotros el privilegio, que apreciáis con gran estima, de escuchar mi voz. Quiero envolveros esta noche en el resplandor de Dios. Quiero envolveros esta noche en los brazos del amor de nuestros corazones, aquí en Darjeeling, que están prestando un servicio cósmico a la voluntad de Dios, porque nuestro camino es el camino del Altísimo.

Amados, ¿os habéis detenido por un momento a reflexionar en la idea de que la humanidad con frecuencia no escoge un camino, sino que simplemente es golpeada por las olas de las circunstancias? Los que han elegido seguir el credo de la Hermandad aquí en Darjeeling, que es «quiero»,* veneran la voluntad de Dios como algo supremo, no solo en su vida personal, sino que reconocen esa voluntad como la que gobierna supremamente dondequiera que YO SOY. ¿Cómo puede ser de otro modo,

*"I will". (N. del T.)

viendo que la vida, la luz y el amor son Dios en manifestación? Dios es perfecto. Dios es verdad. Entonces, ¿cómo puede ser que nada tenga una existencia real a no ser que manifieste Su verdad?

Los espejismos del desierto, las ilusiones de la vida, han tenido en sus garras a los hombres durante demasiado tiempo como un torno. Los santos y sabios de toda la Tierra han guardado la vigilia en su mundo personal y han querido hallar, a través de la sintonización con Dios, un escape de las ilusiones y espejismos de la vida. La Hermandad siempre ha prestado su ayuda cósmica y sus actividades son directas, puras, limpias, verdaderas y buenas. De hecho, hemos dado una estocada en el nombre del Señor muchas veces, y hemos peleado la buena batalla y hemos guardado la fe,[1] como tan a menudo declaró el amado Hilarión cuando fue San Pablo. Vosotros también, como soldados del ejército sagrado de Dios, sois capaces de marchar como soldados de luz y de la victoria de la luz. Y también ganaréis a su debido tiempo si no desfallecéis ni ponéis atención en las vicisitudes de la vida o en el golpeo de sus olas y sus tormentas. En efecto, sois mis hijos en el momento en el que venís a venerar la voluntad de Dios.

La visión que tenemos de vosotros es inmaculada

Ser el chohán del primer rayo es un privilegio, porque me da la oportunidad de envolveros en mis brazos a todos los que amáis la voluntad de Dios. De algún modo, creo que os tomaré en mi corazón de Maestro Ascendido esta noche y os diré que todos los Maestros Ascendidos, en cuanto empiezan a sentir las grandes vibraciones y los grandes latidos de su Presencia Divina rodeándolos y envolviéndolos completamente, empiezan a no sentir nada más que la afinidad de la vida en todas partes. Por tanto, les es imposible considerar a la humanidad desde el punto de vista de la imperfección, y mantenemos a los hombres en todo un concepto inmaculado de perfección Divina. Esto crea algunas veces, comprensiblemente, situaciones confusas para los hombres, que a veces dicen: «¿No conocen los Maestros Ascendidos el estado de la mente de uno? ¿No saben los Maestros Ascendidos cómo se ha portado, cómo ha actuado o cómo se ha comportado esta persona? Entonces, ¿cómo pueden permitir tal cosa?». Amados, os puede servir si tratáis de comprender que la visión que tenemos de vosotros es inmaculada.

Es cierto que, a fin de guiar a los chelas, cuando ciertas circunstancias lo justifican, podemos descender y observar de una forma sagrada el progreso de la persona, y después, a través del Santo Ser Crístico, podemos ver aquellas cosas y circunstancias que vosotros consideraríais como imperfección. Y así, con sabiduría divina, podemos prestar nuestro servicio cósmico. Pero, amados, tenemos la esperanza de que cuando alcancéis una perfección como la que hay en vuestra Presencia Divina, ya no necesitéis nuestra guía, sino que más bien entréis totalmente en el círculo de nuestro amor.

Darnos la mano en victoria cósmica es nuestra meta, y nunca quisiera que no fuerais conscientes de eso. Por tanto, a menudo, los hombres en el mundo exterior de pensamiento, sentimiento y forma son propensos (y daos cuenta de que utilizo la palabra *propensos* ya que eso es lo que hacen, apoyarse en la conciencia humana, y a eso son propensos) a pensar en sí mismos como un terrón de tierra. Quisiera ennobleceros. Quisiera elevaros. Quisiera exaltaros a ese estatus que la amada Virgen María guardó en su conciencia inmaculada cuando dijo las gloriosas palabras del Magníficat:[2] «Mi espíritu se regocija en Dios mi Salvador. Porque… quitó de los tronos a los poderosos, y exaltó a los humildes».

Amados, ser exaltados por Dios, ser elevados a los brazos de vuestra Presencia Divina, es la voluntad de Dios. No siempre es la voluntad del hombre. El hombre vacila entre vanidad y vanidad. Dios exalta a su creación hacia ese destino y belleza divinos por los cuales creo a toda la vida. La humanidad, os digo, nunca se creó para vibrar con la conciencia de la discordia y el dolor. Hemos declarado estas verdades desde tiempos inmemoriales, y antes que nosotros otros chohanes de los rayos pronunciaron estas verdades. Entonces, ¿por qué continuamos diciéndolas? Porque vosotros, amados, necesitáis nuestra guía hasta que seáis capaces de hacer por vosotros mismos lo que nosotros ahora podemos hacer por vosotros. Y os digo que es una alegría hacerlo.

Saint Germain y Godfre me acompañan esta noche

Conmigo, sobre este estrado, hay un ser de un gran amor tal, de un corazón magnífico tal, que me resulta difícil incluso dedicarle alguna forma de encomio. Hablo de y me refiero a mi amado hermano, Saint Germain. Esta noche Saint Germain me acompaña hombro con hombro en una acción cósmica calculada para producir en este mundo la belleza de la era que se aproxima, la era del perfeccionamiento y la iluminación Divina.

¿No creéis que cuando el rey, o chohán, de este reino de dos mil años está entre vosotros, ello no sea motivo para que os alegréis? Gente de Nueva York y sus entornos y gente de los Estados Unidos y otras partes del mundo, ¿no es esta una ocasión en la que deberíais emocionaros hasta las mismísimas raíces de vuestro ser? ¡Pensad, pensad, gente! ¡Saint Germain, un ser cósmico, conmigo sobre este estrado terrenal! [La audiencia se pone de pie]. Gracias, amados, por vuestra cortesía hacia nuestro grande y magnífico Saint Germain. Tomad asiento.

Saint Germain ha venido conmigo esta noche porque los dos, a quienes vosotros consideráis caballeros del cielo, hemos traído con nosotros a un tercer caballero del cielo, alguien que hace solo unos pocos años se movía entre vosotros, conocía a muchos de vosotros personalmente, hablaba con vosotros y os daba la mano. Él está conmigo esta noche y con nosotros por una razón cósmica. Y os presento a alguien que, para los que lo conocieron bien, no necesita ninguna presentación. Esta noche os presento a mi amado amigo maestro ascendido de luz, mi amado y estimado colega en el reino de la majestuosidad de la luz, amigo vuestro y mío, el amado Maestro Ascendido Godfre.

Habla el Maestro Ascendido Godfre

Queridos corazones de Nueva York, os saludo con alegría y con la eterna alegría de Dios.

Es muy cierto que hace solo unos años yo también ocupaba el estrado en varias partes de los Estados Unidos y del mundo, y llevaba el resplandor y los mundos de la hueste ascendida a la humanidad. Hoy considero un privilegio volver a estar aquí con vosotros para que podáis sentir y conocer esa vida eterna y hermosa. Ser libre en Dios y tener una manifestación de su luz eterna derramándose a través de cada átomo del ser a cada momento de las veinticuatro horas del día es una experiencia sin igual, que hasta que no la tengáis, no podéis conocer.

Muchos de vosotros habéis seguido la luz de Dios a lo largo de los años. Vuestro corazón pulsante ha latido con una vibración vivificadora inusual cuando se ha mencionado el nombre «Maestros Ascendidos». Bien puedo entender esto por mis propias experiencias en los gloriosos Tetons y sobre el monte Shasta. Porque yo también sentía una vivificación de la acción vibratoria de mi cuerpo cuando me movía entre vosotros, y sentía los latidos del gran amor de Dios, el cual ahora es una realización de cada fibra de mi ser.

¿Cómo puedo deciros, amados corazones, la diferencia entre estar encerrado en una forma de carne, en un molde de conciencia humana, y después liberarme de ella en la gloria de la ascensión? Estoy seguro de que una vivificación de vuestra imaginación puede ayudaros a comprender un poco cómo me siento hoy. No es nada fácil transmitir en expresión verbal el sentimiento del corazón, pero creo que entre vosotros hay algunos que comprenderán, aceptarán y recordarán la sencillez básica que pronunciaba cuando me movía entre vosotros en forma física.

Entregad a vuestros hijos a vuestra Presencia Divina

Quisiera decir algo a las madres que hay aquí, y no quiero excluir a los padres. Quiero deciros, madres de los Estados

Unidos y de Nueva York y de cualquier parte, que sé que al vigilar los pasos de vuestros hijos y al mirar cómo crecían y cómo avanzaban en la vida, a veces os habéis preguntado acerca del misterio de la vida. A veces habéis hecho el comentario: «Parece que no soy capaz de cumplir mi destino o de guiar a estos niños por las sendas de justicia por amor de su nombre».[3]

Quiero deciros, amadas madres y amados padres de los Estados Unidos y del mundo, que si simplemente entregarais a vuestros hijos a vuestra Presencia Divina, YO SOY, y si reconocierais que la Presencia YO SOY es el poder real y el padre y la madre de todos los niños, y si captarais al reconocer y aceptar esto conscientemente que la Presencia tiene el poder, a través de vuestras manos y vuestra conciencia, de ser un protector divino de esa corriente de vida, creo y sé que tendría lugar una manifestación a través de esa corriente de vida que produciría e invocaría en sí misma una imagen Crística de perfección Divina.

Como la Virgen María, debéis mantener el concepto inmaculado de vuestros hijos. Esto no es simplemente un sonido, una palabra o una expresión, sino una realidad. Cuando la irritación y la petulancia a veces intentan abrirse camino y entrar en vuestra conciencia y las presiones del día parecen casi abrumadoras, si tan solo pensáis en ese mismo momento, cuando la irritación quisiera que hablarais o pronunciarais una palabra de condenación, crítica o juicio, y si le dijerais a ese niño con amor, ya sea en silencio o abiertamente, «Dios te ama», creo que eso marcaría una diferencia.

Quizá una frase tan sencilla al principio pueda parecer trivial: «Dios te ama». Pero os pregunto, en años posteriores, cuando ese niño crezca hasta ser un hombre o una mujer y recuerde esas palabras pronunciadas a través de los labios de sus padre, «Dios te ama», si ello no ayudará a desarrollar una conciencia sobre Dios. Y si desarrolláis una conciencia sobre Dios, ¿cómo no va a producir eso una sintonización con la poderosa Presencia YO SOY? Y si la sintonización con la poderosa Presencia

YO SOY se realiza y se mantiene, ¿cómo no va a ayudar eso a ese niño a que camine por un sendero de luz y hacia la meta gloriosa de su ascensión?

La luz cósmica traerá la Victoria a esta era

Ahora bien, amados, muchos de vosotros habéis exclamado y pronunciado los decretos tanto de día como de noche para la estabilidad de la actividad divina. Os regocijasteis mucho con los *Misterios desvelados,* os regocijasteis mucho con *La Mágica Presencia,* os enorgullecisteis con los discursos de Saint Germain en el tercer volumen de la serie, os habéis deleitado con los magníficos discursos en los muchos libros y las «Voces» del YO SOY. Algunos de vosotros incluso habéis seguido este curso hacia otras actividades desde entonces, todas ellas con el nombre YO SOY, y habéis mirado a Dios, vuestra poderosa Presencia YO SOY, buscando guía; y así debe ser.

Amados, ahora que soy libre en el estado maestro ascendido, no puedo pensar en un regalo más grande que daros que este: vuestra Presencia YO SOY es la única presencia que actúa en todas partes. Debéis comprender esto. No debéis aceptar la conciencia humana. No debéis aceptar el dominio de lo humano.

Esta noche, aquí, una acción de luz cósmica está teniendo lugar. Saint Germain y Morya, junto con otros de la hueste ascendida y yo mismo, estamos derramando y vertiendo a través de vosotros una conciencia de luz cósmica. ¿Qué es una acción de la luz cósmica? Creo que la mayoría de vosotros, damas y caballeros, comprende la luz física. Comprendéis que existe una gran diferencia entre una lámpara de keroseno y la iluminación que utilizáis en la actualidad. Una diferencia igual existe entre la luz humana, el intelecto humano, el pensamiento humano y la acción de la luz cósmica.

La luz cósmica es totalmente victoriosa. Nunca, nunca, en ningún momento, la luz cósmica está sujeta al juego de cualquier condición o estado de conciencia que sea inferior a sí misma. Es totalmente victoriosa y eterna. Nunca puede ser cualificada de nuevo por lo humano. Es divina. Produce un sentimiento de perfección Divina y paz. Jesús utilizó esta conciencia cuando le habló a las olas y dijo: «Calla, enmudece».[4] Y la obediencia de las olas fue la acción de la luz cósmica en manifestación física. Esta noche os digo, en nombre de Dios: la luz cósmica traerá la victoria a esta era. La luz cósmica producirá la perfección en vuestra forma física, en vuestro cuerpo mental, la sanación del registro etérico y la perfección Divina y la obediencia que habéis pedido.

Aceptad la presión de mi amor para superar todas las imperfecciones

He observado innumerables veces cuando las personas aquí presentes y en otras partes de este planeta han luchado por este o aquel hábito esclavizante, que se ha aferrado a su conciencia y que parecía dominarla hasta hacer que no pudieran y fueran incapaces de deshacerse de ese estado en su mundo. Y he decidido con una determinación Divina y una obediencia Divina que esa condición sea superada por cualquier persona que haga el llamado a la hueste ascendida con decisión tres veces al día, sin falta, y que descanse segura y serenamente en los brazos de su Presencia Divina, la luz cósmica y la acción de esa luz. Amados, si tan solo aceptáis la presión de mi amor, hallaréis en vosotros un poder creciente para superar todas las imperfecciones o los hábitos esclavizantes que puedan haberse aferrado a vuestra conciencia, hasta que seáis capaces de superar invenciblemente del mismo modo en que otros de nosotros de las huestes ascendidas hemos vencido a lo largo de los años que han pasado.

Oh, amados, si pudiera hablaros de nuestra comunión, si pudiera daros una visión de cómo nos podemos sentar alrededor de la mesa con el amado Morya El, cara a cara, con Saint Germain, con el Maha Chohán, con los ángeles y los devas del fuego sagrado, con Pablo el Veneciano, con la jerarquía del cielo, os digo que os derretiría el corazón hasta que ya no desearíais tener nada menos que la perfección Divina.

Conozco la atracción de los deseos. La conozco bien. ¿Cuántos de vosotros sabéis que una vez casi me asedió la pobreza mientras estaba encarnado entre vosotros? ¿Cuántos de vosotros conocéis la limitación y la desesperación que afronté? ¿Cuántos de vosotros conocéis la crueldad que recibí cuando aún no había ascendido? No tengo cicatrices en mi cuerpo etérico. Hace mucho que ofrecí todo eso a la llama violeta de amor y perdón. No hay nadie en esta Tierra, encarnado o desencarnado, en ninguna parte del universo, que pueda decir que yo tenga un sentimiento contra ellos. Hace mucho que limpié mi conciencia con el perdón divino de todo lo que alguna vez me hicieron.

Digo esto esta noche, no porque necesite este conocimiento, sino que lo digo porque vosotros necesitáis este conocimiento. Vosotros que conocéis la Ley tan bien y tenéis capacidad mental, amadas hermanas y hermanos míos de la luz cósmica, tened cuidado con las sutilezas y el engaño de lo humano, que con frecuencia invade la mente y la conciencia humana e intenta deciros que una cosa es de una manera cuando no lo es. La luz cósmica y la luz de Dios no tiene ninguna otra motivación que la beneficencia. Dios solo desea dar alegría a los hombres, alegría al mundo; la nota clave del amado Jesús es una realidad. Con mucha frecuencia Jesús solía venir a nuestra casa y nos daba la mano junto con Saint Germain. Algunos de vosotros sentís que por no haber tenido esas experiencias que nosotros tuvimos, quizá no seáis tan afortunados.

Amados, nos hay ninguna acción de la ley cósmica que no se produzca por la justicia divina y por la Ley misma. Estamos agradecidos, y siempre lo hemos estado, por los privilegios que Dios nos ha dado. No somos especiales; ni siquiera los Maestros Ascendidos. El mismo perfeccionamiento que nosotros manifestamos ahora es un privilegio que Dios os ha dado a vosotros, y espero sinceramente que todos y cada uno de vosotros entréis con rapidez en él de acuerdo con el momento que Dios tenga para vosotros.

Buscad el sendero de vuestra Presencia YO SOY

Algunos de vosotros me habéis hecho esta pregunta en vuestra conciencia: habéis deseado conocer qué sendero buscar. Hermanos y hermanas mías, debo contestaros, pero con sencillez. Habéis oído decir antes que una rosa conocida con cualquier otro nombre huele igual de dulce.[5] El nombre de Dios YO SOY invocado con cualquier otro nombre es igual de dulce, quizá. Pero el poder está en el nombre de Dios, YO SOY, y nadie puede quitárselo. Por tanto, amados, el sendero que deberíais seguir, si queréis tener la manifestación más elevada de Dios, es el sendero que conduce a vuestra amada Presencia YOS OY, a vuestra propia perfección Divina, vuestra imagen Divina. Cuando le dais la mano a vuestra imagen Divina, esta no es una mano humana. Y vuestra imagen Divina, que declara: «YO SOY quien está aquí, YO SOY quien está allá y YO SOY quien está en todas partes», es capaz de guiaros y conduciros infaliblemente a través de cualquier turbulencia, hasta que descanséis en una paz tal que vosotros también seáis seres ascendidos como lo soy yo.

Ojalá pudiera, por ley cósmica, iluminaros a algunos de vosotros más plena y específicamente, y esto lo podría hacer en privado. Pero os debo decir que este discurso en particular que estoy dándoos esta noche se dio por una petición específica de la ley cósmica, y prefiero que quienes están aquí no se refieran al hecho de que he venido esta noche y os he hablado. Preferiría, si respetáis la palabra de un ser ascendido, que guardarais esto en vuestro corazón, a menos que sepáis con absoluta certeza que la persona a la que se lo digáis es de tanta confianza como lo sois vosotros. Esto tiene un motivo, que ahora no voy a divulgar. Mi venida es un privilegio y espero que así lo consideréis. Hay muchos de vosotros aquí a quienes quisiera dar mi reconocimiento personal. Espero que sintáis mi amor en la atracción que sentís en vuestro corazón, porque el mío siente una atracción, y es una atracción de una alegría magnífica.

Dad las riendas del control Divino a vuestra Presencia YO SOY

Queridos hijos de la luz, a medida que vais avanzando por las calles de la vida y os ocupáis de vuestros asuntos, tratad de recordar que son los asuntos de vuestro Padre, que son los asuntos de vuestra Presencia YO SOY que estáis llevando a cabo. Tratad de separar de vuestra conciencia la diferencia entre vosotros como individuos y la Presencia. ¡Oh, si la humanidad tan solo comprendiera este aspecto sencillo, sutil y a veces irrelevante! A las personas les gusta decir: «Soy yo quien actúa!». Y cuando son malas, como la niña que se portó muy mal, claro, prefieren pensar que lo hizo el aspecto humano. Y cuando son buenas, prefieren pensar que lo hizo Dios. Pero, amados, tanto si la energía que fluye a través de vosotros está cualificada con el mal como con el bien, es la energía de Dios, y vosotros tenéis la responsabilidad de gobernar esa energía, de amar esa energía y de cualificarla solo con perfección y belleza.

La mejor forma de lograr esto es dar las riendas del control Divino a vuestra Presencia YO SOY y decir: «Padre, poderosa Presencia YO SOY, corazón magnífico de luz, tú que me trajiste a la manifestación perfecta, toma las riendas. Guía, gobierna, dirige y controla mi camino a través de las calles de la vida. Dios, dame tu perfección. Dios, dame tu protección. Poderosa Presencia YO SOY, haz que no me equivoque en esto. Haz que camine con una absoluta paz, pureza, sabiduría y luz hacia tus brazos. Recíbeme, Padre, poderosa Presencia YO SOY, cuando tú quieras, en tus brazos de la luz de la ascensión, hasta que tu belleza reine suprema allá donde YO SOY [yo esté]».

Si hacéis solo eso, si tan solo os entregáis conscientemente, renunciando a este control mortal que con tanta frecuencia conduce a las dificultades, ascenderéis en la luz antes. Yo no puedo, nadie puede (tanto si está ascendido como no ascendido) quitaros la voluntad que tenéis, la libertad de elegir. Depende de vosotros.

Podéis escoger, si queréis, seguir vuestro camino aparte. Podéis negar el plan de Dios, si queréis. Hasta podéis darle la espalda a la luz, si queréis. Pero si en cambio os volvéis hacia la luz y encaráis esa luz y la obediencia a esa luz, veréis que esa luz contiene en sí misma la recompensa y que la recompensa del cielo está muy, muy por encima de lo que la humanidad puede imaginar; cosas que de hecho ojo no vio, ni oído oyó, ni han subido en corazón de hombre, son las que la poderosa Presencia YO SOY ha preparado[6] para todos vosotros que amáis a esa Presencia, como amáis vuestra vida. Porque la Presencia es vuestra vida.

«YO SOY quien os envuelve en mis brazos de resplandor divino»

Ahora me marcho con gratitud por el privilegio de hablaros. Os doy mi sentimiento de obediencia Divina como el don más maravilloso que el cielo ha concedido jamás a la humanidad ascendida o no ascendida. Ser obedientes a vuestra Presencia YO SOY es saber que el SEÑOR es vuestro pastor y que nada os faltará; saber que él os llevará a aguas de reposo, que confortará vuestra alma, que el bien, la misericordia, la vida y la verdad os seguirán todos los días de vuestra vida y que esos días serán para siempre.[7]

Ahora os envuelvo en mis brazos de resplandor divino e infinito, compasión cósmica, pidiendo que cada uno de vosotros recibáis la bendición de todas las huestes del cielo y esta esté con vosotros siempre. En la luz de mi corazón, en la luz del infinito, en la luz del corazón diamantino de Dios, en recuerdo de la Virgen María y las damas del cielo y en recuerdo del fuego sagrado de Dios, ahora os sello, amigos míos eternos, amados míos, en su corazón, en su llama, en su compasión.

La paz sea con vosotros. Gracias y buenas noches.

13 de agosto de 1960
Ciudad de Nueva York
MLP

7

Hay trabajo que hacer

Saludos, amados míos del corazón de Dios. Habéis invocado mi amor. Habéis invocado mi radiación. Desde hace mucho tiempo habéis venerado la voluntad de Dios, y eso es bueno. Hoy vengo con un espíritu de victoria cósmica, con la confianza de que se llevarán a cabo muchas cosas debido a vuestro conocimiento y a vuestra paz, no debido a vuestra complacencia. Porque no deseo que os volváis complacientes y os acomodéis, como si dijéramos, en vuestra mecedora. Hay trabajo que hacer. Nuestra actividad debe expandirse. Este momento tiene su fíat. Está la eterna voluntad de Dios. Hay que desarrollar una victoria más grande para incontables millones de seres que esperan nuestra manifestación.

Vosotros que estáis en la vanguardia de la perfección de la vida, que habéis seguido nuestro estandarte, a vosotros os digo ahora: ¡Dejad que ondee! Que ondee con orgullo; no esa forma de orgullo espiritual que se exalta a sí misma en unos sobre otros, sino el orgullo por nuestro estándar porque el estándar es de Dios, porque el estándar es de la perfección de la vida, porque podéis uniros a su alrededor por una causa común y por una causa que no es tan común. Porque, en un sentido de la palabra, os hago esta pregunta: ¿Existe una actividad más importante que el servicio al Dios de vuestro propio ser? ¿Existe una actividad más importante a la que podáis dedicar vuestros talentos y vuestra energía que el mismo servicio que nos atrae y al que damos lealtad?

Llevad el sello de nuestra imagen divina

Igual que la humanidad a menudo ha creado un dios a su propia imagen, nosotros con orgullo os decimos que somos creados a imagen de Dios. Al haber llegado a ser como nosotros, vosotros también tendréis un sello mayor de la imagen divina. La prueba de esa imagen que está impresa en vuestra conciencia se manifestará tangiblemente. No será una manifestación efímera. No será una manifestación transitoria. No será la vibración de un momento. Será una marca eterna y un molde eterno de una nobleza espiritual, una nobleza como la que gobernó el corazón y la mente de los hombres en aquella era de oro en la que Saint Germain fue rey y gobernante.

Hoy, vosotros que aceptáis nuestra mano, la promesa de nuestro corazón, el resplandor de nuestra luz, os veréis a vosotros mismos cambiar. En este mundo están los que sienten rencor contra el cambio. Vosotros veréis que no sentiréis rencor contra el cambio, porque el cambio será para mejor, y todo cambio que es para mejor debería ser bien recibido. Siempre hay personas que no comprenden que un cambio es para mejor hasta mucho después; y entonces, muy de repente, se dan cuenta; y entonces se sienten agradecidos. Si estuvieran agradecidos al principio por el hecho de tener nuestra guía, descubrirían que su sabiduría aumentaría con más rapidez y su conocimiento sobre la razón del cambio se les haría tangiblemente clara mucho antes, que si esperaran una manifestación de nuestra sabiduría entregada más adelante. Por tanto, la gratitud es una gran clave que os abrirá la puerta de la vida eterna y la puerta que conduce a nuestra morada.

Sentimiento de unión con nuestra radiación

Hoy, al examinar la belleza de Darjeeling, quisiera llamar vuestra atención a que unas magníficas corrientes radiantes de luz están derramándose desde nuestro retiro. Hoy me siento de lo más feliz por hablaros desde una de nuestras capillas sagradas que tenemos aquí, en Darjeeling, para deciros que mientras que os hablo, suena una suave música de fondo que el amado

Kuthumi está tocando aquí con un magnífico órgano. Y si de algún modo sentís un parentesco con los pájaros y con la naturaleza, eso es porque la melodía de su alma, que se derrama en su música, guarda una relación con toda la naturaleza; una devoción al Dios de la naturaleza y el poder de Dios que se manifiesta tan hermosamente en el reino plumado y en el reino del aire, donde todo es sol, gloria y la claridad del cielo azul.

Amados, sintonizarse con un ser ascendido es un privilegio. No todos lo tienen. Vosotros, de todas las personas, en un sentido, sois de las más afortunadas, pues tenéis en vosotros mismos el privilegio de sentir la cercanía de nuestra radiación y la unión con ella, con nuestra vibración, con nuestro Espíritu. Tenéis el privilegio de caminar hacia vuestra victoria bajo nuestro estandarte. Tal estandarte debería unir a los países del mundo. Pero, aquejados como están en el presente de una conciencia de conflicto en las Naciones Unidas y un sentimiento de discordia y de agitación mundial, son incapaces de aquietarse y alcanzar las alturas de acción vibratoria que vosotros, debido a impulsos acumulados anteriores, veis que podéis alcanzar. Tened presente que ellos también son chispas de espíritu de la llama del corazón de Dios Todopoderoso. Dad vuestra compasión junto con los mía a estos hermanos de luz que manifiestan una creación imperfecta, cautivados temporalmente por los sentidos e incapaces de verse libres.

Con ese fin continúan nuestras actividades. Con ese fin, desde nuestras torres de Darjeeling, nuestra luz continúa derramándose. Con ese fin esperamos que las avanzadas del Faro por todo el mundo hagan destellar los rayos desde la Cima para que las personas puedan atraerse hacia la magnífica luz infalible de Dios.*

Cultivad un sentimiento de victoria que no conoce la derrota

Hay personas en la actualidad que sienten la derrota en toda la vida. Esto es una inversión del principio mismo de la vida. Pues solo en la victoria pueden el Espíritu y la esencia, instaladas,

*En inglés, Faro es *'Lighthouse'* y Cima es *'Summit'*, en referencia a *The Summit Lighthouse.* (N. del T.)

como si dijéramos, y arraigadas en la vida, manifestarse como Dios quiso. En el principio, la arquitectura de cada átomo, de cada electrón, de cada célula, de cada manifestación, era la victoria. La mala cualificación ha exigido un precio, es cierto. Pero incluso eso mismo se caería por su propio peso, y la desintegración y la descomposición no son más que la emisión de luz que emite la vibración sobreimpuesta y discordante de la Materia y la energía, haciendo que aquella luz regrese a su pureza prístina.

¿Veis, amados, cómo funciona nuestra luz y cómo se manifiesta? Nuestra luz siempre es la belleza y la perfección. Incluso la mala cualificación de la energía por parte de la humanidad no puede permanecer contra la luz del electrón individual, porque la victoria de la vida eterna, debido a su gran embestida, no tarda mucho en apartar la discordia que se cae por su propio peso hasta que deja de tener ningún poder. Por tanto, quisiera pediros, a vosotros que estáis en esta sala, aquí en Filadelfia, que cultivéis un sentimiento de victoria que no conoce la derrota, que cultivéis un sentimiento de los propósitos eternos de Dios Todopoderoso, que cultivéis de forma consciente un sentimiento de sabiduría de los Maestros Ascendidos, que siempre acepta la perspectiva positiva de cada situación y comprende que los propósitos eternos están siendo producidos aquí y ahora y que los propósitos eternos en una manifestación completa al final de cada ciclo deben ser manifestaciones de victoria.

La vida puede quebrarse. La vida misma, tal como se manifiesta en la humanidad, puede manifestar una aparente discordia. Pero al final, esa discordia no puede permanecer tangiblemente en evidencia, sino que debe ceder ante los impulsos del fuego del Espíritu de la vida dentro del fóhat de Dios, la hermosura en despliegue que él, el Creador, puso ahí en el principio y cuya vibración es una vibración eterna que nunca, en toda la eternidad, puede ser alterada por ninguna conciencia, cósmica, humana, elemental o de otro tipo. Nadie puede alterar, nadie alterará la gran ley creativa, la manifestación eterna de amor divino.

Porque la ley es amor y el amor es ley. El confinamiento de la Ley no es nada para quienes la aman. Estos están agradecidos en efecto de que la Ley los ame suficientemente para confinarlos hacia un propósito, hacia una senda, hacia una espiral por la cual ascienden, son conscientes de más y más luz en vez de menos y menos luz.

Cambiad lo negativo y afianzad lo positivo

Hoy sonreí al oíros hablar en vuestras conversaciones humanas de algunas de vuestras experiencias pasadas, porque creo que soy algo consciente de esas experiencias, por haber participado un poco en los tiempos que corren. Porque, en un sentido, me siento un poco como una niñera, al haber cuidado de algunos de vosotros a través de varias dificultades graves (es decir, para vosotros) con las que os encontrasteis, relacionadas con algunas experiencias humanas.

Sin embargo, espero que ahora esa época haya concluido y que os esforcéis valientemente para cambiar el curso que se estableció en un sentido negativo en el pasado y que afiancéis solo aquellos pensamientos positivos de bondad que siempre han logrado la victoria para vosotros en el pasado y siempre os han mantenido magnetizados como hacia una calamita, una radiación espiritual de las alturas, una meta, un sentimiento eterno sobre la belleza de Dios. Creo que esto os llevará hacia adelante, hasta que ningún ser humano sea capaz de influenciaros, sino que solo el poder de vuestra Presencia con sus grandes fuegos espaciales —al desplegar belleza, victoria, amor y señorío sobre toda la Tierra y sobre todas las circunstancias discordantes, exaltándoos y elevándoos— sea la manifestación que resplandezca a través de vuestra corriente de vida. Y todo lo demás no existirá para vosotros, como no existe para nosotros.

Hoy os damos nuestra confianza como un regalo

Hoy os doy una medida de esperanza, aquí, en Filadelfia. Os doy una medida de esperanza porque las grandes energías positivas de vuestras corrientes de vida no han sido desperdiciadas. Se han reunido como un valioso ungüento del Espíritu, y las hemos tomado y destilado, y os ungimos con su esencia. Y engrandecemos esa esencia en vuestra conciencia para que el perfume de esa esencia pueda penetrar en los reinos interiores de vuestros cuerpos espirituales y hacer que sean ungidos con una vibración de las alturas. Y entonces vosotros también os levantaréis en vuestra victoria, la victoria de vuestra ascensión, porque os aferraréis a esas vibraciones que, aunque la humanidad las pueda considerar etéreas, nosotros las consideramos tangibles, escaleras de luz sobre las cuales podéis poner vuestros pies con confianza, pero en las que la humanidad no podría confiar. Al buscar una escalera más tangible, con frecuencia se cae y se dan en la nariz. Pero espero que vosotros aceptéis que en nuestra octava hay seguridad, que en el tener nuestra confianza hay seguridad. Y hoy os damos nuestra confianza como un regalo.

Nosotros en Darjeeling, que nos hemos reunido con frecuencia por vosotros y por la humanidad, seguimos reuniéndonos y en nuestra reflexión para determinar cuál es el curso mejor y más inteligente que todos deban seguir, os damos nuestra recomendación —nuestra recomendación no como una orden, sino como una sugerencia—, la cual, al llevarla a cabo, decidimos bendecir cuando aceptáis nuestra vibración, que es un semilla espiritual plantada en vuestra conciencia. Cuando esta da fruto, os ayudamos a cosechar ese fruto y a ver, por tanto, que el beneficio de ese fruto no se concede solo a vuestra corriente de vida, sino que se disemina a todas las naciones, a todas las gentes de todas partes y se pone a los pies de su Presencia Divina para que las ayude hacia su ascensión. Y en este sentido, lo que hagáis aquí, igual que lo que haga toda la humanidad en cualquier parte, tiene su efecto sobre toda la vida en todas partes, con la diferencia de que lo que vosotros hacéis tiene un efecto positivo para restablecer el equilibrio del poder espiritual en el día en el que las naciones estén en peligro. Y, por tanto, os encomiendo por ello.

Perseverad, pues. Mantened vuestro entusiasmo. Mantened vuestro amor y vuestra devoción. Nosotros os ayudaremos, sabiendo que los envoltorios de carne que tenéis no siempre responden como quisierais. Os damos nuestras metas y rezamos para que tengáis la sabiduría de aceptarlas de modo que podáis dirigir al corcel sobre el que tan noblemente cabalgáis hacia nuestra morada y logréis una victoria alada a su debido tiempo.

Esperamos la hora en la que os pongáis el abrigo

En este sagrado palacio de luz, espero con brazos abiertos daros la bienvenida no solo a la voluntad de Dios, sino también al amor de Dios. Porque la voluntad no es un abrigo áspero. La voluntad es una vestidura fina y refinada de luz, más hermosa que cualquiera que os hayáis puesto, en lo que concierne a las vestiduras humanas y comparada con ellas.

Y, por tanto, esperamos la hora en la que os pongáis el abrigo, cuando la plenitud de la voluntad de Dios en efecto os cubra alrededor de vuestros cuatro cuerpos inferiores y de vuestra forma, santificando esos cuerpos y ungiéndolos con toda la belleza del cielo, hasta que ya no seáis capaces de contener la alegría que sintáis, que, sin embargo, os impulsará como una hélice de avión, elevándoos más, más y más hacia las metas de vuestra ascensión, hasta que vuestra forma física pierda todo vestigio de vejez, todo vestigio de discordia, todas las arrugas, todas las canas, todas las apariencias que hayan sido aceptadas por vosotros en un rol inferior y la belleza de nuestra eterna victoria os envuelva en el amor y la luz de nuestro corazón como seres ascendidos. Entonces sabréis que YO SOY Morya El, Señor del Primer Rayo, Señor de Amor, así como Señor de Voluntad.

La paz sea con vosotros. Gracias y buenos días.

2 de octubre de 1960
Filadelfia (Pensilvania)
MLP

8

«Como el girasol se gira hacia su Dios»

La paz sea con vosotros, mis amados amigos eternos del corazón. Es realmente importante el hecho de que incluso antes de que entrara en la atmósfera esta noche, mis palabras de apertura para vosotros tenían la intención de contener la frase sobre la canción que acaba de sonar, la frase: «la misma mirada que tuvo cuando él se levantó».[1] Amados, si os detenéis a reflexionar en esa canción y comprendéis la belleza que hay incluso en un humilde girasol, os daréis cuenta de que, igual que el girasol sigue al sol en su curso a través de los cielos, el Padre quiso que toda la vida por doquier siguiera al Sol eterno de su Presencia Divina desde su más temprana salida hacia la manifestación, hasta que regresen al final al remanso de belleza en el corazón de aquello de donde vinieron: la Fuente eterna.

Con frecuencia me habéis oído hablar de la voluntad de Dios. A menudo habéis pensado en la voluntad de Dios como algo bueno. Y, sin embargo, os digo que muchas personas de la humanidad no creen que la voluntad de Dios sea buena. Hay muchas personas que se han rebelado contra los pinchos y las espinas de la vida, comprensiblemente, puesto que no siempre perciben los efectos, es decir, no siempre perciben las causas que yacen detrás de los efectos que tanto las afligen. Esto siempre es comprensible, pues yo, que ahora soy un ser ascendido, cuando hace mucho tiempo encarné como vosotros en una forma física, a veces también ponderé algo del dolor y el sufrimiento que atravesé. Y, por tanto, nosotros que hemos escapado de cuerpos de carne como el que vosotros tenéis ahora, somos capaces de sentir una gran compasión por vosotros, que aún estáis, como si dijéramos, en la esclavitud de los males inherentes a la carne.

Las realidades tangibles de nuestra conciencia

Queridos de la luz, ¿sois conscientes de que yo soy consciente de todos los pensamientos que destellan a través de vuestra conciencia? Amados de la luz, ¿sois conscientes de que yo, como un ser ascendido, os estoy hablando a través de un instrumento humano? ¿Y sois conscientes de la luz y la perfección de la que he venido? Espero que seáis capaces de percibir esa luz. Porque si sois capaces de percibirla, seréis capaces, como una flor, de abrir vuestra conciencia hacia vuestra Presencia Divina y hacia nosotros de la hueste ascendida para recibir nuestra radiación, que en sí misma es una manifestación perfecta, incluso si una de nuestras palabras no sale de una manera tan perfecta o tan hermosa como la pronunciamos en la conciencia de aquel a través del cual hablamos.

Os digo, amados de la luz, que es hora de que las personas abandonen el sinsentido humano. Es hora de que se hagan conscientes de las realidades tangibles de nuestra conciencia. Es cierto, un ser ascendido parece un poco descabellado para los que están acostumbrados a pensar durante un período de muchos años solo en términos de las cosas visibles y tangibles que pueden tocar con sus manos físicas y percibir con sus ojos físicos. Aquellos de nosotros de la hueste ascendida que podemos percibir tanto las cosas visibles para vuestra vista y todo lo que aún no lo es para la vuestra, también podemos sentir compasión por vosotros acerca de eso.

Vuestra libertad es inminente

Y, por tanto, pido en el nombre de Dios que la belleza de la eterna Presencia os bendiga ahora y sane a aquellos de vosotros que vais desencaminados, en el sentido de que no conocéis el sendero que conduce a la casa del Padre eterno, a la voluntad de Dios, que es buena, al Espíritu de Dios, que es tan bello, porque él os recibiría sin importar en cuántos errores os hayáis metido y cuántas veces hayáis dudado incluso de la existencia de su ser.

Para algunas personas esto puede suponer un impacto, el pensar que alguien pueda dudar de la existencia del ser de Dios. Pero os digo que incluso algunos de esos grandes, magníficos seres ascendidos de la actualidad, en algún momento de una vida anterior se vieron tan encerrados, como si dijéramos, por los efluvios humanos que, temporalmente, dudaron de la existencia incluso de su Creador. Y, por tanto, tenemos la capacidad de comprender el peso y la opresión de los efluvios humanos. Pero, queridos de la luz y el amor de Dios, no cedáis ante un sentimiento de frustración. No cedáis ante un sentimiento de que no podéis hallar vuestra libertad. Porque vuestra libertad es inminente. Vuestra libertad yace apenas por encima de vosotros, en vuestra Presencia Divina, no lejos de cualquiera de vosotros. Vuestra libertad está en la Presencia eterna. Cuando declaráis en el nombre de Dios, «¡YO SOY libre!», ello es cierto eternamente.

Elevad vuestra conciencia por encima de las dudas y la desesperación

La esclavitud humana, el engaño humano, la soberbia humana, en sí mismos, nunca pueden producir la perfección. La humanidad ha estudiado durante siglos el intelecto. No hay nada malo en un buen intelecto, pues la mente fue creada por Dios y forma parte de la inteligencia divina que reside en la conciencia humana. Pero os digo que solo con el intelecto los hombres no siempre pueden percibir a Dios; aunque, si se adentran más y más en los reinos incluso del intelecto, llega un punto en el que deben tocar la vestidura y el borde del Ser Eterno. Pero con los sentimientos los hombres se conmueven con más facilidad. Es un poco más fácil que las personas tengan un sentimiento sobre

Dios, porque cuando se encuentran en problemas y cuando sienten dolor, exclaman y dicen: «¡Oh, Dios, ayúdame!».

Muchas personas en los campos de batalla han exclamado al Ser Eterno. Esas personas no fueron conscientes del hecho de que Dios oyó su grito en muchos casos, pero a menudo recibieron una respuesta a su llamado. No vieron cómo el llamado subió al trono del Ser Eterno. No percibieron la respuesta de una manera real y tangible en muchos casos, pero la respuesta llegó. Y a menudo, después, dijeron: «Bueno, quizá esto habría pasado de todas formas».

Esto es lo humano, que siempre tiene la tendencia a dudar. Durante el discurso de la amada Mary Myneta esta noche sonreí un poco al comprender las grandes verdades que se os estaban exponiendo sobre la conciencia humana y su naturalidad, que es dudar de las verdades eternas del cosmos. Amados, os pido que elevéis vuestra conciencia. Os pido que elevéis vuestra conciencia por encima del reino de las dudas y la desesperación humana. Os pido que os aferréis a las cualidades positivas de la luz aun cuando estéis rodeados de aquello que no parece estar de acuerdo con la voluntad de Dios.

La voluntad de Dios es un don muy valioso. La voluntad de Dios es lo que nos inspira a nosotros, aquí, en Darjeeling, en nuestras reuniones, para poder mantener un concepto inmaculado de cada uno de vosotros. Como se os ha dicho en tiempos pasados a través del movimiento teosófico, nosotros podemos percibir una réplica de la forma física de cada uno de nuestros chelas. Podemos percibir en ella los cambios más sutiles que tengan lugar. Podemos ver la entrada en vuestra conciencia de cualquier cualidad que sea inferior a la luz de Dios. Y pudiendo percibir esas cosas, podemos dirigir nuestro rayo de manera consciente hacia vosotros para protegeros, guiaros, perfeccionaros y ayudaros en tiempos de necesidad. Esto es una manifestación hermosa. Esto es una manifestación de la voluntad y el cuidado de Dios.

«Vosotros sois dioses»

Hay tantas personas que a menudo han pensado en el Padre eterno como un hombre viejo, sentado en algún rincón del universo, muy alejado de ellas e incapaz de percibir lo que hacen. A las personas les resulta algo difícil acostumbrarse a la idea de su propia divinidad. Les resulta algo difícil comprender que *ellas* son divinas, como Moisés declaró a los hijos de Israel en el desierto: «Vosotros sois dioses»;[2] y cómo después declaró estas palabras el Cristo diciendo: «Si Moisés llamó dioses a aquellos a quienes vino la Palabra de Dios, ¿al que el Padre santificó y envió al mundo, vosotros decís: Tú blasfemas, porque dije: Hijo de Dios soy?».[3]

Por tanto, amados de la luz, ¿comprendéis que todos necesitan entendimiento? La advertencia que Dios dio a Salomón, diciendo: «Y sobre todas tus posesiones adquiere inteligencia»,[4] fue una advertencia magnífica. Pues si la humanidad tan solo buscara el entendimiento en sus asuntos mutuos, no se manifestaría mucho del karma que actualmente se está formando.

Ahora bien, la voluntad de Dios quiere que la humanidad escape totalmente de su karma negativo y que reciba solo el beneficio de su buen karma. Las personas no tienen por qué caminar por este planeta estando sujetas a la limitación, a la desesperación, a la confusión o a cualquier otra acción vibratoria que sea inferior a la luz de Dios. Ellas deben, desde el principio de la vida, dirigirse hacia su Fuente «como el girasol se gira hacia su dios».[5] Las personas deben darse la vuelta, beber y recibir los rayos que se derraman del Sol, y los rayos deben elevarlas hacia la luz y devolverlas a su divinidad. Dios envió la luz manifestada como el poder del rayo de Dios. En la antigua lengua egipcia, el rayo se llamaba *ra,* y llamaban a Dios *Ra.*

Amados, vosotros sois todos rayos individualizados del corazón de Dios. Todos debéis uniros a Dios. Esto lo habéis oído decir antaño, y los pocos que lo han creído y han vivido de acuerdo con ello han llegado a ser como nosotros: seres ascendidos. Caminamos con mantos de justicia en la luz cósmica, pero nuestro amor no nos ha permitido abandonar este planeta ni a su gente. Y, por tanto, esta noche venimos para daros nuestros sentimientos divinos acerca de la voluntad de Dios, nuestros sentimientos de reverencia, y para impulsaros hacia la luz.

La realidad de mi amor

Durante un largo período de tiempo las personas han insinuado a los hombres que yo, Morya El, soy extremadamente severo. Esto puede ser cierto, en cierto sentido, que soy severo porque el primer rayo en sí mismo representa la voluntad de Dios. Y os pregunto, amados corazones, si yo, como chohán del primer rayo, me encojo ante la voluntad de Dios, ¿dónde está el cimiento y la base para todo lo que ha de ir después? Pero os digo que mi amor es tan real y tangible como cualquiera de los chohanes de los rayos, y ellos serán los primeros en dar testimonio de su realidad y tangibilidad. Si entráis en contacto con cualquier otro maestro de luz, tanto si dormís como si estáis despiertos en vuestros cuerpos sutiles, ellos verificarán el gran amor. Pero yo sé, chelas míos, que no es necesario que preguntéis. Porque vosotros, que conocéis la luz, sabéis que os amo. Sabéis que he estado a vuestro lado cuando me necesitasteis. Y sabéis que continuaré haciéndolo, siempre y cuando veneréis en vuestro corazón y vuestra mente la voluntad de Dios, aun cuando a veces parezca que no la satisfacéis.

Sin embargo, no apruebo que no se satisfaga la voluntad de Dios. Espero que pronto llegue el día en el que cada uno de vosotros sea tan firme que nada pueda quebrantaros, sacudiros o cambiaros. Espero ese día. Espero el día en el que estéis preparados para darlo todo a la luz como hemos hechos nosotros. Espero el día en el que cada chela tenga el entendimiento que tiene el amado Kuthumi.

Aprended a intercambiaros mutuamente vuestras cualidades

Quiero decir algo sobre el amado Kuthumi. Como muchos de vosotros sabéis, Kuthumi fue el amable San Francisco de

Asís en una de sus encarnaciones más conocidas. Él me ayudó muchísimo durante los tiempos teosóficos, y esta noche está a mi lado mientras os hablo. El amor de Kuthumi es un amor suave, es cierto. Kuthumi es muy amable, es cierto, y muy sabio. Pero algún día sabréis que alrededor de nuestras mesas de consejo en Darjeeling y los demás retiros, compartimos e intercambiamos nuestras cualidades, y entonces aprenderéis a compartir e intercambiar vuestras cualidades mutuamente.

Algunos de vosotros tenéis más paciencia que otros. Y os digo que algunos de vosotros tenéis más firmeza que otros. Ahora bien, cuando llegue el día en el que entréis en la conciencia que nosotros tenemos, aquellos de vosotros que sois firmes intercambiaréis vuestras cualidades con los que tienen más paciencia, y de repente descubriréis que, como los panes y los peces de antaño,[6] la multiplicación de las cualidades de Dios es posible sin que haya pérdida. No es como el dinero en el banco, porque se trata de la sustancia eterna. Y cuanto más améis la sustancia eterna, más esta se expande y más se multiplica y más va a realizar sus actos virtuosos. La voluntad de Dios es así. La voluntad de Dios es así. La voluntad de Dios es buena.

Queridos, ¿cómo es posible que la humanidad, rodeada de todas las bellezas de la naturaleza, las maravillas de su forma física y las bellezas del cosmos, pueda dudar? Y, sin embargo, duda. Nosotros esta noche perdonamos esa duda. Que todos los que están aquí sean perdonados por cualquier duda que hayan tenido alguna vez. Os perdono en el nombre del Cristo Cósmico infinito. YO SOY el perdón total para todos.

Marchad, por tanto, como dijo Jesús antaño, y no pequéis más[7] con las dudas, mas con el amor y el poder del amor continuad derramando vuestra adoración a vuestra Presencia Divina y a toda la hueste ascendida con plena fe. Y entonces creo que podemos formar un cuerpo estudiantil unido que posea las cualidades de la paciencia y la firmeza, que posea las cualidades de la devoción y la cualidad necesaria para hacer una actividad de maestros ascendidos que atraiga del gran mar de la humanidad a aquellas almas que ahora tienen hambre y sed de justicia,[8] con un hambre y un anhelo que es casi incomprensible.

Aprovechad la oportunidad

¿Os dais cuenta de la oportunidad que se os ofrece? ¿Cuántos de vosotros comprendéis la verdad sobre la serie de encarnaciones que muchos de vosotros habéis tenido? ¿Cuántos de vosotros comprendéis cuántas oportunidades habéis tenido de caminar por esta Tierra y recibir vuestra perfección? Os podrá sorprender mucho si os lo digo, pero hay algunas personas presentes en esta sala que de hecho han estado en el planeta antes que yo y, sin embargo, siguen sin estar ascendidas. Quiero que penséis en eso por un momento, porque ello demuestra que la oportunidad no siempre es aprovechada totalmente. Y quiero que reflexionéis muy seriamente sobre el hecho de que la vida os ha dado a todos una oportunidad de hacer la voluntad de Dios. Quiero que comprendáis que, en la sencillez, en la belleza y en el hablar claro hay una proximidad a la voluntad de Dios que no sería posible entregar si os hablara con las frases más académicas.

Esta noche quiero hablaros como a niños de Dios. Quiero deciros que el amor de Dios es invaluable. En tiempos pasados he sermoneado a las personas con severidad. Esta noche no ruego, sino que advierto con la plenitud de mi amor que aprovechéis en mayor medida la oportunidad que Dios os ha dado. Espero que dejéis caer, como las escamas de los ojos de San Pablo,[9] cualquier sentimiento que podáis tener hacia cualquier persona de este planeta que no sea pía. Espero que reflexionéis con mucha seriedad sobre la necesidad de amaros unos a otros como Dios os ha amado. Espero que comprendáis que aquel que busca las mentes y los corazones puede daros la victoria que habéis pedido cuando estéis preparados para recibirla, y que tenéis mucho trabajo para determinar cuándo estaréis preparados.

Os digo, amados, que el Padre ha estado dispuesto, desde el

día en el que salisteis, a daros la victoria. Como vosotros, nosotros también nos entretuvimos en el pasado y nos demoramos. Pero la enfermedad de la demora, como he dicho antes, produce dolor y sufrimiento a la humanidad sin necesidad. Porque el sol siempre está sobre el girasol, y si la flor no sigue al sol desde el principio del día hasta el final, desde la salida del Hogar hasta el regreso al Hogar de luz, ello no es culpa del sol. La culpa sería vuestra. Pero puesto que creo que en todos vosotros hay mucha bondad, esta noche no envío mi mensaje habitual, sino que envío una advertencia específica.

El camino para buscar a Dios está abierto

Saint Germain os habló anoche de una forma magnífica. Su discurso, algunos de vosotros habéis dicho, fue más grande que cualquier otra cosa que hayáis escuchado con anterioridad. Si un magnífico ser Divino como Saint Germain pudo derramar tanta energía y amor sobre vosotros anoche, yo decidí que, puesto que no podría eclipsar a Saint Germain, al menos podría daros alguna idea de mi amor, mi sencillez, mi humildad y mi deseo de ayudaros también. Es decir, quiero impulsaros hacia la misma meta de la que habló Saint Germain.

Os amo, magníficas almas que estáis aquí. Sé que cada uno de vosotros, que de hecho lo habéis dado todo a la luz, y aquellos de vosotros que no lo habéis hecho, con frecuencia no comprendisteis. Pero todos vosotros podéis comprender que el camino para buscar a Dios está abierto. Puede que no comprendáis totalmente la doctrina, las distintas religiones del mundo. Puede que no comprendáis totalmente los significados de los anhelos en vuestro corazón. Pero podéis comprender que existe una luz que llega desde las alturas y que esa luz os está llamando hacia un gran destino y llamamiento. Y como nosotros, podéis volver a empezar cada vez que parezca que fracasáis lo más mínimo, y podéis transformar la derrota en victoria. Podéis hacer esto porque estamos de vuestra lado. Nosotros no asumimos una postura contraria a ningún hijo de la Tierra. Apoyamos totalmente la voluntad de Dios, y su voluntad quiere dar a cada uno de vosotros la victoria, la opulencia, el suministro, la buena salud, alegría, felicidad y todo lo bueno.

Quiero que volváis a Casa

Os sonrío esta noche al marcharme porque mañana por la noche el Señor del Mundo, el amado Gautama, os hablará desde Shambala y creo que su inspiración será muy grande. No quería que volvierais a casa y que os sintierais demasiado eufóricos y después os decepcionarais al final de la conferencia, quedándoos en el mundo frío, exterior y material de las cosas. Por consiguiente, decidí asumir un papel más serio esta noche y advertiros de que aprovechéis la oportunidad, porque en los próximos dictados veréis la belleza de Dios que se os va a derramar, como hizo Saint Germain anoche. Pero quiero que volváis a Casa. Quiero, como todos ellos, que entréis en la plenitud del deseo y la voluntad de Dios para vosotros.

Para hacer esto, comprendo que muchas veces debéis deteneros a pensar, cuando podáis ser presa de la indiscreción y las emociones de la carne —el destello de ira, los temores y otros deseos— puedan surgir en vuestra conciencia. Cuando ese fuego terrenal y material estalle, debéis utilizar vuestro extintor y debéis giraros y gravitar, es decir, elevar vuestra conciencia, hacia arriba.

Creo que recordaréis mis palabras de esta noche. Y os prometo que la próxima vez que me escuchéis hablar, os traeré algo de Darjeeling que quizá os alegre un poco físicamente. Pero creo que en el futuro muchos de vosotros recordaréis mi discurso de esta noche como dirigido de manera específica hacia un gran impulso cósmico.

Luz cósmica infinita, poderosa Presencia YO SOY de todos los presentes y de todos en el planeta Tierra, sea para ti toda la gloria, sea para ti todo el honor, toda la acción de gracias, la veneración, las alabanzas por tu hermosura. Oh, manifiéstate ahora en la Tierra como una chispa de lealtad eterna de felicidad Divina. Que todos en este planeta perciban y sientan en estos momentos una efusión radiante del amor de Dios sobre ellos. Y que todos se regocijen en el conocimiento de que el resultado final de la creación manifiesta de Dios será para todos hermoso, enriquecedor, fortalecedor y hermoso para toda la eternidad.

La paz sea con vosotros en la infalible luz de Dios. Los hermanos de Darjeeling, junto con el amado Kuthumi, os bendicen esta noche. Estad en paz. Sed inteligentes. Sed chelas de los grandes seres ascendidos. Representad a vuestra Presencia en la Tierra, y entonces Dios caminará y hablará con los hombres.

Os doy las gracias.

14 de octubre de 1960
Nueva York
MLP

9

Unidad a través de The Summit Lighthouse

Amigos eternos del corazón, estoy aquí esta noche con un sentimiento de intenso amor y fraternidad, porque esta noche muchos de vosotros que estáis presentes habéis viajado cierta distancia, algunos de vosotros en el espacio y otros en el tiempo, porque esta noche, en este sitio, hay amigos que me han conocido personalmente en muchas encarnaciones del pasado y con quienes ahora me alegra identificarme en esta actividad constructiva. [La audiencia se pone de pie]. Os saludo; y os saludo a todos en el hombre de vuestra Presencia Divina, YO SOY. (Por favor, tomad asiento).

Qué maravilloso es, amigos míos, que los rayos de luz de vuestra Presencia Divina no estén limitados por las lágrimas humanas. Qué maravilloso es que los rayos de luz de vuestra Presencia Divina no disminuyan su efectividad. Me alegra el hecho de que vuestra Presencia hoy sea capaz de manteneros en toda la dignidad y belleza con las salisteis del corazón de Dios en el principio. La conciencia y las fragilidades humanas de la vida pueden cobrarle un precio a quienes acepten las negaciones de la vida, pero los que mantengan la mirada inalterablemente fija en su Presencia, siguen siendo sustentados por esa Presencia independientemente de las apariencias.

Amados, las simples palabras no pueden cambiar el poder y la perfección de la Presencia de Dios. Si la humanidad declara que Dios no existe, esta noche os digo que a eso se le anula cualquier efecto de inmediato, porque miles de personas de este planeta, inconscientemente, al declarar todos los días que «yo soy», afirman la existencia del Ser. Igualmente, en el momento en que abrís los ojos y la conciencia inunda vuestro ser, afirmáis la existencia de Dios.

Aprended a meditar en la voluntad de Dios

A cada uno de vosotros os digo que la voluntad de Dios, que es buena, invade vuestra conciencia del mismo modo todos los días. Debéis aprender a escuchar, debéis aprender a meditar en la voluntad de Dios. Las personas con frecuencia se ven sorprendidas por un poquito de arenas movedizas cuando permiten que la ciénaga de la conciencia humana les cale, y aceptan las imperfecciones de la vida. Si tan solo miraran hacia arriba a la Presencia de Dios y mantuvieran la mirada clavada en ella a pesar de las apariencias humanas, pronto aprenderían a producir las frecuencias de nuestra octava en su mundo.

Existen algunas personas que han sonreído por dentro y han dicho que han intentado hacerlo durante un período de muchos años sin la medida de éxito que esperaban. Amados, lo habéis intentado durante una parte de una vida. ¿Cuántas vidas creéis que lo intentamos algunos de nosotros para producir la perfección e invocar la perfección antes de tener éxito? Pero vosotros vivís en una época totalmente distinta. Vivís en una era de perfección Divina en la que, con el poder de las huestes ascendidas y con el de las huestes angélicas y el poder de la llama violeta, podéis hallar vuestra libertad como nunca. Sé y estoy convencido de que la gratitud debería fluir, y lo hace, desde el corazón de cada uno de vosotros que sois conscientes de este gran don proveniente del corazón de vuestra Presencia.

La belleza de la amistad

Amados, esta noche, mientras cantabais las canciones dedicadas a mi humilde persona, me alegré, pues eso me llevó en el recuerdo a aquellas hermosas islas en las que pasé muchos años felices encarnado físicamente. Concretamente estoy pensando en la Isla Esmeralda y en la belleza de Shannon y la campiña irlandesa. Tienen algo especialmente pintoresco y peculiar las líneas de belleza interior de ese gran país magnífico al que quisiera rendir tributo. Amados, «El arpa que una vez en los salones de Tara»[1] vuelve a sonar en medio de vosotros esta noche, porque me veo impulsado a hablar de toda la belleza de la amistad.

Hoy, en la humanidad, con el ajetreo de la confusión comercial, las personas a veces no se detienen a meditar en las grandes bendiciones que la amistad aporta a toda la humanidad. Sois amigos, sois vecinos, sois camaradas en una actividad espiritual marchando hacia adelante hacia vuestra victoria. Y os digo que la amistad eterna que perdura entre mi corriente de vida y el amado Kuthumi y Djwal Kul es en sí misma un homenaje al poder de la amistad. Recientemente la humanidad ha cantado: «We Three Kings of Orient Are»,* y tanto Djwal Kul como el amado Kuthumi siempre se alegran conmigo en esa ocasión y traen consigo una dulce bendición para los cantantes navideños, jóvenes y mayores, que así honran la misión que llevamos a cabo a través de las arenas del desierto, guiados por la estrella, aquella noche santa.

Benditos, la belleza de todas las actividades eternas está en la permanencia de tales actividades. Hasta el día de hoy la humanidad honra ese viaje por las arenas, pero muchas personas que fueron grandes héroes y los señores de la guerra, como los llaman, han pasado a las filas de la infamia y apenas son reconocidos por la historia. Qué valioso es que las corrientes de vida puedan dedicarse a un principio. Constantemente me alegro al pensar que hay hombres que están dispuestos a defender un principio, hombres que están dispuestos a defender la belleza, hombres que están dispuestos a defender la perfección de su Presencia. Yo he intentado, el amado Kuthumi ha intentado,

*Canción navideña dedicada a los tres reyes magos. (N. del T.)

toda la Gran Hermandad Blanca ha intentado a lo largo de los tiempos llevar a la humanidad de este bendito planeta todo el poder, toda la belleza de Dios. Algunos hombres no creen que hayamos manifestado esa perfección.

Una perspectiva de maestro ascendido sobre la perfección de la vida

Benditos, de haber una carencia, esta existe en la octava humana. Esto se debe a que las personas han mantenido su atención fija en las imperfecciones de la vida. Cuando la humanidad vuelva todo su corazón hacia Dios con la misma intensidad con la que lo hace hacia las imperfecciones de la vida, producirá con rapidez un cambio en sus dimensiones de conciencia.

Esta noche, en este sitio, una gran parte de vosotros anhela en particular visitarme en Darjeeling, en mi hermoso retiro. Constantemente he abierto mis puertas a distintas corrientes de vida que han deseado acercarse más a la voluntad de Dios, y al calentarse ante mis fuegos, algunas de ellas no fueron conscientes de que los fuegos eran la ardiente y llameante belleza de la voluntad de Dios, que siempre existe y se manifiesta en nuestra biblioteca. Benditos, tengo los brazos abiertos y un corazón abierto para todo el que esté dispuesto a venir aquí, para que pueda aprender más sobre la belleza, más sobre el plan de la perfección eterna.

Hoy la atención de la humanidad con frecuencia se fija en tantas cosas del mundo exterior, que le resulta difícil imaginar la perfección de la octava de los maestros ascendidos. Quisiera que adquirierais un sentido más grande de la perfección de la Presencia. La Presencia tiene brazos de luz que llegan a envolver a cada corriente de vida de esta Tierra en cada momento, y esta es una manifestación tangible. Y las personas le dan la espalda a la Presencia y a su luz y deciden mirar la creación sombría. Entonces, ¿a quién deberán echar la culpa cuando exterioricen sombras? No creo que puedan culpar a las huestes ascendidas.

No creo que deban culpar a su Presencia. Creo que la humanidad debería ser honesta de corazón y echar la culpa a su propia atención mal dirigida.

Nosotros hemos sido pacientes en extremo y continuamos siéndolo. Pero la Gran Ley, benditos, no conoce la parcialidad. La bendita Ley actúa de acuerdo con vuestros pensamientos. Si vuestros pensamientos deciden ir en dirección al error, la Ley los sigue; y la Ley no erra, como tampoco se equivoca. Algunos hombres han pensado que podrían engañar a la Gran Ley, pero la Ley siempre obra con perfección. Por tanto, allá donde se traiga a la manifestación la voluntad de Dios mediante la obediencia a la presencia de la vida en el corazón latiente, la Gran Ley produce su recompensa de amor, y el amor nunca falla.

Seguid a la luz allá donde la luz os lleve

Benditos, hace mucho, durante la época del movimiento teosófico, trabajé sumamente duro para producir y exteriorizar a través de Madame Helena Blavatsky las enseñanzas del movimiento teosófico. Y hubo muchas personas que, en aquel momento en particular, escucharon el conocimiento, la inspiración y la sabiduría que apareció a través de nosotros y se iluminaron. Entonces sonó el llamado, en una fecha posterior, al amado Godfre, y hubo personas que respondieron con prontitud a lo largo y ancho del país y la nación. Se produjo una galvanización, y el conocimiento de la Presencia YO SOY se hizo manifiesto. Algunas personas que nos siguieron en la época del movimiento teosófico no quisieron dejar la comodidad y la seguridad de aquel movimiento, sino que decidieron quedarse ahí y no avanzar hacia la luz más grande que apareció a través de la poderosa Presencia YO SOY.

A lo largo de los siglos, la humanidad con frecuencia no se ha incitado a sí misma a aceptar una luz más grande cuando esta ha estallado en manifestación. Pero, amados, aquellos de nosotros de las huestes ascendidas, como sabéis, no estamos condicionados por las respuestas del hombre. Nosotros de hecho formamos parte de la Gran Ley; y, por tanto, como parte de la Gran Ley en manifestación Divina, producimos un plan de perfección divina desde nuestro nivel cuyo propósito es la iluminación de toda la humanidad. Y de las personas depende encontrar una chispa como respuesta en su corazón y su conciencia para poder seguir a esa luz allá donde la luz las lleve.

El propósito de The Summit Lighthouse

El propósito, la razón hoy en día por la que hemos creado la actividad The Summit Lighthouse, ha sido en su totalidad para poder coordinar un gobierno universal ante Dios, la unificación de un principio divino y la entrega de ese conocimiento que la humanidad denomina metafísico para que las personas que actualmente siguen varias actividades distintas, que actualmente tienen varios conceptos distintos, puedan unirse bajo nuestro estandarte y, por tanto, presentar un frente unido ante las personas que en la actualidad forman parte del movimiento cristiano, musulmán o budista del mundo.

Es muy inquietante, amados, que las personas que salen de alguno de esos movimientos y que entran en lo que les parece una luz más grande, lo hagan solo para descubrir que hay división, luchas o un estado irracional donde las personas dicen palabras maliciosas unas contra otras. Estas personas tienen la sensación de que es mejor volver a la doctrina y enseñanza particular con la que comenzaron cuando eran pequeñas, y creen que quizá las han desencaminado. Y, por tanto, es inteligente en extremo llevar a todos los hombres a la cima de su propia existencia ante Dios.

No tenemos la finalidad simplemente de producir una organización en sí misma. Pero os digo, amados, que la Carta Magna es un gran documento; y la Carta Magna de hecho se creó en Runnymede a fin de manifestar este gran código y que la libertad y la causa de la libertad pudiera glorificarse entre la humanidad.

La Constitución de los Estados Unidos, que se trajo a la manifestación y se entregó a través de vuestro amado Saint Germain, también fue un documento valioso que se manifestó con ese fin.

Benditos, ¿creéis que los Estados Unidos de América se trajo a la manifestación por los intereses comerciales del mundo? ¿Creéis que la gente se unió de corazón a corazón en la tormentosa época de la Revolución a fin de crear grandes ferrocarriles y los mercados del comercio? ¡No! Os digo que esas cosas son fortuitas, aunque sean necesidades para la comunicación y el transporte. Pero, amados, el propósito de esta gran nación es producir la libertad ante Dios, donde los hombres puedan aprender el poder del amor, el poder de su Presencia YO SOY, que los Estados Unidos pudieran llegar a ser un país de los maestros ascendidos y realizar los sueños eternos. ¿Cuánto se ha apartado este país de ese estándar está reflejado en los anales del crimen reportado por vuestra Agencia Federal de Investigación [FBI]?

El camino a la emancipación yace en la unidad

Benditos, este no es el plan de Dios, y nosotros os declaramos esta noche que el camino a la emancipación yace en la unidad. Estados Unidos en sí mismo carecería mucho de su actual poder si estuviera compuesto por cincuenta estados soberanos e independientes, luchando por abrirse camino, que no estuvieran unidos. Su gran fuerza yace en su unión. Aunque los estados individualmente puedan tener su propia constitución y sus caminos de existencia propios y sus cuerpos legislativos, sigue existiendo una gran unidad en el gobierno central de este país, y esta misma idea es de la que hemos extraído la idea de The Summit Lighthouse.

Todas las religiones, todas las actividades constructivas seculares de la humanidad son producidas por la luz, y la luz es la luz de Dios. Todas estas actividades constructivas tienen un propósito. Las personas que las componen podrán tener pensamientos y conceptos distintos; puede que no siempre estén de acuerdo. Sin embargo, existe un propósito constructivo en todas estas actividades, que es producir la libertad de la humanidad, la iluminación de la humanidad, la paz de la humanidad. Y, por tanto, nuestro propósito al crear The Summit Lighthouse, como he dicho antes, ha sido producir unidad.

Por consiguiente, cuando se celebra una reunión de llama violeta en este sitio o en cualquiera de los distintos santuarios de esta actividad en todo el mundo, ¿no sería bueno que tantos de vosotros como sea posible asistierais a fin de acumular un impulso de llama violeta y extraer el poder del fuego sagrado? Las personas que permanecen apartadas y no deciden en todo momento unirse no siguen la voluntad de Dios. ¿Dónde se crean diferencias, amados? ¿Se crean en la mente y el corazón de Dios, que es unidad total? ¿Se crean en la mente de Micah, el ángel de la unidad? Las diferencias se crean en la mente humana y las aprovecha la fuerza siniestra para amplificar los poderes de separación y para dividiros e impedir la unidad en el Espíritu de la vida, la luz y el amor.

En Darjeeling, cuando abrimos los brazos y decimos: «Acercaos a nuestra chimenea, calentaos con nuestros fuegos sagrados, tomad parte de nuestra sagrada comunión», ¿no recibimos a todos? Creo que sí. Recibimos a todos. Al recibir a todos, por tanto, digo que en todos los sitios en los que se desee sostener esta luz, que los hombres se unan. Los hay que han sentido que en el momento en concreto en el que habla nuestro mensajero, desean manifestarse y asistir. Cuando nuestro mensajero no está presente, algunos de ellos creen, quizá debido a que no escuchan un mensaje pronunciado para ellos desde Darjeeling, que no es necesario hacer el viaje.

Yo les recordaría que se está generando un impulso cuando os reunís para los fines del fuego sagrado y la llama violeta. Quisiera recordarles que vuestros líderes en este sitio han sido nombrados por Dios por un motivo y han derramado su devoción. Las personas pueden decidir ver a la gente bajo una luz distinta a aquella bajo la que nosotros la vemos. Amados, os digo que cada uno de vosotros que mantengáis el concepto inmaculado unos de otros jamás os arrepentiréis, pues entonces no os equivocaréis. Si tuvierais un concepto que no es luz sobre un hermano o una hermana de la luz y después se demostrara que tal concepto es equivocado, creo que seréis vosotros quienes os avergonzaréis; y nosotros no queremos que nadie se avergüence, pues deseamos que todo el mundo sienta el poder del amor.

Ruego que haya una unidad absoluta

Y, por tanto, esta noche ruego que haya una unidad absoluta. Que nadie aquí piense que hablo porque haya alguna discordia en manifestación. No; hablo a fin de uniros íntimamente para que comprendáis que los lazos del amor, los lazos de la paz, los lazos de la bondad eterna son reales y tangibles, que son más poderosos que cualquier creación que lo humano sea capaz de producir. Os digo esto a fin de que comprendáis, como ya sabéis, que el amor es más fuerte que todo el odio y la discordia. Os digo esto para que la voluntad de Dios, a la que hemos servido durante tanto tiempo, logre un impulso más grande. Y el impulso cósmico del año entrante hará que innumerables personas hambrientas por todo el mundo, con hambre de la Presencia YO SOY, reciban sustento y alimento para que el cuerpo planetario pueda ser bendecido y santificado por una radiación más grande de los Maestros Ascendidos, debido a que más hombres y mujeres comprenden la Gran Ley.

Cuando llegasteis por primera vez a esta luz, os pregunto, benditos, ¿no os sentisteis muy bien cuando os sentasteis dentro de nuestra radiación y escuchasteis los mensajes, cuando sentisteis la gran crecida de poder fluir por vuestro cuerpo y vuestra conciencia y liberaros de una conciencia de vuestra forma física, de vuestras limitaciones y de todas esas circunstancias que os atan? ¿No sentisteis una gran felicidad? ¿No fue como si os levantaron con alas? Y, benditos, ¿no deseáis compartir eso con otras personas? Creo que sí, viendo que tenéis un corazón tan expansivo, un corazón que viene de Dios. No es distinto al mío. Benditos, viendo que tenéis un corazón así, abrid las puertas de vuestro corazón, abrid las puertas hacia el gran poder de la Gran Hermandad Blanca, hacia el poder de la unidad, hacia el poder en el que hay fuerza.

A menudo habéis visto la ilustración de cómo un palo puede romperse con facilidad, y en la actualidad hay muchas actividades que declaran ser actividades de la Presencia YO SOY. Es cierto que todos los hombres son manifestaciones de la Presencia YO SOY. No todos conocen la Ley, no todos se están preparando para la ascensión como vosotros, pero todos deberían hacerlo. Hoy vengo porque, como vuestro maestro de escuela, como vuestro director de escuela, como vuestro gobernador en cierto sentido, se espera de mí que os diga palabras que os inspiren. También se espera de mí que os reprenda, algo que no he hecho por un tiempo. Y en vista del hecho de que muchos de vosotros no habéis recibido una reprimenda en mucho tiempo y como os amo muchísimo, esta noche he decidido que ya es hora de que os dé un empujoncito a algunos de vosotros.

Benditos, no debéis repetir curso. No debéis ver a otros repetir curso. Debéis tener el poder del amor divino para ser victoriosos. No desearía veros con temor en vuestro mundo. No desearía veros motivados por el temor. Quisiera veros motivados por el amor a la humanidad y, por tanto, entrar en la ascensión con alegría. Ahora bien, ¿no es algo maravilloso el que estéis planeando entrar en vuestra ascensión y llevaros con vosotros a tantos como podáis?

Por tanto, presentar un frente unido al mundo es presentar a Dios al mundo. ¿Puede estar dividido Dios? ¿Creéis que el Consejo de Darjeeling esté dividido? ¿Creéis que el Espíritu de la Gran Hermandad Blanca esté dividido? Si así es, es la sagrada Eucaristía. Cuando decimos: «Tomad, comed, esto es mi cuerpo», como dijo Jesús: Tomad, esto es mi cuerpo que por vosotros es partido»,[2] ello simboliza el Espíritu Santo, el Espíritu del Yo Pleno, la totalidad de Dios manifestada. Si se manifiesta la totalidad de Dios, creo que todo deberá ir en el mismo sentido; y si va en el mismo sentido, tendremos un cuerpo a través de cual trabajar; y si tenemos un cuerpo a través del cual trabajar, ese cuerpo será fuerte con nuestra fuerza. Será sabio con nuestra sabiduría. Será sabio como una serpiente, pero inofensivo como una paloma.[3]

Tened un concepto inmaculado unos de otros

Oh amados, creedme que «si todos esos entrañables jóvenes encantos...».[4] Porque al contemplaros esta noche, os veo así. No veo los cabellos que han cambiado de color y se han vuelto canosos, no veo las arrugas o las líneas en vuestros rostros. Pues os contemplo en vuestro cuerpo de sustancia luminosa y quiero que os imaginéis a vosotros mismos en ese cuerpo de sustancia luminosa. Quiero que os imaginéis a vosotros mismos en una perfección eterna. Quiero que os imaginéis a la humanidad en la perfección.

La amada Virgen María, que os envía saludos y su amor esta noche a través de mí, desea que tengáis un concepto inmaculado unos de otros. Esto es más que simples palabras, más que simples palabras vacías. Esto es el poder dinámico de vuestra mente en acción, de vuestro corazón en acción. Cuando tomáis el poder de vuestra mente y vuestra conciencia y tenéis un concepto inmaculado de otra persona, ¿cómo pueden decir chismes las personas? ¿Cómo pueden decir una sola palabra contra la imperfección de otra corriente de vida, si mantienen un concepto inmaculado? No se puede producir una mentira y llamarla verdad. La verdad, amados, lo es porque es Dios, y Dios es perfección. Por tanto, yo digo: cuando tengáis un concepto inmaculado unos de otros, avanzaréis hacia el año próximo con el ímpetu más grande para la victoria que el cuerpo estudiantil ha tenido jamás.

Y esta noche ruego, en nombre de Dios, que aceptéis mi mensaje en el espíritu de amor con el que lo doy. Pues, aunque pronuncio el sonido de la reprimenda, vengo con el gran amor envolvente de las huestes ascendidas y los seres cósmicos pidiendo una unidad divina que llevará a cabo la voluntad de Dios sobre esta dulce Tierra y que liberará a innumerables personas de la discordia, la confusión y la infelicidad, que servirá para inspirar a vuestro presidente electo[5] en este país con una mirada hacia adelante y con el poder de su corazón joven para que toda esta nación ante Dios sea bendecida.

En la medida en que yo guío tanto los destinos de este país, creo que mucho de vosotros, que os sentisteis un poco decepcionados con los resultados de las elecciones, comprenderéis que la Diosa de la Libertad y los de las huestes ascendidas no siempre se fijan en las situaciones externas. Existen motivos más allá del conocimiento de la mayoría de las personas por los que a veces ocurren las cosas. Siempre tratamos de traer a la manifestación aquello que es lo mejor para el cuerpo planetario.

Hay muchos individuos en la Gran Hermandad Blanca que sirven, benditos, y que no están identificados con ninguna actividad espiritual en particular y que son desconocidos para todos sobre la faz de esta Tierra, incluso desconociéndose entre ellos. El amado K-17 tiene un número determinado de representantes en el Servicio Secreto Cósmico; algunos de ellos se conocen entre ellos y otros no. Aún quedan muchos misterios científicos sin resolver. Hay nuevas fronteras, el pionero tiene sitio de muchas formas. Pero si los hombres creen que dirigiéndose al espacio y gastándose millones en un intento de dirigirse al espacio van a resolver las necesidades planetarias, cuidado. Pues el hombre, el dolor, la confusión, la lucha, el odio y todas las injusticias de este planeta deben corregirse antes de que este gran sistema solar pueda encontrar a esta bendita Tierra en el lugar que le corresponde, emitiendo la luz que tiene en sí misma, en su gran corazón.

Que haya luz en este sitio

Oh, benditos hijos de Saint Germain, benditos hijos de la raza YO SOY, benditos milicianos de Saint Germain, todos vosotros que amáis la luz y que la habéis servido durante tantos años, quiero rendiros tributo a cada uno de vosotros, vosotros que habéis servido dirigiendo las clases de decretos, vosotros que habéis servido acomodando a las audiencias y participando, vosotros que servís como directores del santuario, los que son mensajeros. No es una cuestión de que uno sea más grande que otro. El amado Jesús, en la Última Cena, cuando se ciñó la toalla, dijo: «El que quiera ser grande entre vosotros, que sea siervo de todos».[6] Y creo que nosotros, los Maestros Ascendidos, que hemos anhelado nuestra libertad y conocido el sentimiento de la libertad y la dicha Divina y aún bajamos a la atmósfera sórdida y recalcitrante de este planeta a fin de limpiarla y purificarla de la imperfección, creo que sabemos un poquito de la discordia humana y creo que algunas veces preferimos nuestra octava a la atmósfera de la Tierra. Sin embargo, servimos.

Sé que es difícil en extremo cuando tenéis una forma física, cuando recibís las formas de pensamiento de las personas que, proyectadas hacia vosotros, os sugieren el desánimo, que os sugieren la caída del hombre y hablan de negación y dolor. Es difícil en extremo para algunos de vosotros, y sé que a veces os vais a la cama por la noche con una sensación de cansancio, y a veces os preguntáis, benditos, por qué son así las cosas. Todo esto es porque vuestra conciencia no entra totalmente en el poder y la presión de luz y de vuestra Presencia. Y así, esta noche, por el poder que tengo concedido, bajaré la voz y aumentaré el poder de la luz.

Yo, Morya El, Señor del Primer Rayo del Amor, hablo directamente en el nombre de Dios, la poderosa Presencia YO SOY, a las fuerzas de la naturaleza y a las fuerzas de los elementos, y digo: hágase la luz en este sitio. Que la luz penetre en la mente, en la conciencia, en los sentimientos de cada persona que hay aquí. Y que la libere, en el nombre de Dios, por el poder del fuego sagrado y el poder del sagrado corazón de cada ser ascendido, de todo lo que sea descorazonador y de todas las formas de pensamiento humanas y de los procesos humanos de pensamiento. Y que eleve a todos los presentes hacia arriba, en la luz, hacia una visión de la belleza de Dios, hacia una visión de todo el mundo como una isla esmeralda de belleza y perfección sobre la cual resplandece el dosel de la voluntad de Dios como una cielo azul resplandeciente en el que hay un sol de sabiduría y fortaleza divina. Que esta luz inunde las mentes, los mundos y los asuntos de todos en este sitio. Y que todos sean sustentados en los próximos días de este año por un sentimiento de absoluta perfección Divina.

Tenéis el cetro de justicia: ¡asumid el mando!

Así he hablado en el nombre de Dios, la poderosa Presencia YO SOY. Así os doy mi amor, benditos, y no solo el mío, sino el de todos, el amor de cada Maestro Ascendido, de cada ángel, de cada elemental, de cada deva y constructor de la forma. Todos ellos están para que les deis órdenes si lo hacéis en el nombre de vuestra poderosa Presencia YO SOY, si ordenáis con firmeza, con el amor y con el deseo de ver exteriorizado solo el bien por doquier. Esto es más grande que toda la sabiduría de la humanidad, e incluso Salomón, con toda su sabiduría, no poseyó nada más grande que el poder de su Presencia YO SOY.

Vosotros tenéis ese poder en vuestras manos. Tenéis el cetro de justicia. Lo tenéis en vuestra mano derecha. Asumid el mando, por tanto, y dejad de estar abatidos, asustados o temerosos. Sois representantes de la Nueva Era, y los maestros de sabiduría tienen planes de galvanizar durante esta clase a tantos de vosotros como sea posible en la luz mayor de perfección. No hay límite, benditos. Vosotros lo necesitáis, y nosotros os necesitamos a vosotros. Y Dios utilizará a cada uno de vosotros que abráis la puerta de vuestro corazón de acuerdo con su gran plan divino, su voluntad y su amor.

Os doy las gracias a cada uno de vosotros que habéis viajado y os habéis desplazado a este lugar esta noche. Ello evoca días pasados, y los días que se avecinan continuarán expandiéndose, expandiéndose y expandiéndose. Y vosotros que estáis sentados aquí esta noche y estáis convencidos de ello estaréis en la vanguardia de nuestra actividad, ya sea en este planeta o en la vanguardia de la luz misma, sirviendo con nuestro consejo hasta que todos los hombres, las mujeres y los niños de esta Tierra sean libres en Dios y estén ascendidos en la luz. Esta es la voluntad de Dios.

YO SOY la voluntad de Dios manifestada, manifestada, manifestada. Gracias a todos. Buenas noches.

30 de diciembre de 1960
Viernes
Nueva York (Nueva York)
MLP

10

La clave de vuestra libertad

Reuníos, hijos míos, alrededor de la mesa del consejo de luz. La Hermandad de Darjeeling, cuyo credo «quiero*» es conocido por muchos de vosotros, os saluda a cada uno de vosotros con la perfección de vuestra Presencia Divina.

La luz es vital. Es una manifestación del Espíritu de Dios. Es una bendición para cada corriente de vida. Abriremos los recovecos del corazón. Abriremos las cortinas de la mente y la conciencia y permitiremos una entrada de nuestra visión invencible, de nuestro poder de percibir aquello que es bueno. En ese sentido te hablo a ti, amada Mary Myneta. Esta noche te doy el amor de un hermano, ahora un hermano cósmico, pero en encarnaciones pasadas conocido por ti en forma física como tu hermano físico de carne y hueso. Te digo: esta noche te encomiendo por cierta acción. Tu corriente de vida nunca se arrepentirá de aquello que haces con valor, con conocimiento y con la necesidad nacida del momento.

La ley de Dios, la voluntad de Dios, es buena. Deseo revelársela esta noche a todos en este sitio que tengan oídos reverentes que acepten que en manifestación en este planeta hay una acumulación particular de actividad siniestra que opera a través del drama y el teatro y a través de las novelas (no he declarado que sea a través de todas, sino de algunas) para desacreditar la voluntad de Dios y para crear un espíritu agnóstico y cínico hacia

* *"I will"*. (N. del T.)

Dios, para intentar convencer a la humanidad de que un Dios benigno no podría permitir que ocurrieran injusticias.

Este espíritu particular es sutil en extremo en su acercamiento a la humanidad y se disfraza de muchas formas curiosas. Pero los que aman a Dios entenderán la diferencia entre las dos esferas. Ellos entenderán la diferencia entre el mundo de Dios, que se manifiesta en la llama de la vida en su corazón, que es la poderosa Presencia YO SOY interior, la llama trina en manifestación cósmica, y la energía mal cualificada que fluye como discordia por la conciencia humana y produce todos los desastres que leéis en vuestros periódicos y que veis sobre la pantalla de la vida.

Estoy seguro, benditos, de que el hecho de que la discordia existe en el mundo temporal de la forma, comparado con lo que ocurre en la naturaleza, debería convenceros y demostraros por sí mismo que la voluntad de Dios no es así. La voluntad de Dios quiere tal belleza, tal hermosura, tal maravilla como los ojos y la imaginación humana nunca han podido exteriorizar en forma verbal o en enseñanza, excepto por las dos palabras *YO SOY.* Solo en el Ser mismo ha podido entender la humanidad la perfección.

El camino hacia el logro

El bebé que entra en la pantalla de la vida, en su primer y tierno llanto, es capaz de sentir los brazos envolventes de su Presencia Divina y recibir el consuelo de esa Presencia que trae paz a ese niño y calma los gritos del recién nacido. Esta gran Presencia de Dios, incluso en los hombres ignorantes, está con ellos hasta la hora en la que transitan para abandonar la vida. Y entonces muchos de ellos descubren, especialmente si de dirigen hacia ella con veneración, que tienen una sensación de que Dios está cerca; la comprensión de la existencia divina.

Existe una diferencia entre lo que pronuncia las palabras *YO SOY* y la propia Presencia YO SOY. Debéis comprender que la humanidad se encuentra en un estado del devenir, que aún no se ha vestido con las vestiduras de justicia, que aún no ha alcanzado la perfección de la Presencia. Si fuera así, no sería necesario ni siquiera que perdierais vuestra forma física, pues podríais elevaros de forma automática, como hizo Jesús, en la gloria de vuestra ascensión. Y, por tanto, el hecho de que esto no siempre ocurra incluso a los estudiantes de gran luz que han servido a la luz durante muchos años, esto en sí mismo quiere indicaros que el camino hacia el logro, aunque no imposible, es difícil, especialmente para un ser humano.

Recordad, benditos, que muchos de los grandes santos y sabios del pasado, sin el conocimiento del fuego violeta, sin el conocimiento de la Presencia YO SOY como tenéis hoy día, fueron capaces de arrastrarse, como si dijéramos, sobre las rodillas para acercarse a Dios. Y algunos de ellos, como el cardenal Bonzano, incluso en esta época más reciente, ascendieron en la luz. Por tanto, tal como hubo esperanza para ellos para ir por el camino de la humildad, incluso a través del camino cristiano, y lograr la ascensión, estoy seguro de que con la revelación del gran conocimiento de la Hermandad de Lúxor, el amado Serapis y otros de las huestes ascendidas, veréis que el gran amor refulgente de Dios os ayudará a tejer una vestidura de luz trascendente, que por sí misma, al estar tejida alrededor de vuestra forma exterior, transmutará las capas interiores de discordia que hay en este gran globo de luz, hasta que todo el estrato se convierta en la perfección de la luz.

Dios no tienta a nadie

Benditos y amados, cuando un pensamiento discordante atraviesa la pantalla de vuestra mente, os pregunto, ¿ese pensamiento sale del corazón de vuestra Presencia? ¿Quién hay que se atreva a engañarse a sí mismo y pensar que Dios tiente a nadie? Está escrito, Dios no tienta a nadie.[1] Pero cuando los hombres son tentados, son seducidos o bien por su propia conciencia de la tierra y de energía mal cualificada que ellos mismos, a veces, en algún lugar, han cualificado mal, o bien son tentados por las grandes energías mal cualificadas de las masas que crecen y se arremolinan, no solo en las grandes ciudades, sino incluso en las avenidas y los caminos de creación humana.

Vosotros habéis dicho el decreto en el fíat: «¡No tienes ningún poder! ¡No tienes ningún poder! ¡Dios Todopoderoso es el único poder que puede actuar!». Y algunos dicen: «Hemos hecho este decreto. ¿Por qué no se ha rectificado totalmente esta circunstancia?». Benditos y amados, recordad que la humanidad sigue teniendo libre albedrío. Si no fuera así, yo os lo hubiera dicho.[2] Pues como chohán del primer rayo y representante de la voluntad de Dios, me interesa que la voluntad humana se convierta en la voluntad divina. Y, por tanto, teniendo libre albedrío, las personas aún ejercen su prerrogativa y escogen darle la espalda a la Gran Ley de Dios por voluntad propia, a menudo sin saber lo que hacen. Y, por tanto, ignoran la voluntad de Dios, aunque en lo profundo de su corazón con frecuencia quieren hacer la voluntad de Dios.

Evitad los vórtices de energía siniestra

Esta paradoja seguirá existiendo. Y, por tanto, puesto que las personas crean a diario energía mal cualificada, aunque pudierais hacer decretos las veinticuatro horas del día, sirviendo veintitrés horas al día con el amado Arcángel Miguel y dejar la Tierra limpia de toda la creación humana, al día siguiente, con la llegada del amanecer, la humanidad empezaría otra vez a crear la discordia humana. Y, por tanto, esos vórtices de energía son algo real y tangible y deben evitarse. Las personas indefensas, sintiendo el impulso de esos torbellinos de energía siniestra, han cometido graves crímenes, que la humanidad ha narrado como algo malvado. Benditos y amados, perdonadlos; no saben lo que hacen.[3]

Estas personas han cedido sin conocer el gran poder del fuego violeta, sin conocer el tubo de luz, sin conocer a los Maestros Ascendidos. Estas personas han supuesto que tales impulsos de hacer el mal que les llegaron eran abrumadores, y al reconocerlos como abrumadores y no ser fieles a Dios y no llamar adecuadamente, no se les dio socorro y fueron incapaces de escapar de esas situaciones. Nosotros no queremos que los estudiantes de la luz sean víctimas así ni deseamos que nadie de la humanidad sea una víctima. Las condiciones de África actualmente son el resultado de la creación humana, pero no más que en cualquier otra parte del mundo; porque la creación humana la crea cualquier país sobre la faz de la Tierra, y todos necesitan el poder del fuego violeta.

Durante la última clase llegaron mensajes de la Diosa de la Luz, de Santa Amatista y de muchos otros defendiendo un resurgimiento, que se ponga un enorme acento en grupos de decretos para el fuego violeta. Estoy agradecido de que se haya evocado alguna respuesta por todo el mundo. Como resultado, el Sr. Hammarskjöld de las Naciones Unidas hasta el momento ha sido mantenido y se han producido muchas otras actividades para la protección de este planeta. Pero, benditos y amados, una batalla no se gana de la noche a la mañana. Esta es una batalla continua por el Espíritu Santo para que el Espíritu Santo de Dios pueda tener acceso ilimitado a la conciencia del hombre y para que el hombre aprenda que Dios es bueno, que su voluntad es hermosa y maravillosa de contemplar.

Podéis hacer mucho más

Aquí, en Darjeeling, a varios chelas que han acudido a nosotros se les pide que mediten durante doce horas al día en estas simples palabras: la voluntad de Dios es buena. Y después son examinados por ciertos examinadores de nuestro grupo de aquí, que les preguntan cuáles son los resultados de su meditación. Creo que, si fuerais capaces de percibir después de doce horas de meditación lo que esas personas han aprendido en ese período de tiempo, algunos de vosotros comprenderíais la gran disciplina a la que algunas personas se sienten dispuestas a someterse por su libertad Divina y por la libertad de la humanidad.

Amados, vosotros decís que habéis servido a la luz. Me habláis y me contáis cuánto habéis hecho por la luz. Os digo que, en comparación con algunas personas de este planeta (y no os deshonro al decirlo), lo que habéis hecho es como una vela comparada con el sol. Repito, no digo esto para avergonzaros, sino que lo digo para que sepáis que podéis hacer mucho más. Y he aquí por qué podéis hacerlo: porque el poder de la Presencia de Dios, YO SOY, es capaz de expandir el tiempo, es capaz de expandir el espacio, es capaz de expandir vuestra conciencia y es capaz de daros una victoria que está por encima y que va más allá de la victoria humana.

Defenderemos lo que hemos comenzado

Las huestes ascendidas y el Consejo de Darjeeling no tienen la intención de someterse por ninguna persona o ningún grupo de personas de este planeta y ceder la posición que hemos asumido por la luz. Si las personas deciden entrar en combate unas con otras o desacreditar cualquiera de nuestras acciones, que hemos llevado a cabo solo por la luz de Dios, el karma de sus acciones descansará solo y totalmente sobre esas personas, y cargarán con ello, y cada jota y tilde, aunque los cielos y la tierra sean movidos de su sitio.

Esas personas deberán reparar el daños de sus actos en algún momento, en algún lugar, en algún sitio. No están luchando contra este mensajero o contra ningún mensajero de la luz. Están actuando directamente contra la infalible luz de Dios. Y os declaro a vosotros y a todo lo que es santo y por el poder de la luz, que tenemos la intención de defender todo lo que hemos comenzado, pues hoy es un día de luz.

Y vamos a asegurarnos de que los estudiantes que han servido durante muchos años de una manera tan resuelta como vosotros... y si, al contrario, ahora parece que os esté alabando, dejad que os diga que esto no es un asunto contradictorio en mi naturaleza, sino un punto a vuestro favor. Porque creo que recuerdo bien que entre vosotros hay algunos que han sido virtuosos en extremo. Los que han deseado ser virtuosos en extremo van a llegar a serlo, porque he decidido darles algo de la energía que me he ganado a pulso.

Y esta noche estoy tomando una acción cósmica acerca de los vehículos sutiles de todos los estudiantes sinceros que hay en este sitio. Y estoy decidido a que haya una infusión y una transmisión de energía cósmica desde la poderosa Presencia YO SOY que entre a raudales en vuestros vehículos sutiles y altere la estructura de vuestro cuerpo atómico, de tal manera que, de un modo u otro, sintáis lo que significa de verdad la voluntad de Dios.

«¡Aún no he empezado a luchar!»

Algunos de vosotros estuvisteis presentes cuando hablé de la caravana de luz. ¡Os digo que aún no he empezado a luchar! Estoy decidido, por amor a la voluntad de Dios, que es tan santa y sagrada, a que conservemos un cuerpo estudiantil franco como desafío a cualquier individuo, como desafío a cualquier grupo de individuos, como desafío a cualquier fuente o poder de energía mal cualificada en cualquier parte de este planeta.

Declaro que soy el chohán del primer rayo: ¡No tenéis ningún poder, no tenéis ningún poder, no tenéis ningún poder! El único poder que puede actuar es Dios, la Todopoderosa Presencia YO SOY, la infinita capacidad de Dios de hacer el bien, los infinitos propósitos del cosmos, la infinita luz de Dios en expansión, que surgió del primer fotón de luz, que ahora está pasando por todos los hitos de existencia cósmica en el espacio interestelar y expandiendo las bendiciones santificadas del Espíritu Santo por todos los universos y produciendo belleza, amor, resplandor, paz, poder y sabiduría divina, la llama trina de Dios en esencia cósmica.

Avanzamos hacia la victoria Divina

YO SOY Morya El, Chohán del Primer Rayo. Estoy decidido a que las personas que antes han sido débiles se fortalezcan y que defiendan la luz, y que encaren la luz de su Presencia YO SOY, ¡y que no haya ningún poder bajo el cielo que tenga el poder de desbancarlos de esa luz! Os digo, benditos y amados: poneos derechos y con las manos al volante, porque avanzamos hacia la victoria Divina y vamos a darle a la humanidad un conocimiento de esta gran ley, la ley de la poderosa Presencia YO SOY. Vamos a hacer que lleguen a comprender según las profecías del amado Jesús, cuando declaró hace mucho, mucho tiempo: «Las piedras clamarían si estos callaran».[4]

Benditos y amados, si la humanidad no acepta esta gran oportunidad, creo que os sorprenderéis con lo que sucederá. Tomaremos a personas que no tienen este conocimiento actualmente y las iluminaremos de modo que quienes sean últimos en comprender, sean los primeros.

Estáis ante una puerta dorada de oportunidad

Benditos y amados, os amo a todos y cada uno de vosotros. Si pareciera que os reprendo, no lo hago más que por el amor de Dios. Lo hago para aumentar vuestra capacidad cósmica por el bien en la voluntad de Dios. Lo hago para parar vuestros benditos pies y que no tropiecen, y lo hago en recuerdo de todos esos entrañables jóvenes encantos (que vosotros sois) que hoy contemplo con tanto cariño.[5] Os amo. Os amo. Os amo. Soy el chohán del primer rayo. Soy la voluntad de Dios siempre manifiesta, siempre fuerte, siempre el valor de ser verdadera, de atreverse a hacer, de ser y callar cuando es necesario.

Benditos, estáis ante una gran puerta dorada de oportunidad y las glorias ante vuestra conciencia, no solo esta noche, sino cada día de vuestra vida. Al llamar a la entrada de esa puerta, cuando extendáis la mano para girar el pestillo y abrirla, sabed que estoy a vuestro lado. Y no estoy solo cuando vosotros veneráis la voluntad de Dios. A vuestro lado está el bendito Arcángel Miguel, a vuestro lado está el bendito y amado Jesús, una procesión infinita de maestros cósmicos que se retrotraen hasta el mismísimo principio del tiempo, hasta el principio de las crónicas de la existencia de la humanidad en este planeta. Hay esperanza para todos. Nuestra causa es una causa de luz.

Vuestra llave de la libertad yace en vuestra Presencia

Quiero insistir en algo, para terminar. Lo que quiero decir está claro. Las personas no son más que manifestaciones de Dios. Cuando la Presencia de Dios camina a través de ellas y ellas la obedecen, Dios camina entre ellas. Cuando caminan según la creación humana, lo que actúa no es la Presencia de Dios. Sabed, pues, que vuestra llave de la libertad yace en vuestra Presencia; y nadie más puede girar esa llave por vosotros, ni siquiera el chohán del primer rayo o el chohán de cualquier otro rayo. Pero todos nosotros os amamos. Y puesto que deseamos que permanezcáis en unidad cósmica, hombro con hombro unos con otros, esta noche estamos con vosotros.

Bendición

Poneos de pie en honor a la voluntad de Dios [la audiencia se pone de pie], porque os voy a dar la bendición de los ángeles:

Oh ángeles de relámpago azul, mis cósmicos y devotos amigos de la verdad y la pureza, oh ángeles inmaculados de relámpago azul y de la voluntad de Dios, ¡os adoro, os adoro, os adoro! ¡Os estoy adorando, os estoy adorando, os estoy adorando! Manifestación del sentimiento de obediencia a la voluntad de Dios, sentimiento de la gran Presencia de Dios que crece por todo el universo, sentimiento del corazón de Dios que se extiende desde el altar sagrado en el Gran Sol Central hasta los altares planetarios y los altares interestelares de todas las grandes estrellas de todos los sistemas de mundos, ¡bendito seas! Llama de fuego que infundes y entras en el corazón de cada bebé cuando nace, gran llama de fuego que sustentas toda la vida al pasar y que llevarás a todos a la perfección inalterable de Dios, ¡bendita seas! Benditos seáis, ángeles de la llama azul. Bendecid ahora a estos escogidos, que escogen amar a Dios. Aunque sea impopular algunas veces, ellos escogen amarte. Bendícelos siempre cuando se acercan al trono de tu voluntad, pues en él encontrarán el camino que conduce a la salvación eterna, el camino que conduce a la paz.

Os doy las gracias y os bendigo. Buenas noches.

Pascua de 1961
Nueva York (Nueva York)
MLP

11

La ley del círculo y el gran silencio solar

Que la paz envolvente de la luz cósmica entre en vuestro mundo, en vuestra mente y en vuestros asuntos. Yo, Morya El, Señor del Primer Rayo del Amor, os saludo esta noche en la conciencia de la voluntad de Dios. Desde los Himalayas, desde los reinos de luz, la Hermandad de Darjeeling os trae una conciencia sobre el significado de nuestro gobierno.

Con gran facilidad en sus sentimientos, los hombres aceptan la idea de la adoración a Dios. Cuando en el mundo exterior de la forma intentan exteriorizar y proyectar esos votos en conciencia que aceptan con tanta facilidad, a veces descubren que no es tan fácil de realizar como fue prometerlo. No digo esto con un espíritu de condenación, pues todos en nuestra octava han tenido las mismas experiencias que vosotros tenéis ahora a diario. Y somos bien conscientes de que la luz de Dios, que nos elevó, puede suministrar la gracia y las cualidades Divinas que os elevarán. La pregunta que tenemos es: ¿Sois conscientes?

Benditos y amados, gracias a vuestra percepción Divina, gracias a vuestro sentido de nuestra realidad y gracias a la comprensión de que la Tierra y todo lo que hay en ella es una parte visible de un gran todo, y que de todo lo que vive y declara «quiero» hay una parte invisible que es mayor de lo que es visible y manifiesto en lo exterior, al percibir esto, estáis dando los primeros vacilantes pasitos que os conducen hacia una percepción de nuestra octava. Y de un modo u otro, se abre en vuestra conciencia una entrada a nuestra octava de luz.

La luz es Dios. Dios es luz. La realidad, la sencillez, la belleza, la conciencia de Dios siempre está presente con todos los hombres. La puerta está cerrada y la llamada a la puerta que oye la conciencia Divina del interior no es reconocida por la persona normal y corriente hoy día, cuya conciencia está desviada y dirigida hacia un mundo que cada día se vuelve más confuso, más condicionado, más engañoso y menos parecido a su Presencia Divina, porque los impulsos que han ido acumulando y están acumulando son impulsos destructivos, y no pueden exteriorizar de ningún modo la voluntad de Dios.

Se necesita la visión espiritual

Nuestros discípulos aprenden los impulsos acumulados constructivos de luz en nuestros retiros de todo el mundo. Muchos de vosotros nos acompañáis de noche en vuestros vehículos sutiles, con vestiduras de luz. Recibís enseñanza en nuestras clases internas y regresáis renovados al mundo de la forma para afrontar ahí los problemas del día y para dominarlos. Algunos de vosotros, inconscientes del gran valor que tiene el acudir a nuestros retiros, van al reino astral y se quedan en los reinos de los sueños, para entrar y vincularse con aquellos mundos de otros individuos que no han adquirido la maestría, sino que son solo individuos humanos o entidades desencarnadas que aún no han ascendido.

Benditos y amados, en la Tierra se necesita tanto el entendimiento Divino que, con palabras del Gran Director Divino, hoy os digo que es muy importante que comprendáis que incluso el conocimiento material sobre la Tierra en la que vivís, apenas lo exterioriza la persona más inteligente del planeta. Pues son muy pocos los que tienen incluso una energía acumulada de entendimiento sobre los distintos países y naciones del mundo y la gente que vive en ellas y sus costumbres. Entonces, ¿cómo pueden esperar comprender nuestra octava y el reino de luz?

Las palabras, «procura con diligencia presentarte a Dios aprobado, como obrero que no tiene de qué avergonzarse, que usa bien la palabra de verdad»,[1] son nuestra bendición, palabras que nos llegaron hace mucho tiempo a través de Hilarión, cuando su encarnación como San Pablo hizo conscientes a tantas personas de la Gran Ley de Dios. Y la Iglesia cristiana primitiva fue bendecida por este mismo San Pablo, que dio a la humanidad un conocimiento de la Ley de Dios. San Pablo, como muchos de vosotros sabéis, persiguió una vez a la Iglesia cristiana cuando era Saulo de Tarso. Y al pasar por el camino a Damasco, el amado Maestro Ascendido Jesús se le apareció en una gran nube de gloria y le dijo: «Saulo, Saulo, dura cosa te es dar coces contra el aguijón». Y así, Saulo se levantó y estuvo ciego hasta que se le dijo: «Hermano Saulo, recibe la vista».[2]

Benditos y amados, los hombres de la Tierra que tienen la bendición de la visión física tienen necesidad como nunca la han tenido de la visión espiritual. E incluso entre los estudiantes de la luz que han estudiado durante años y practicado el sendero espiritual, hay necesidad de una visión espiritual expandida, hay necesidad de una expansión de las fronteras de esperanza hasta que comprendan que su Presencia Divina los envuelve por completo, los abarca por completo y sabe y es consciente de todos los problemas con los que lidian cada día.

La ley de Dios es la ley del amor

La ley de Dios es una ley bendita. La voluntad de Dios es buena. Y la paz de Dios os sellará contra la intrusión de aquellos pensamientos y sentimientos en particular que os provocan tanto dolor y aflicción, si tan solo hacéis los llamados y la necesaria aplicación sin aceptar un sentimiento de desesperación, que va flotando por la atmósfera a partir del mundo del sentimiento y del pensamiento de muchas personas que aún no han llegado al punto en el que puedan comprender las grandes cualidades cósmicas de la voluntad de Dios. La voluntad divina, la voluntad eterna, es omnipresente en la conciencia humana. Penetra en las células del cuerpo, hace que lata el corazón y expande nuestro sentimiento Divino allá donde YO SOY [estoy].

Benditos y amados, yo, Morya El, Señor del Primer Rayo del Amor, os saludo, pues, aquí en London. Y os traigo la gran paz de la Hermandad de Darjeeling. Os traigo nuestro sentimiento Divino de reverencia por la voluntad de Dios, nuestro gran sentimiento Divino de devoción a la voluntad de Dios y la intensidad de nuestra concentración en que esta voluntad se manifieste algún día entre la humanidad como un fuego llameante que inunde el corazón y el mundo de los sentimientos de todos los hombres, hasta que adoren, como nosotros, esa sagrada voluntad de Dios.

La humanidad se comporta de una manera muy discordante, pues no se da cuenta de que sus pensamientos y sentimientos están grabados en sus registros de una forma muy precisa y que algún día, en algún momento, en algún lugar, esos pequeños registros les regresarán buscando redimirse. No se dan cuenta de que todo lo bueno, la virtud y las cosas hermosas que exteriorizan en su mundo, algún día también regresarán para bendecirlos y sanarlos a ellos y a cada parte de la vida. Así es la Gran Ley de Dios. Pero existe una ley más grande. Es la ley del amor.

La Ley de Dios es una ley de amor cuando se la comprende correctamente. Es cierto que los hombres tienen libre albedrío. Es cierto que han abusado de ese libre albedrío. También es cierto que pueden dejar ese abuso y volver, dirigiéndose de una vez por todas hacia su Presencia Divina, su poderosa Presencia YO SOY (representada exclusivamente ahí, en esa hermosa Gráfica*), y que pueden realizar y entrar en la quietud del Gran Silencio Solar hasta que, con una veneración amorosa, como lo hace cada gran ángel deva, puedan extraer el fuego sagrado en su propio corazón e inundar con su resplandor, a través de su cuerpo, su mundo físico, su mente y sus asuntos, hasta que la paz producida sea la paz de la que habló Jesús y la paz que toda la Hermandad adora continuamente.[3]

---

*Véase pág. 165.

Os elevaréis con alas de gratitud

¡Oh victoriosa voluntad de Dios, resplandor de la cumbre nevada, mientras contemplo la belleza que hay aquí en Darjeeling, la paz que nos llega a mí y a nuestra Hermandad en nuestro retiro y que sobrepasa y exterioriza todo entendimiento divino,[4] YO SOY quien está agradecido por tu ser! Estoy agradecido por tu existencia, oh, Dios. Estoy agradecido por tu voluntad. Estoy agradecido por los corazones de los hombres de todo el mundo, receptivos a nuestra vibración, a nuestra acción vibratoria y al conocimiento del fuego sagrado. Estoy agradecido por la humildad. Estoy agradecido por la gratitud.

Benditos, con alas de gratitud os elevaréis hacia la voluntad de Dios, reverenciaréis la voluntad de Dios, la exteriorizaréis. Y un día, cuando la humanidad haya logrado la victoria, aquellos de vosotros en la vanguardia de la percepción de la luz estaréis agradecidos para siempre por haber prestado un servicio a la Tierra y ayudado a las otras evoluciones que venían detrás de vosotros a entrar en la alegría de su perfección.

Hoy, las personas que a través de la vil comercialización producen en la humanidad un sentimiento de frustración y temor, aquellos que producen en la humanidad deseos exacerbados, aquellos que producen en la humanidad odio y lucha, ellos también cosecharán, como han hecho en el pasado, las recompensas de sus acciones.[5] Pero estoy seguro y confío en que los que aman la luz como nosotros comprenderán que hablo en realidad y en verdad. Nosotros seguimos siendo seres divinos, viviendo eternamente en el fuego sagrado y eternamente manifiestos en la Tierra.

Entrar en una nueva era de devoción

Como dije hace bastantes años, he estado en muchas salas lóbregas, he estado al lado de muchos conferencistas sobre el estrado. Benditos y amados, esta noche estoy aquí, en London, haciendo resplandecer una conciencia de Dios y la bondad de Dios en la atmósfera de esta ciudad. Y pido, en el nombre de

Dios, al llamar ahora a los ángeles de la buena voluntad divina, que lleven lejos las buenas nuevas de la voluntad de Dios a todos en la Tierra, para que la humanidad pueda levantar la cabeza y salir de un sentimiento de letargo y frustración, hasta que comprenda que todo lo que el hombre ha hecho nunca ha apagado la luz de Dios, nunca ha atenuado el resplandor del fuego sagrado y nunca lo hará; hasta que no comprenda que lo que los hombres han exteriorizado, que no es virtud, no ha hecho más que volver a su umbral debido a la ley del círculo, al haber regresado para su redención.

Y, por tanto, pido, en el nombre de Dios Todopoderoso, que aquellos de vosotros que sintáis la reverencia y el deseo de ser lo que Dios Padre, vuestro Padre y el mío, desea que seáis, entréis en una nueva era de devoción, una nueva era de paz Divina, una nueva era de amor en la que aceptéis que el poder de la luz es mucho más glorioso que el poder de la noche, pues este no es más que una ausencia de luz.

Y un día la sombra desaparecerá en la gloria suprema de nuestro resplandor y sabréis lo que significa caminar con la Hermandad en Darjeeling. Sabréis lo que significa caminar con hombres cuyo corazón anhela solo ver a hombre libres, libres de la limitación, libres de un sentimiento de discriminación, libres del ego, libres de la conciencia humana y manifestando los poderes y la victoria que reciben todos los que aman la voluntad de Dios y utilizan el tiempo y la energía para exteriorizarlo entre la humanidad.

Soy vuestro amigo

Os agradezco vuestra atención, os agradezco vuestro amor por la luz, os agradezco que estéis aquí presentes y os pido que recordéis que soy un ser cósmico, que soy un Maestro Ascendido, que seré vuestro amigo siempre que adoréis esa voluntad. Pues no hay ningún otro poder en el universo que pueda actuar excepto la voluntad de Dios, cuya bondad os rodea ahora.

Os sello en un manto de paz del Cristo Cósmico y os bendigo esta noche con el amor de los que me acompañan al entonar un coro, inaudible para vuestros oídos físicos, de devoción infinita a los propósitos eternos; porque estos propósitos merecen vuestra atención.

Gente de esta Tierra, gracias. Que las huestes angélicas y las huestes ascendidas os rodeen siempre y guarden vuestras idas y venidas hasta que entréis en ese estado de conciencia igual al mío. Y no me importa si lo sobrepasáis, porque al adorar a mi propia divinidad, doy todo lo que YO SOY al servicio de la luz, al servicio que eleva, que levanta, que transmuta y que hace a los corazones reverentes, felices y libres en Dios.

Gracias y buenas noches.

Abril de 1961
London (Ontario, Canadá)
MLP

12

El Libro Blanco de la Gran Hermandad Blanca dirigido al planeta Tierra

Esta noche infundo la paz, la luz y el poder de Dios. Por favor, tomad asiento.

Esta noche estoy aquí, amados, para contaros una historia de cierta reunión que se celebró en Darjeeling, la cual tuvo gran importancia para todo el planeta.

Como sabéis, amados, la Tierra no es el centro del universo ni es la sede del gobierno cósmico. La Tierra es un minúsculo planeta en comparación con muchos otros, poblados de miles de millones de corrientes de vida, importantes para la Deidad, pero no más que las de otras estrellas o sistemas de mundos. En el inmenso gobierno cósmico, este mundo tiene una responsabilidad merecida que llevar a cabo. Y, por tanto, damas y caballeros, el mensaje que os traigo esta noche quiere daros a conocer un Libro Blanco, publicado aquí en Darjeeling por la Gran Hermandad Blanca, de una austeridad e importancia tales para este planeta Tierra que merece que venga aquí, esta noche, un emisario desde el planeta Venus, nada menos que el gran Regente del Mundo, Sanat Kumara, cuya luz resplandeciente, como una estrella de esperanza, se despliega ahora sobre este santuario. ¡Te saludo en el nombre de Dios, hermano mío, amado Sanat Kumara! [La audiencia se pone de pie]. Gracias. Por favor, tomad asiento.

Damas y caballeros, deseo haceros saber que es un hecho absoluto el que, frecuentemente, en las grandes evoluciones cósmicas, se hace necesario disolver un planeta, que deje de existir debido a las manifestaciones discordantes, para devolverlo a la luz universal de la que salió y que pueda manifestar la perfección del plan divino. Como sabéis, el amado Sanat Kumara de hecho evitó que se produjera la disolución de este planeta hace mucho tiempo. Y, por tanto, este planeta ha perdurado gracias al gran amor de la Gran Hermandad Blanca hasta el presente.

La ley cósmica exige que la Tierra emita más luz

Este es un momento de gran importancia cósmica. El destino y la libertad de esta Tierra está en juego, damas y caballeros, tanto si os dais cuenta de ello como si no; y al decirlo no tenemos el deseo de hacer que la corriente de vida de nadie tema en lo más mínimo. Estoy hablando en el nombre del equilibrio cósmico. La Tierra ha avanzado en su evolución cósmica hasta un punto en el que debe manifestar, por fíat cósmico de luz, la perfección Divina que siempre debió manifestar y la perfección Divina que Sanat Kumara mantuvo y sostuvo durante tanto tiempo para la humanidad de la Tierra. Y, por tanto, esta noche él viene conmigo para dar una cualidad radiante específica y absoluta a mi discurso y que sepáis que nuestras palabras tienen el apoyo de toda la Gran Hermandad Blanca.

Damas y caballeros, Dios es amor y el clamor de este planeta pide más amor. A menos que ese amor se manifieste, el Libro Blanco que tengo ante mí me dice que se repetirá un cataclismo inmenso y horrendo como tuvo lugar en la Atlántida hace mucho tiempo; y esta civilización, todo su entorno y toda su gente desaparecerán de la Tierra. Digo con una sinceridad absoluta que la ley cósmica exige, por tanto, que esta Tierra emita más luz y el gobierno Divino del universo exige que la humanidad de la Tierra se sacuda de encima el letargo de épocas pasadas y el egoísmo, la crudeza y las contorsiones de su conciencia, hasta que entre en la gran ley cósmica de Dios con una reverencia y con una responsabilidad hacia Dios que le haga aceptar nuestro amor, nuestra luz, la luz y el amor del cielo, y caminar por la Tierra con la dignidad que corresponde a los hijos y las hijas de Dios. Esta Tierra ha mantenido el equilibrio de la energía negativa durante demasiado tiempo; y, por tanto, ¡la gran ley cósmica exige que esta Tierra manifieste la libertad y la luz que Dios quiso!

Estados Unidos debe ser el ejemplo para el mundo

La Diosa de la Libertad, la Diosa de la Justicia, en sus discursos de ayer, os enfatizaron muchos asuntos importantes. Teníamos grandes deseos de que hoy hicierais una visita turística a esta ciudad para que muchos de vosotros pudierais llevar la radiación de estos grandes seres a las salas de gobierno y que las personas que de hecho representan al pueblo —«Nosotros, el pueblo de los Estados Unidos, a fin de formar una Unión más perfecta»,[1]— los que representan a ese gobierno, pudieran recibir la radiación de la Diosa de la Libertad y la Diosa de la Justicia, porque la voluntad de Dios quiere que todos tengan libertad y justicia, no solo en Estados Unidos, sino en el mundo.

Estados Unidos debe ser el gran ejemplo para el mundo. Si estudiáis la historia de este país, observaréis la falta de provocación en la mayoría de las guerras, excepto por las tramas en las que se involucraron en secreto corrientes de vida individuales. Pero, benditos y amados, los Maestros Ascendidos aman mucho a Estados Unidos. Es un gran cáliz de luz en el que tenemos grandes deseos de derramar la luz del ejemplo sobre la humanidad con un poder y un amor directo tal, que todos los países del mundo deseen imitarlo, y no esa doctrina comunista y egoísta engendrada por la energía negativa y el ateísmo discordante y aquellas cosas que no pertenecen a la luz eterna y el amor de Dios.

Esta época es muy grave para la humanidad de la Tierra

Damas y caballeros, volviendo al Libro Blanco, que lo pusieron sobre la mesa cuando me senté aquí, en Darjeeling, en nuestras hermosas salas de consejo, ¡os digo que el Maha Chohán bajó la cabeza y lloró! ¿Creéis que eso no es posible? Entonces os digo que os acordéis de Jesús, cuando lloró por Jerusalén al ver que no quedaría una sola piedra de ese templo,[2] pues vio que sería destruida. Toda la destrucción de la que es víctima la humanidad está producida por el regreso y la reacción de su propia energía mal cualificada.

Esta época es muy grave para la humanidad de la Tierra, y es urgente que esta actividad avance con un motivo cósmico. Esta noche no tomo mi energía para hablaros simplemente con el fin de satisfacer el paladar de vuestro cuerpo mental. Os hablo para que en efecto podáis comprender la necesidad que hay de que hombres y mujeres amen y desarrollen su conciencia espiritual y expandan la luz de los Maestros Ascendidos y reconozcan el amor de Dios en su hermano.

El Gobierno Divino es el único gobierno que importa

Los Gobiernos de las naciones llevan demasiado tiempo cediendo ante el poder de la bestia del dinero.[3] Llevan demasiado tiempo permitiendo que las garras de la fuerza siniestra los guíe y dirija a través del egoísmo y la avaricia. Cuando vuestro Saint Germain deseó crear los primeros trece estados, benditos y amados, ¿no creéis que su corazón latió con orgullo al imaginar las caravanas de luz atravesando las llanuras de este a oeste y la economía en expansión y la gran civilización que se ha desarrollado? Él fue capaz de verlo todo y fue capaz de reconocer y comprender su gran potencial divino. Pero hoy, en medio de la miseria de las ciudades que crecen sin control y el campo embarullado, existe una manifestación de la conciencia humana en discordia que resulta espantosa cuando se considera lo que este planeta podría manifestar.

Washington, esta misma ciudad donde os estoy hablando esta noche, tiene en ella el hermoso plan como lo imaginó y lo manifestó Pierre L'Énfant al dibujar el plan de Washington: una ciudad de luz. Esta ciudad está pensada como una ciudad de luz, y este país está pensado como un país de luz. No está pensado como algo abarrotado de efluvios humanos, con manifestaciones discordantes, sino con un poder victorioso en Dios. Aquellos de vosotros que deseéis saber más acerca de lo que estoy hablando deberíais sintonizaros con vuestra conciencia de Maestros Ascendidos y después obtener una fotografía de Brasilia, para ver las ciudades del futuro como se ven manifestadas en Brasilia, en Sudamérica, donde la gran séptima civilización, la séptima raza raíz, estallará al manifestarse. La arquitectura de esos hermosos edificios os daría una idea de lo que la conciencia Divina puede hacer para elevar y ennoblecer a la humanidad de la Tierra.

Benditos y amados, estos son asuntos importantes, pero es necesario que la arquitectura y el marco de referencia de las personas sean los correctos. Pero también es necesario que esa organización conocida como el gobierno, que representa al individuo multiplicado muchas veces, también debería ser correcto. Y, por tanto, el gobierno Divino es el único gobierno que importa, y ese es el verdadero significado de gobierno: Dios sobre los hombres.* Así debe ser, ¡y así será! Si no lo es porque la gente de esta Tierra no lo exteriorice en esta generación, me temo que no continuarán disfrutando del mundo como lo disfrutan hoy —de una manera egoísta y depravada—, sino que descubrirán, como los atlantes de antaño, que la Ley no puede violarse. Esta noche vengo aquí con la esperanza de que los decretos que hagáis, vuestra sinceridad de la luz, evite que esto suceda.

Un mensaje de Sanat Kumara

Sanat Kumara tiene un mensaje para vosotros, que yo os transmito ahora. Él os pide que asumáis la responsabilidad que

**Gobierno* en inglés es *'government'*; de ahí se deriva *God-over-men,* que significa *Dios sobre los hombres.* (N. del T.)

él mismo tuvo por la humanidad de la Tierra durante tanto tiempo. Os pide que carguéis sobre vuestros hombros la responsabilidad de ser un Atlas que sostenga al mundo y a la gente de la Tierra, que aún en su ignorancia y su perfidia se aparta de Dios. Sostenedlos y haced llamados a la luz por ellos para que, en vez de que sucedan esos acontecimientos (que ahora parecen avecinarse), en su lugar se manifieste la belleza y el amor de nuestra gloriosa séptima raza raíz, la raza venidera.

¡Oh humanidad de la Tierra, mira y aprende! Mira bien y aprende de la gran visión del general Washington y comprende que la responsabilidad hacia la gran ley cósmica y la luz es eterna. No cesa cuando cierras los ojos con sopor. No cesa cuando has ganado una pequeña carrera. No cesa en ningún momento, pues incluso en los grandes niveles cósmicos existen leyes según las cuales debemos obrar y leyes que nos guían. El propio Padre —el Padre Absoluto, la poderosa Presencia YO SOY en el Gran Sol Central— lo hace todo bien y perfecto, y él es la exteriorización de esa gran ley.

Una visión del Gobierno de Dios

La ley de la misericordia desde hace mucho tiempo lleva permitiendo que la humanidad continúe en la discordia, pero esto no continuará siempre. Por tanto, es imperativo que la humanidad de la Tierra considere seriamente su responsabilidad de establecer el gobierno del pueblo, por el pueblo y para el pueblo[4] como una verdadera representación de la voluntad de Dios. La voluntad de Dios no quiere que los países se metan en guerras, pero este gran país ha estado enredado en tres guerras en un período corto de tiempo y en innumerables guerras en el pasado, casi desde sus comienzos.

Amados, la libertad está aquí con vosotros, el Dios de la Libertad. La libertad está a todo vuestro alrededor, pero a menos que la exterioricéis de una forma consciente, inteligente e intencionada, creo que cosecharéis lo que la humanidad ha sembrado.[5] Puede que os preguntéis por qué he escogido esta noche para hablar así. ¡Hablo así porque hay que decir la verdad! Alguien debe decir la verdad. Alguien debe revelarle a la humanidad de la Tierra la solemnidad del momento.

Este, damas y caballeros, es el final del Libro Blanco, que simplemente dice: una visión casi de un apocalipsis, una visión del nacimiento de toda la belleza Divina en el gobierno que existe a niveles internos en el gran plan de Ciclopea, el Vigilante Silencioso del planeta Tierra. Se quiere que este gobierno manifieste el gobierno de Dios, la belleza de Dios. Y cada estrella de la bandera debe ser una estrella de amor y cada estado debe ser un estado de amor. ¿Lo entendéis? Por tanto, os digo que cada persona debe estar en un estado de amor; el mundo debe ser un planeta de amor. ¿Quién de entre vosotros puede decir hoy que lo está? Claro que hay abundante amor en vuestro corazón; de eso estoy seguro o no estaríais aquí.

Y a aquellos de vosotros que podáis pensar que el poder de los decretos es extraño, os digo: benditos y amados, nuestros decretos, estos decretos, son vitales, pues son la magnífica energía de vuestro mundo entregada a la octava de los Maestros Ascendidos para equilibrar aquello que os damos en nuestra efusión. Venimos a vosotros sobre esta gran ola de energía y traemos bendiciones en exceso para el mundo entero.

Haced sacrificios por la luz

¡Paz, amados corazones! Quiero que comprendáis que todo lo anterior del Libro Blanco puede evitarse. Es posible evitarlo. Puede detenerse, pero hará falta mucho trabajo. Y, por tanto, tengo la esperanza de que comprendáis que en el futuro que se avecina hace falta una gran intensidad y luz en equilibrio. Deberéis estar dispuestos a hacer sacrificios por la luz. Deberéis estar dispuestos a dar as Dios más de vuestra energía. Deberéis estar dispuestos a procurar «con diligencia presentaros a Dios aprobados».[6]

Os pregunto: ¿qué importa vuestra vida? ¿De dónde viene vuestra vida? ¿No viene de vuestra gran Fuente Divina? ¿A dónde irá si no la dais a esa Fuente? Será como un cántaro roto, y el agua y su contenido se derramarán en el suelo y serán inútiles. Pero si tomáis la energía de vuestra vida y la dais a Dios y la dais a la luz, creo que ayudaréis a Sanat Kumara a mantener el equilibrio de este mundo, y él aún es el Regente de este mundo.[7]

Y el Señor Buda sobre su gran trono de loto en Shambala me acompaña esta noche al pediros que ahora sintáis la paz de su amor y la paz de su resplandor envolvente y comprendáis su mensaje. Y esta noche os dice: aún queda esperanza para que todo se evite gracias al gran poder del amor divino. Pero también insta a que se practique la diligencia de modo que no haya posibilidad de error y que la humanidad, en vez de cosechar lo que ha sembrado como destino negativo, coseche la belleza de Dios, que él quiso que tuviera y siempre quiere que todos la tengan.

Depende de vosotros

Hay muchos que creen que un camello sería más cómodo sin dos jorobas; y yo lo sé, pues en mi época monté en unos cuantos. Pero, damas y caballeros, las dos jorobas existen. Por tanto, creo que debo deciros que estos son los hechos de la vida en la actualidad. Sonrío al hablaros, pero nuestra advertencia tiene cierta solemnidad. Porque cuando todo el consejo cósmico se convoca y cuando nos reunimos alrededor de esta magnífica mesa de consejo y reflexionamos sobre el registro cósmico, no podemos hacer menos que lo que hacen esos líderes responsables en los Gobiernos de las naciones. No podemos hacer menos que daros un informe. De vosotros depende qué se haga al respecto.

Y espero que toda la humanidad comprenda mientras hablo, en su mundo de los sentimientos, la verdad y la necesidad del momento: que la luz de Dios, que nunca falla y que continúa sin cesar para siempre, apartará las debacles humanas, las casas humanas de corrupción, y sustituirá recipientes de barro con recipientes de oro, y sustituirá la fealdad acumulada de la humanidad con belleza cósmica. Creo que esto ocurrirá. ¿Vosotros qué pensáis?

Gracias y buenas noches.

3 de julio de 1961
Noche del lunes
Ciudad de Washington
MLP

13

Mis manos amparan vuestra aura

Oh santa voluntad de Dios, en el preciado nombre de la luz y la victoria de la luz, YO SOY quien invoca la llama de la eterna belleza cósmica en el corazón de estos hijos tuyos y en el corazón de toda la humanidad.

Que la preciada bendición de la luz, la luz permanente, la quietud y la plenitud de la luz cósmica envuelva con la luz del Cristo Cósmico, en el nombre de la santa voluntad de Dios, los corazones de todos los presentes.

Que ellos puedan conservar en el centro de su ser una apreciación y reverencia por el santo nombre de Dios, la llama de la vida que a todas horas sopla en ellos la corriente de la conciencia eterna manifestada.

Por tanto, esta noche invoco la eterna voluntad permanente, pidiendo que esa voluntad more en el corazón, en la mente y en el corazón de todos los que, en verdad, son iniciados de la luz.

Y todos los que no lo son, que puedan entrar con rapidez a un tiempo de su corriente de vida en el que puedan aceptar la presión de esa luz cósmica y arrodillarse con alegría ante la santa presencia de su gran Ser Crístico, reconociendo que el Padre, el YO SOY, es su Padre y es la Fuente de la que salieron.

En este sentido, sello y bendigo a todos los presentes con el resplandor divino. Y ruego que aquí, en Darjeeling, desde donde estoy hablando y dirigiendo la corriente de mis poderosos rayos luminosos, podáis sentir nuestra reverencia y la reverencia que sienten los hermanos que hay aquí por la voluntad de Dios, y que podáis venir cordial y alegremente a nuestro retiro mientras vuestra forma física duerme para rezar con los hermanos y frailes de aquí, que sirven a la voluntad en eterna expansión del Ser Infinito, a quien llamamos Dios.

Paz esta noche. Callad. Permaneced en mí, vuestra Presencia Divina, igual que YO SOY quien permanece en vosotros.

3 de septiembre de 1961
Woodstock (Ontario, Canadá)
MLP

14

La voluntad de Dios: un valioso tesoro extraído del corazón

Buenas noches, damas y caballeros, y saludos en el nombre del infinito Espíritu de Dios que lo impregna todo. Desde el corazón de nuestro Templo de la Buena Voluntad, aquí en Darjeeling, os hablo y soplo un sentimiento infinito de la voluntad de Dios.

Entre vosotros los hay que han mirado al mar, y al mirar al mar han observado una cresta de luz sobre las olas, una cresta de luz compuesta de la fragmentación espiritual de las energías divinas derramadas del sol o reflejadas por la luna, según sea el caso, pero compuestas de luz. Esta noche quisiera poner en vuestra conciencia la idea de que vosotros también sois proyectados desde el Gran Sol Central, fragmentos de sustancia divina, fragmentos que contienen en sí las semillas de la voluntad de Dios. Sagrados, pues, sois para el Padre. Y al imaginaros a vosotros mismos como creados a su imagen,[1] podréis obtener y retener ese sentimiento divino que os dará la capacidad de caminar por la Tierra como Dios.

Cada uno de vosotros fuisteis llamados, como lo fue el Cristo que conocéis como Jesús, a ser hijos e hijas del Altísimo. El Espíritu de la Gran Hermandad Blanca esta noche está por toda la Tierra como Espíritu del Cristo Cósmico. Para envolver a los hombres en una imagen de sí mismos, de su ser espiritual, venimos y que así los hombres puedan obtener la herencia de los escogidos, que puedan vestir las vestiduras que son blancas,[2] que son puras, que son sagradas, por las que vinieron al mundo y por las que obtuvieron la energía divina de Dios y esa sustancia eterna que les dio y que da a todos un sentimiento de existencia y del estado del ser.

Damas y caballeros, vosotros no os pertenecéis a vosotros mismos. Sois la gran levadura del Cristo. Sois una manifestación de su perfección. En esta hora sois llamados a una comprensión de la voluntad de Dios manifestada en cada átomo y célula de vuestro ser. Manifestar el poder de Dios significa resplandecer con luz. Resplandecer con luz significa no dar ningún dominio en absoluto a aquello que es inferior a la perfección de vuestra inmortalidad.

Estoy intensificando el espíritu de la libertad

Soy un ser resplandeciente de luz y, sin embargo, hoy, mientras os hablo, puedo aparecerme de manera simultánea en la casa de un niño campesino que está enfermo en la India, no lejos de Darjeeling. Y me aparezco en esa casa en la forma física y, sin embargo, a ellos no les parezco más que un asceta envuelto en su túnica. Porque cuando os hablo a vosotros, al mismo tiempo le quito las cicatrices de la lepra al cuerpo de este niño que tengo ante mí y se realiza una sanación perfecta. Sin embargo, la gente que lo presencia no me considera más que un mendigo errante. No me considera más que uno de esos maestros no ascendidos que van deambulando por la tierra de la India. No saben que soy un ser ascendido y que poco después de que salga por las puertas y los portales de esa casa, mi cuerpo se disolverá en luz pura de los Maestros Ascendidos y mi forma, que ahora parece sólida, ni siquiera parecerá existir.

Sin embargo, de manera simultánea, mientras realizo este acto misericordioso en el nombre de Dios, proyecto los poderosos rayos luminosos de Darjeeling al continente de Norteamérica, a esta ciudad cerca de Nueva York, donde se están manifestando tantos y numerosísimos millones de corrientes de vida, e intensifico el Espíritu de la Libertad, el Espíritu de la Libertad, que es Dios.

Como se ha dejado escrito: «Porque el Señor es el Espíritu; y donde está el Espíritu del Señor, allí hay libertad».[3] Esta noche estoy intensificando, por tanto, el Espíritu de la Libertad para hacer la voluntad de Dios, liberando a la humanidad de la idea de que la voluntad del hombre es superior a la de Dios; porque la humanidad ha dado a su propia voluntad sustancia y energía durante un largo período de tiempo y ha generado así un impulso de forma muy parecida a como se eleva una espiral de humo. Pero cuando el poder de la gracia infinita de Dios entra con el estruendo como de un viento recio,[4] este disipa esa columna de humo, que es simplemente voluntad humana, y trae el poder trascendente y la luz de Dios que no falla y que no puede fallar. Y toda la voluntad humana se evaporará ante la manifestación divina de la voluntad de Dios.

Esto está de acuerdo con la ley divina del ser, que es la misma en la India que en los Estados Unidos, que es la misma en China que en Perú, que es la misma en el imperio inca que en el de los Estados Unidos, que es la misma ley que se manifestó en la Atlántida y en Lemuria y en los días de antaño; y también es la mismísima ley que se manifiesta en otros planetas, en el amado Héspero, al que conocéis como el planeta Venus, de donde vino Sanat Kumara hace mucho tiempo, o en otros sistemas de mundos y estrellas que vuestros astrónomos ni siquiera conocen.

La belleza de la voluntad de Dios

Benditos y amados, la belleza de la voluntad de Dios está en su expresión en desarrollo, su alcance por doquier; sin embargo, se pone de manifiesto, siempre se pone de manifiesto. Esto es en tiempo sideral. Está en la conciencia de la humanidad, en la conciencia del hombre, que asimila de manera gradual el alimento divino y emerge de manera gradual de la imagen mortal de un niño muy pequeño hasta la imagen inmortal de un Hijo Varón, un Cristo vivo, un ser inmortal trascendente que ya no tiene las mantillas de la mortalidad y la mera fecundidad, sino que manifiesta las propensiones del cielo: la belleza, la sabiduría, el amor y la compasión de Dios.

Todo esto YO SOY, pero todo esto está implantado en vuestro corazón y en el de toda la humanidad como un diamante rodeado de carbón, rodeado de carbonos. El valioso tesoro debe extraerse del corazón de la Tierra y después pulirse con la destreza del joyero, hasta que, con el corte y con el poder del discernimiento, la humanidad aprenda a pulir el brillo diamantino de la voluntad de Dios y emerja para manifestarse una hermosa joya de la perfección de una vida, de un Cristo, un Buda, un orbe brillante que ha de aparecer en la superficie de la Tierra y diseminar la luz sobre el mar de la humanidad, la cresta sobre las olas, las vestiduras resplandecientes de la inmortalidad y toda la belleza que las lágrimas humanas o el pensamiento humano no pueden ofuscar. Todo esto se manifiesta por la creencia, la fe, el amor y el poder del amor en acción.

Así la voluntad de Dios está siempre presente, nunca quieta, en constante movimiento, haciendo que el hombre progrese minuto a minuto hacia toda la gloria de la eternidad, las incesantes reverberaciones de la Voz Cósmica, que en un principio entró en el vacío e hizo sonar la Palabra: «Sea la luz; y fue la luz[5]. Sea el amor; y fue el amor. Sea la sabiduría; y fue la sabiduría»; la omnipresencia, omnisciencia y omnipotencia trina de Dios sellada por completo en el triángulo de perfección dentro del círculo sagrado de la voluntad de Dios, el precinto santificado de la divinidad dentro del cual están todas las cosas y fuera del cual no existe nada».[6]

Sed fieles a Dios

En el nombre de Dios, en el nombre de la Gran Hermandad Blanca, por el poder del fuego sagrado, yo, Morya El, Señor del Primer Rayo del Amor, hablando desde el Consejo de Darjeeling, pues he regresado aquí, a la mesa del consejo, y estando ante la mesa del consejo y viendo ante mí el registro del espantoso abuso de la energía por parte de la humanidad y sabiendo que a esta civilización le queda poco tiempo, vuelvo a instar a que la conciencia mortal intensifique la invocación y la entrega del fíat supremo de la voluntad de Dios como gobernante sobre todos los mandatos humanos. Os pido y os insto en nombre de Dios a que seáis fieles a Dios, vuestra poderosa Presencia YO SOY. Poned vuestra fe inquebrantable en los maestros de sabiduría. Y exteriorizad en esta tierra y por toda la Tierra el gran reino de Dios, el reino inmortal de amor en el que las constituciones y los mandatos del hombre, las cartas magnas del hombre, se convierten en los estatutos de divinidad.

Tal como Colón trazó su curso a través de un mar desconocido, hoy toda la humanidad con fe en mi palabra, que no es mía sino de Dios, aceptará el don de Dios y bajo la égida del Padre, bajo la corona de la vida, exteriorizará entre la familia de las naciones un mundo perfecto, una utopía, el paraíso de Dios entre los hombres. Y entonces, sobre esta morada, que no es más que una de las moradas de mi Padre[7] y de vuestro Padre, se hará la voluntad de Dios y no habrá más odio entre hermanos, sino que el amor impregnará toda la vida y los propios animales ya no expresarán la ferocidad del hombre, sino que en todas partes se hará la voluntad de Dios. Y entonces, irrestricto a través de los grandes continentes del aire, llegará el viento recio del Espíritu Santo para coronar a esta civilización con todo lo que la ciencia por sí sola no pudo dar, con todo lo que la educación por sí sola no pudo dar y con todo lo que el romance humano por sí solo no pudo dar: el amor manifiesto del Padre como la voluntad de Padre.

Con esta vibración sagrada, en el nombre del Consejo de la Luz, yo, Morya El del Consejo de Darjeeling, os digo a todos en el nombre del Cristo: Paz, paz profunda.

16 de septiembre de 1961
Sábado
Long Island (Nueva York)
MLP

15

«¡No se haga mi voluntad, sino la tuya!»

Que la paz de la mente de brillo diamantino de Dios os envuelva a cada uno de vosotros con la voluntad del propósito cósmico infinito.

Benditos y amados, he venido de Darjeeling. He venido en el santo nombre de Dios a saludar a los peregrinos de luz, que son básicamente hijos e hijas del Altísimo, conscientes de la belleza de la divinidad en desarrollo de su ser y decididos a no dejar que nada les impida manifestar la perfección inmortal que YO SOY y que todos los que hacen la voluntad del Padre que está en el cielo llegarán a ser, y al llegar a serla, como han dicho los poetas, arrastran las nubes de gloria del cielo a la tierra, que es su casa.[1] Por favor, tomad asiento.

¡Qué magníficas son las bellezas manifestadas en los cielos! Una belleza más sencilla es esa gran bóveda, esa catedral azul abovedada de luz que todo el mundo percibe cada día y que va desde el horizonte hasta el cénit de los cielos. Ahí el sol brilla con fuerza. Ahí, por la noche, los dedos de Dios dibujan un patrón estelar de perfección inmortal. Ahí la mente del hombre especula sobre la enormidad del infinito. Y ahí la humanidad se pierde como una mota infinitesimal en un enorme cosmos de luz.

Sin embargo, vosotros, a pesar de este hecho, estáis sostenidos en la palma de la mano de vuestra divinidad. Y formáis parte de esos enormes espacios cósmicos tanto como del minúsculo presente, empezando con el centro de vuestro corazón latiente y terminando con la periferia de los cabellos que tenéis en la cabeza y con las plantas de los pies.

¡Admitid la grandeza de vuestro ser!

Damas y caballeros, vuestro diminuto mundo microcósmico se convierte en el gran mundo macrocósmico del universo cuando entráis en la conciencia de su perfección. Si tenéis la conciencia de una hormiga, la expresaréis. ¿Quién declaró: «Ve a la hormiga, oh perezoso»[2]? El hombre lo declaró. Dios no lo declaró. Es el hombre, con sus conceptos limitados y finitos, quien desea imaginarse a sí mismo como una pequeña parte de la perfección, resultándole difícil, quizá, imaginar que llega a ser y a expresar la totalidad de la perfección.

¡Destruid, pues, esta idea! ¡Derribad esos muros como cayeron los muros de Jericó[3] y admitid la grandeza de vuestro ser! Sois magníficos seres libres en Dios si exaltáis la divinidad que hay en vosotros. Si exaltáis, como hacen muchos, lo minúsculo, lo mezquino, lo pequeño que han puesto en vosotros, con frecuencia por contagiaros y por estar expuestos a la mente de otros, os convertís en personas pequeñas como ellos. Y ellos no están destinados a seguir siendo así; por tanto, ¿por qué deberíais estarlo vosotros?

Damas y caballeros, la voluntad de Dios, que es buena para vosotros, está a todo vuestro alrededor. Sin embargo, en este mar ilimitado de realidad, las irrealidades de la vida y su efímera existencia continúan plagando a la humanidad contrariamente a la voluntad del propósito cósmico y contrariamente a la voluntad del Consejo de Darjeeling. Es cierto que, a veces, «externamente», en nuestras percepciones externas, estamos un poco cansados de la idea de que la humanidad continúe inclinándose ante la voluntad de lo humano. Ahora bien, nosotros, claro está, como seres libres en Dios no estamos cansados en ningún sentido, pues tenemos el ilimitado poder del universo del cual extraer. Pero es que estamos un poquito cansados de la idea de que los seres humanos continúen aceptando la carga de la creación errónea, de la imperfección y de la mente de la mortalidad, prefiriendo eso antes que la gloriosa bendición de la mente de Dios, que los rodea y que en realidad utilizan para expresar su pequeñez.

Ahora bien, tan solo una diferencia en una idea puede cambiar el mundo de un hombre, de un mundo exiguo a un mundo enorme de propósito cósmico. El propósito cósmico no se le da a un hombre para privar a la corriente de vida de otro. Es el derecho de nacimiento cósmico de todos y todos, para recibirlo, deben llamar a la puerta de la vida tal como la Vida llama a la puerta de su existencia.

He observado durante años lo mezquino, lo curioso, lo raro y lo extraño que habla y dice: «Creo que todo el mundo es raro excepto tú y yo, y hay veces que creo que tú eres un poco rara».[4] Y también estoy un poco cansado de esta idea, porque las personas no tienen derecho a criticar a otras personas a menos que sean perfectas. Y si son perfectas, ya no critican. ¿Lo comprendéis, damas y caballeros? Este aspecto es muy importante.

La voluntad de Dios es vuestro pasaporte al cielo

Casi todas las actividades religiosas del día que implican división y confusión son así debido a las preocupaciones que tienen las personalidades por entrar por las puertas del cielo. Los hombres temen tanto no ir al cielo que hacen casi cualquier cosa por lograrlo, incluyendo dar la vida, su fortuna y su billetera. Y, con frecuencia, aquellos a quienes escuchan no son más capaces de llevarlos al cielo de lo que pueden llevarlos a China.

Damas y caballeros, la voluntad de Dios es vuestro pasaporte al cielo y la voluntad de Dios os rodea en todo momento, despiertos y dormidos. A esta voluntad llamó el gran maestro Jesús cuando dijo: «Padre nuestro que estás en los cielos…».[5] Por tanto, vosotros, como hijos del Dios Altísimo expresando el propósito Crístico, también debéis rezar y decir: «No se haga mi voluntad, sino la tuya».[6] Y entonces, cuando vuestra voluntad se convierte en la voluntad de Dios en expresión en todas partes a donde vayáis, se produce un cambio en vosotros, pues ya no sufrís los dolores que produce oponerse a la voluntad de Dios con vuestra voluntad humana. Porque vuestra voluntad humana se ha convertido en la voluntad de Dios y la resistencia entre las dos se rompe. No hay ninguna lucha.

Ahora bien, es absolutamente cierto que la voluntad de Dios no lucha con la del hombre. Al contrario, la voluntad del hombre es la que lucha con la voluntad de Dios. Porque la voluntad de Dios es un gran mar de amor, energía e iluminación divina derramándose en todo momento con la plenitud y el poder de la perfección, pero la voluntad del hombre es un mar de emociones furiosas y confusión y es casi impredecible. El amado Saint Germain declaró que era impredecible, y realmente lo es. Pero debido a que a veces tenemos un poquito de esperanza, en ocasiones pensamos que quizá podamos predecir a alguna persona. Y hay veces en las que incluso nosotros, con nuestras predicciones, descubrimos que nos hemos equivocado solo en el sentido de que los hombres deciden, como si dijéramos, salir de repente de debajo de nuestro dedo pulgar —es decir, del pulgar de nuestra predicción— y deciden hacer algo totalmente distinto a la idea que nosotros teníamos sobre lo que iban a hacer. ¿Lo entendéis? Y así, incluso la propia Divinidad no puede predecir lo impredecible del hombre.

Reconoced la voluntad de Dios

Ahora bien, si este titubeo que tiene la humanidad es tan confuso y tan absolutamente poco fiable, ¿no sería entonces una gran liberación misericordiosa el que la vida se arrojara al corazón del Eterno y dijera: «No mi voluntad, sino que se haga la tuya»? ¿No sería una gran liberación para una corriente de vida el sentir la gran ola de la voluntad de Dios fluyendo a través de su ser? ¿No sería una gran bendición para una corriente de vida el no depender más de la voluntad y el conocimiento humano o de complacer a alguna persona o de esforzarse por alguna meta terrenal? ¿No sería una gran bendición el comprender que la voluntad de Dios se está cumpliendo?

Recordad mientras yo lo recuerdo para vosotros y recreo una escena: el amado Jesús en el Jordán ante Juan el Bautista. Recordad la voz del cielo que habló diciendo: «Este es mi Hijo amado, en quien tengo complacencia».[7] ¿No os gustaría escuchar la voz de Dios hablándoos directamente a vosotros y diciendo: «Tú eres mi Hijo amado, en quien tengo complacencia»? Entonces, adorad la voluntad de Dios. Adorad la voluntad de Dios y contemplad cómo cambiarán las circunstancias para vosotros.

Estando aquí, en nuestro palacio de Darjeeling, consciente del viento que silba a través de los pinos en las regiones montañosas que rodean nuestra ciudadela de luz, pienso en cómo el aire suave lleva el perfume de las cumbres, hasta que el perfume del esplendor de Darjeeling, de los bosques y montes de Darjeeling, llega a los Estados Unidos y a todo el mundo. Del mismo modo se esparce la voluntad de Dios de corazón a corazón; y, sin embargo, cuando pasa, muchísimas personas no son conscientes de ello. Muchísimas personas no se dan cuenta de que este gran tesoro ha pasado por donde ellas viven físicamente. No son conscientes. No saben que ha ocurrido eso.

Hace varios meses, el amado K-17 entró en la rama de investigación del Departamento de Justicia que vosotros conocéis como el FBI, aquí en Washington. Pasó tres horas en ese edificio y lo vieron más de ciento cuarenta personas; sin embargo, nadie se dio cuenta de que estaba ahí. Tenía la meta de proteger a los Estados Unidos contra la horda comunista. Benditos y amados, así caminan con frecuencia los Maestros Ascendidos entre los hombres, desconocidos y desapercibidos, y casi igual que el perfume del pino en el viento es la venida de los que son nacidos del Espíritu.[8]

La cuna de la Divinidad es la humanidad

Los hombres no saben de dónde vienen ni saben a dónde van. Sin embargo, todos vosotros que reflexionáis sobre vuestro destino y vuestra venida y vuestra ida comprendéis que no llegasteis a existir a través del cuerpo y el ser de vuestra madre física. Comprendéis que no sois nada más que energía condensada, físicamente hablando, y que aquello que es vida en vosotros, que hace latir vuestro corazón y que os sustenta, es lo único real que tenéis. Y esa vida es Dios. Al ver que estáis tan cerca y que sois tan parecidos a la voluntad de Dios, ¿no debería ser una gran bendición el hacerse amigos de esa voluntad, hacerse conscientes de su eminencia, sentir la penetración de su sustancia inmortal, comprender el poder de Dios, separar la sensualidad de la humanidad de la divinidad de la luz en vuestro ser?

¡Expándete! ¡Expándete! ¡Expándete, oh voluntad de Dios, voluntad del propósito cósmico, entre las naciones de la Tierra y libera al mundo de la discordia! ¡Libera a las iglesias de la discordia! ¡Libera a los grupos metafísicos de la discordia! ¡Libera a todas las expresiones de la vida de la discordia! Y que las espaldas fuertes, las cabezas alzadas, los ojos que miran hacia las alturas reconozcan que la cuna de la divinidad es la humanidad y que en la cuna de la humanidad aparecerá un Hijo Varón que gobernará a las evoluciones de la humanidad de esta Tierra[9] de acuerdo con los reinos de la perfección de la luz y las leyes de Dios.

La única realidad es la ley cósmica

Las leyes de Dios son precisas. La humanidad no puede abortar las leyes de Dios a pesar de cuánto se le antoje, porque tal antojo no es más que un disparate. La única realidad bajo el cielo es la ley cósmica y solo cuando se camina de acuerdo con la ley cósmica es que de hecho se puede caminar. Todo lo demás no son más que cojeras de personas que aún no han aprendido a caminar derechas.

Cuando aprendan, caminará por la Tierra una raza de dioses que romperá las ilusiones materiales de la vida que dicen a los hombres que son exiguos, que dicen a los hombres que no son más que hormigas, que no son más que animales, que son perversos. Y sintiéndose justamente provocados, ya no se señalarán con el dedo unos a otros entrampándose, sino que señalarán a su Presencia Divina y dirán: «Ahí YO SOY [yo estoy] y ahí estaré. Ahí está mi tesoro y ahí está mi corazón, y ahí está mi vida, y ahí está mi amor, y ahí voy, pues ahora estoy ascendiendo hacia esa perfección».

Valor, ánimo

Con toda la belleza y el amor del Consejo de Darjeeling, llamo a los grandes ángeles de la sagrada voluntad de Dios, a la Hermandad del Corazón Diamantino de Darjeeling, para que os exprese de manera manifiesta esta noche la gloria inmortal de la perfección de la vida. Valor, ánimo, amados. El momento, ahora, en el que toméis este valioso diamante y lo pongáis dentro de vuestro corazón y digáis: «Oh voluntad del corazón diamantino del propósito eterno de Dios, soporto toda la dureza necesaria para convertirme en un buen soldado del propósito cósmico. Estoy decidido a soportar toda la dureza que la gran ley cósmica me exija. Estoy decidido a vigilar con los grandes maestros cósmicos a cada hora hasta haber manifestado su perfección. Soy su perfección ahora, y siempre seré la perfección de Dios sin límites»; cuando hagáis esta declaración con la intención de cumplirla, creo que toda la Tierra mejorará enormemente de tal modo que vosotros mismos apenas la reconoceréis. Entonces, ¿por qué no empezar de nuevo este año entrante?

¿Por qué no empezar esta noche? ¿Por qué no empezar en este momento? ¿Por qué demorarse cuando toda la luz cósmica de los reinos angélicos y los reinos de la perfección de la luz que os rodea destella alrededor de esta sala esta noche como si fuera un gran anfiteatro cósmico?

Una gran bendición angélica

Los coros cósmicos proclaman la venida de la raza venidera, la raza de perfección. Vosotros, damas y caballeros, incluyendo a quien está en este sitio y que dará a luz a un hijo, esta noche sois bendecidos con una gran bendición angélica. Y esta bendición tiene un significado que no conocéis, pero conoceréis su significado cuando descifréis el significado de la llama de inmortalidad, que arde suprema en vosotros y que se manifiesta en lo exterior como la voluntad de Dios.

De los Hermanos del Corazón Diamantino, del templo de luz en Darjeeling, de los palacios de la Hermandad en los múltiples focos de luz en este planeta, la resplandeciente voluntad de Dios sale disparada y destella e inunda al mundo esta noche con una dispensación especial anticipándose al año entrante. Que el mundo escuche, pues las voces de su divinidad interpretan una orquestación que moldeará una armonía tal en este mundo como para convertirlo en el reino de Dios, el reino del cielo.

Gracias. Me inclino ante la voluntad de Dios en vosotros. Buenas noches.

30 de diciembre de 1961
Noche del sábado
Ciudad de Washington
MLP

16

Bienvenidos a Darjeeling

Os doy la bienvenida, chelas míos del fuego sagrado. Desde el esplendor de la voluntad de Dios esta noche estoy manifestando aquí un rayo de amor, un rayo de amor por la voluntad del Ser Eterno en vuestro corazón. Por favor, tomad asiento.

Hace mucho tiempo, en mi país natal, India, vivía un maharajá con un hijo pequeño, el cual, desobedeciendo a su padre, salió por la puerta del palacio y anduvo hasta una región muy estéril y peligrosa habitada por animales salvajes. Y ocurrió que, debido a una perturbación en el bosque, una manada de elefantes salvajes se asustó y se abalanzó por la llanura, acercándose con rapidez hacia el muchacho, que estaba muy asustado y atormentado. Parecía que no tenía donde esconderse. Y los elefantes iban atravesando la llanura barritando y parecía que hasta la tierra temblaba.

Con el corazoncito latiéndole con fuerza, miró primero a la derecha, después a la izquierda y después arriba. Y desde arriba le llegó una inspiración de que buscara por el terreno con muchísima atención. Y al mirar sus ojitos por todo el suelo, percibió el tronco de un viejo árbol que estaba podrido y hueco. Y así, el muchacho se apresuró hasta el tronco y metió su cuerpo en él, llenándolo. Y ocurrió que la manada de elefantes salvajes pasó sin tocarlo. Cuando ya no estaban, el muchacho salió y a partir de entonces veneró los troncos de los árboles.

Benditos y amados, toda sustancia is santa. Muchas cosas que a la humanidad le parecen inútiles, a Dios le son útiles y podrían serviros algún día. El tener discernimiento, el ser capaz de percibir el valor que tienen las cosas y en particular el valor que tienen los dones y las gracias que se os confían, es un complemento de lo más valioso para el discipulado.

Como el muchacho, vosotros no podéis tener garantías de inmunidad para que no os pisoteen y no os ataquen las multitudes del maya y el karma de las masas. Pero, como el muchacho, podéis buscar refugio sabiendo que el Padre puede protegeros a través de este magnífico tubo de luz, que es mucho más valioso que un millón de troncos. Muchos discípulos han tenido la experiencia de poner a prueba el tubo de luz bajo las circunstancias más severas y han descubierto que de hecho en invulnerable.

La voluntad de Dios es un gran muro de luz

Ahora bien, benditos, quisiera que pensarais por un momento en la voluntad de Dios como un gran tubo de luz en potencia. La voluntad de Dios es en sí misa un gran muro de luz. Y cuando las personas reconozcan que la voluntad de Dios es un muro de luz y se pongan a andar rodeadas de la voluntad de Dios, de una forma invulnerable estarán protegidas contra el mal.

«Líbranos del mal», por tanto, se convierte en un fíat que pueden pronunciar todos los hombres, y ello a veces es una obediencia silenciosa a la voluntad de Dios. Pues este es el silencio dorado de la experiencia divina con la que el chela acepta la voluntad de Dios como algo bueno y decide caminar en ella a pesar de cuántas otras voces le susurren: «Este es el camino, caminad por él». El verdadero chela sabe que la voluntad de Dios es buena y la prefiere a su propia voluntad exterior o al glamur de los caminos de la humanidad, que no producen y no pueden producir una perfección permanente.

Un mensaje en silencio del Maestro

Ahora me detengo para que podáis absorber algunos de los pensamientos de mi corazón, que estoy irradiando en silencio. [pausa]

Benditos, no siempre es necesario que hablemos de manera

audible. Hay veces en que decidimos dar a las personas mensajes específicos dentro de su corazón. Los que tienen oídos para oír,[1] ojos para ver y percepción, pueden percibir. Aquellos cuyos ojos se han ido apagando, cuyo oído no es lo que debería ser, pueden reconocer, sencillamente porque no pueden oír, que necesitan desarrollar una cualidad específica de oído espiritual y una cualidad específica de visión espiritual. Al reconocer sus deficiencias y al reconocer el poder que tiene la Deidad de concederles toda buena dádiva y todo don perfecto,[2] pueden pedirle al Padre que les conceda estos dones. Y al recibirlos, descubren que ya no están desprovistos de los dones de los hijos del cielo.

Y, por tanto, yo, El Morya, Chohán del Primer Rayo, decido susurrar ahora un mensaje específico a cada oído de esta sala; a esos hijos e hijas de Dios y a los que son niños de Dios. Que ambos oigan, pues hablaré a cada cual de una manera individual. No garantizo que cada cual vaya a captar todo mi mensaje, pero estoy seguro de que si llamáis a vuestra Presencia Divina pidiéndole iluminación, antes o después el mensaje que voy a susurrar a todos y cada uno de vosotros sin falta este noche penetrará en vuestra conciencia y os dará el ritmo de la perfección eterna, una cualidad Divina específica que es necesaria para que progreséis de forma ordenada según los planes de un Dios infinito, que está anotada especialmente para vuestra corriente de vida y que representa el amor de Dios así como la voluntad de Dios. ¡Escuchad, pues, que habla El Morya! [silencio]

Exalto a la Deidad en vosotros

Esta noche soy vuestro anfitrión. Os invito con alas de luz y alas de amor —vuestro amor y la luz desarrollada de vuestro corazón— a que ahora viajéis conmigo, por la tierra de este gran país, a la bahía de Nueva York, para atravesar las fuertes olas del Atlántico hasta mi amada Inglaterra y después pasar por las llanuras de Rusia, y después sobre las montañas, y hacia el esplendor de Darjeeling. Esta noche os invito con alas de luz y amor a que vengáis a nuestros minaretes, a que entréis en nuestro hogar de amor y luz y a que sepáis que damos a todos la compasión de Dios y de la Hermandad de Darjeeling, que damos nuestra bienvenida con la mayor amabilidad.

Amados, quisiera recordaros que un ser ascendido tiene la prerrogativa de reconocer a los que él quiera como sus iguales. Esta noche decido exaltar a la Deidad en vosotros, que ya es un principio exaltante y el único principio exaltante de la existencia, y honrar a la Deidad que tenéis dentro e invocar, como una crisálida, la luz dentro de los átomos de vuestra existencia y vuestro ser (el diseño Divino dentro de cada célula de vuestro cuerpo, de vuestra mente y de vuestro ser) y, con el poder de la exaltación espiritual, elevaros hacia vuestro diseño Divino y saludaros como iguales, como miembros de nuestra fraternidad. Por tanto, aunque no lo seáis, decido saludaros como si todos los fuerais.

Aceptad un manto de luz

Y, por tanto, os pido que aceptéis primero un manto de luz, que es de blanco puro. Esta es una capa de luz que os pongo sobre los hombros. La sujeta un grupo de diamantes en el cuello. El dobladillo y el borde de este manto es de armiño blanco. Está forrado de seda blanca de las más fina. En la parte trasera de esta capa hay una hermosa llama azul. Esta llama azul resplandece dentro de un diamante y este está dentro de un corazón rosa. La voluntad de Dios se expresa así dentro de un corazón lleno del concepto inmaculado del amor divino.

Quisiera señalar a todos que un diamante en su momento fue un pedazo de carbón y antes, nada más que vegetación. A través del proceso de las presiones de la naturaleza, la vegetación se convierte en un pedazo de carbón y el pedazo de carbón, a través de continuas presiones, se convierte en un diamante. El carbón endurecido, por tanto, se cristaliza en la pureza del diamante, el cual refleja el esplendor multifacético del sol. Y lo mismo ocurre con la voluntad de Dios.

Los hombres, con su conciencia humana, se miran unos a otros y perciben pedazos de carbón. Esta noche yo no os miro como a pedazos de carbón o como una sustancia sombría, sino que os percibo a todos como creaciones del Altísimo brillantes como el diamante, hermanos de luz, Hermanos de Darjeeling, hermanas de luz, Hermanas de Darjeeling. Y, por tanto, os doy la bienvenida. [La audiencia se pone de pie].

Una lluvia de puntos diamantinos de luz

Gracias, benditos. La Hermandad de Darjeeling acepta que os pongáis a la altura de la ocasión y, a cambio, ha hecho que caiga por la atmósfera de esta sala una lluvia de puntos diamantinos de luz que continuarán cayendo durante un período de doce horas, hasta que mañana a mediodía entréis en esta sala con vuestra forma física y atraveséis un muro, hasta la zona de vuestro corazón, de sustancia sólida cristalina y diamantina del corazón de Dios.

Al entrar mañana en esta sala, esta sustancia, que continuará cayendo y acumulándose como la nieve virgen, la tendréis alrededor de vuestro cuerpo estrechándolo, y toda esa sustancia resplandecerá a través de vuestro cuerpo durante toda la clase de mañana. Será absorbida por los que se sienten dentro de nuestra radiación y ayudará al equilibrio de vuestra corriente de vida.

Siento no poder conferir este honor a quienes lean estas palabras en forma impresa. La gran ley cósmica esta noche lo ha limitado a quienes están aquí encarnados físicamente. Sin embargo, a través de esto concedo una radiación especial del corazón diamantino para todos los que lean estas palabras. Por favor, tomad asiento.

La duda cierra la puerta hacia la divinidad del individuo

Benditos, sería gracioso —si de hecho lo fuera— percibir el escepticismo y la duda en el corazón de los hombres. Pero no es gracioso. La duda es como un muro; cierra la puerta hacia la divinidad del individuo. Aunque el discípulo Tomás siguió al Cristo y percibió magníficos milagros (la resurrección de los muertos, la sanación del leproso, la multiplicación de los panes y los peces y muchos otros magníficos diseños Divinos a través de la mano del Cristo), Tomás no pudo aceptar, amados, la resurrección del Cristo.

Por eso dijo: «Hasta que no vea con mis propios ojos y ponga los dedos en la señal de los clavos, no creeré». El Cristo se le apareció y le dijo: «Bendito seas tú que has visto y has creído, pero más bienaventurados son los que no vieron, y creyeron».[3] Y así, yo, El Morya, Chohán del Primer Rayo, os declaro esta noche que los que creen en mí, los que creen en Dios, los que creen en los Maestros Ascendidos, aunque no hayan visto, son aún más bienaventurados que los que han visto. Sin embargo, los hay entre vosotros que han visto. ¡Habéis observado! ¡Se os han abierto los ojos! Pero hay otros ojos que aún no están abiertos, y, sin embargo, creen. Con esa fe plena se produce una entrega de sustancia eterna que no puede darse cuando hay dudas.

Amados, no estáis lidiando con leyes del mundo exterior. Cuando se firma un cheque y los hombres lo aceptan, lo hacen con plena fe en que el cheque es válido y que en vuestra cuenta hay un balance disponible. Si después descubren que, como diríais vosotros, es un cheque sin fondos, se molestan un poco. Por eso creo que muchas personas temen aceptar ellas mismas un cheque sin fondos. Bien, amados, dejad que os diga que ¡yo no soy un cheque sin fondos! Y no creo que vayáis a descubrir el banco no acepte el cheque.

Los órganos sensoriales del Espíritu deben abrirse

¡Quiero que sepáis que esta ley es una ley profunda del universo y ahora mis poderosos rayos de luz están derramándose en este sitio! Si dudáis de ello, mirad entre vuestros ojos. Poned la atención sobre las cejas por un momento y ved si no sentís el latido de nuestras corrientes y nuestra energía.

Algunos de vosotros no os dais cuenta de que debe transcurrir tiempo antes de que los órganos sensoriales del Espíritu se abran. Si cualquiera de vosotros se atara un brazo a la espalda y no utilizara el brazo derecho o el izquierdo durante unos meses, veríais que el brazo sería inútil. Muchas personas que deben permanecer en cama descubren a las pocas semanas que son incapaces de moverse tiempo después, hasta que se les restablece la circulación y el poder de hacerse camino. Por tanto, amados, creo que es comprensible que la vista espiritual, que está conferida en focos, en varios órganos sensoriales afianzados en la forma física, que estos deben abrirse y que debe llegarles la iluminación. ¿Cómo creéis que vuestro amado Mensajero (y nuestro amado Mensajero) sea capaz de entrar en nuestra octava sin tener la visión espiritual?

Si estudiáis esta gráfica [Gráfica de tu Yo divino], amados, observaréis los diagramas de los distintos centros y focos de luz. Estos focos son tangibles en las personas. Existen en todo el mundo, pero en muchos están latentes. Entonces, ¿por qué las personas dudan de lo que no pueden ver? Simplemente, por no verlo, dudan de ello.

Los televisores, amados, son un instrumento común; sin embargo, hoy mismo es posible televisar una imagen desde Darjeeling o desde Lúxor y transmitir una imagen de las pirámides o del Taj Mahal o de nuestro palacio de luz. Esto es tangible. Los hombres pueden verlo con sus propios ojos. Pero a menos que tengan el instrumento y todos los tubos funcionen y la corriente eléctrica esté encendida, no podrán sintonizarse con esta ocurrencia lejana. Por consiguiente, amados, esto es bien comprensible si comparáis la ley natural con la ley espiritual. Todas las cosas deben funcionar con un orden divino. Los planes de Dios son exaltar al hombre hacia la plenitud de su identificación individual con él mismo.

La obediencia es necesaria

Las religiones del mundo han beneficiado al mundo; así, el mundo actual ha recibido una multitud de bendiciones a través de las religiones del mundo. Pero el escepticismo, el agnosticismo, el ateísmo y una gran nube de incredulidad han emanado de las religiones del mundo simplemente porque la humanidad de la Tierra no siempre obedece cuando hace falta. Sin embargo, las leyes morales expuestas y engrandecidas por las religiones del mundo han supuesto un gran cemento para la estructura social de la Tierra, y toda la humanidad es beneficiaria de una codificación crecientemente exaltante de la ley natural que se manifiesta a través de la balanza de la justicia divina. Dios es justo. El universo es justo. La voluntad de Dios es justa.

¡Sentaos derechos en vuestros asientos, damas y caballeros! *¡Sentaos derechos en vuestros asientos!* Que las grandes corrientes cósmicas desciendan ahora desde el corazón de vuestra Presencia Divina y circulen alrededor de vuestra columna vertebral. Sentid cómo se libera una ola de poder al pasar estas corrientes por vuestro tercer ojo, como lo llaman. Reconoced que tenemos el poder de atraer vuestro altar de la columna para que los fuegos cósmicos que ascienden y descienden por él lleven vuestra atención a vuestra Presencia Divina, vuestro gran Yo espiritual, y engrandezca al Dios en vosotros.

Damas y caballeros, ¿a cuántos de vosotros os encantaría viajar esta noche en vuestro cuerpo físico y entrar en nuestro palacio de luz? Sin embargo, al hablaros os he ofrecido la oportunidad de venir aquí en forma espiritual, que es incluso más tangible y beneficioso, amados, que incluso una visita física, a menos que esta fuera acompañada por toda la intensidad de vuestra dedicación.

El discipulado es el llamamiento más grande

Ahora bien, damas y caballeros, dejad que ponga vuestra atención en que ser un discípulo de la Gran Hermandad Blanca es el llamamiento más grande que pueda llegarle a cualquier hombre, mujer o niño. No existe honor más grande. Sin embargo, el mundo no lo sabe. Pero el mundo no lo conoció a Él,[4] amados. *¡No lo conoció!* Amados, no podéis buscar honor en el mundo si queréis que Dios os honre. Dios es naturalmente justo y nunca, en ninguna de mis encarnaciones, he podido demostrar lo contrario. Y cuando ascendí en la luz, supe con una certeza eterna que nadie jamás podría.

La justicia de Dios, el amor inmaculado de su voluntad y de su corazón, lo envuelve todo de tal forma que ella misma es una magnífica llama como el diamante. Atraviesa toda la sustancia psíquica y disipa todas las emociones humanas vanas y fútiles. Transmuta toda la sustancia mal cualificada en luz de los Maestros Ascendidos. Destruye la desarmonía y la enfermedad transmutándola.

Bien, esto puede parecer un juego de palabras, pero no lo es. Es la verdad dicha de una forma. Hay muchas formas de decir la verdad, pero lo más importante es que el cuerpo estudiantil comprenda la verdad. No importa tanto cómo se diga; importa cómo se entienda. Y así, hemos escogido expresarnos de varias formas, en diversos lugares. Y todos y cada uno de los Maestros Ascendidos han ejercido su prerrogativa y se han expresado con una acción vibratoria distinta a fin de llegar a los corazones del cuerpo estudiantil y forjar en ellos una exteriorización más grande de la conciencia Crística eterna.

Actuad como si tuvierais una fe plena

Si dudáis de la realidad de los Maestros Ascendidos, amados, no dudéis de vuestra propia realidad. No dudéis de la realidad que hace latir vuestro corazón. No dudéis de la realidad que es vuestro eterno ser. Y yo sé con toda seguridad que cualquiera que dude y siga en el Sendero, al final de cierto período señalado, tal persona llegará a darse cuenta de la plenitud de la perfección Divina. Actuad, por tanto —aunque tengáis la duda más pequeña en vosotros—, actuad como si tuvierais una fe plena y pronto obtendréis la fe plena.

Amados, os recuerdo la historia del centurión que se acercó al Cristo y le pidió una sanación a distancia de un miembro de su familia. «Yo soy hombre bajo autoridad —dijo— y tengo bajo mis órdenes soldados; y digo a este: Ve, y va; y al otro: Ven, y viene; y a mi siervo: Haz esto, y lo hace». Y el Cristo envió la luz y la sanación se produjo y tuvo lugar. Y el Cristo, mirándole, dijo: «Ni aun en Israel he hallado tanta fe».[5]

Recibid al Cristo en vuestro cuerpo etérico

Amados, debéis estar dispuestos a aceptar con plena fe el llamamiento de vuestro discipulado como estáis dispuestos a aceptar el latido de vuestro corazón a cada momento. Debéis estar dispuestos a poner a un lado la vana e infeliz cadena de experiencias, que nunca os han elevado hacia la plenitud de vuestra imagen Crística, como está representado en esta Gráfica. El Santo Ser Crístico de vuestra existencia debe daros la mano hasta que, mediante el contacto con esa Santa mediación Crística, hayáis recibido toda la efusión de la medida del Cristo en vuestra naturaleza física, mental y etérica.

Deteneos ahora un momento y considerad qué significa esto. La medida del Cristo es la totalidad de la perfección. Y cuando aceptéis la medida del Cristo en vuestra memoria etérica, os interesaréis por la experiencia de la memoria divina de vuestro Santo Ser Crístico, y desearéis incorporar en vuestro mundo, vuestra mente y vuestros asuntos las experiencias espirituales que han tenido lugar a niveles divinos. Ya no desearéis darle vueltas, obsesionaros y considerar una multitud de experiencias desagradables que os han sucedido en esta encarnación y en las multitud de encarnaciones pasadas. En cambio, querréis saber lo que vuestro Santo Ser Crístico ha sabido y sabe, y seréis tanto conocedores de los misterios de Dios como conocidos por ellos. Seréis mayordomos de Dios dotados de un manto de discipulado eterno.

El recuerdo del Cristo está conservado en el Santo Ser Crístico de cada corriente de vida. Puede descender a vuestra conciencia. Vuestro cuerpo mental, amados, es capaz, tan capaz de retener la mente de Dios como lo es de retener la mente del hombre. Pensad en eso.

Antes de imprimir un libro, amados, el autor decide la composición. Dios es el autor del Libro de la Vida. Y cuando el Santo Ser Crístico baja la mente de Dios a vuestra mente, lo que Dios conoce lo conocéis tú y tú y tú. El Padre eterno promete daros su ser, su mente, elevaros a su conciencia.

Nota: Este discurso del amado El Morya está incompleto debido a unas dificultades mecánicas que hubo durante la grabación. Lo hemos publicado incompleto para no privar a los estudiantes de la parte que se conservó.

20 de abril de 1962
Noche del viernes
Ciudad de Washington
MLP

17

La perfección que hay en vuestro corazón es Dios

Mis amados amigos del corazón, con la paz infinita de la eterna voluntad de la luz inmortal de Dios, hoy os saludo con un mensaje de especial importancia en un sentido. El amado Saint Germain, a petición del Consejo de Darjeeling y todos los hermanos de luz que están aquí en Darjeeling, está preparando un mensaje de una importancia enorme. Este mensaje, amados, se entregará a través de esta actividad y se hará en alguna parte de este planeta en un futuro. Estoy hablando ahora para que todos podáis comprender que este acontecimiento va a producirse y os debéis preparar para recibirlo, pues será un discurso de gran significado para todo el mundo de la Tierra y para todos los que aman el espíritu de la libertad divina.

Esta mañana he venido trayendo conmigo el resplandor de los Hermanos del Corazón Diamantino y todos los que aman la buena voluntad. Habéis oído decir que la voluntad de Dios es buena. Habéis creído con vuestra mente que la voluntad de Dios es buena. Pero nuestros chelas no siempre han actuado en su mundo de los sentimientos o incluso en la actividad exterior de su ser con la perfección de la que han hablado y que han venerado. Y por este motivo vengo esta mañana, amados, para llamar vuestra atención al hecho de que se os dio la Gran Ley para que pudierais avanzar con ella hacia la perfección. No se os dio la Ley simplemente como un documento a ser examinado y como objeto de curiosidad para pasar el tiempo. No se os dio la Ley para hacer que os sintierais bien de alguna forma específica en particular, aunque es cierto que la Ley debería hacer eso si es obedecida. Se os dio la Ley con el fin de daros vuestra libertad eterna. Y la Ley es la Ley de Dios escrita en vuestro corazón.

Cuando manifestáis la voluntad de Dios en la vida cotidiana estáis manifestando la perfección de Dios y estáis complaciendo a los Maestros Ascendidos y a los que aman los propósitos del Padre. Amados, cuando no manifestáis la perfección de las esferas eternas, sino que cedéis ante los impulsos de la sustancia sombría y todas las fuerzas del negativismo que están desenfrenadas en la Tierra, lo único que hacéis es impedir la manifestación del plan bello y eterno, que ahora espera revelarse a toda la humanidad.

Adorad la perfección de vuestra Presencia

Amados, el misterio del ser, como lo llaman, no es misterio para nosotros. Nosotros, que vemos directamente el rostro de nuestra poderosa Presencia YO SOY, nosotros que comulgamos porque nos hemos unido a ella, la Presencia de la Vida, a diario, no hallamos misterio alguno excepto los infinitos misterios de Dios, que se revelan con un método ordenado y progresivo incluso a los santos y seres ascendidos. Pero no hay misterio en nuestra aparición, pues conocemos el rostro del Padre y contemplamos constantemente el rostro de su voluntad buena y pura.

Amados, no puedo censurar a quienes entre vosotros tenéis un corazón tan puro que habéis venerado continua y fielmente a vuestra Presencia a diario durante muchos años. Tampoco puedo censurar a quienes están en la ignorancia ni puedo censurar a nadie; pero quisiera pronunciarme a fin de inspiraros a que cambiéis el futuro en el que lo exterior no ha manifestado la perfección que hay en vuestro corazón. La perfección que hay en vuestro corazón es Dios. La bondad de Dios debe ser considerada como la fuerza vital más grande en vuestra vida.

Sin embargo, amados, mucha gente se fija mucho más en las condiciones externas que en la importancia de venerar la perfección de su Presencia.

La Presencia siempre está al alcance

Estoy de lo más agradecido por veros aquí esta mañana, pues después de la efusión en Pascua esperaba que los estudiantes encontraran un enorme imán que los atrajera a estas reuniones y que se dieran cuenta de que las reuniones no se celebran solo para apaciguaros o para apaciguar al yo exterior. Se celebran, amados, a fin de daros un foco y una plataforma en donde poder derramar nuestra radiación para vosotros y a través de vosotros hacia el mundo de la forma, hacia esta ciudad y para bendecir a toda la humanidad con un gran amor espiritual de Dios, la voluntad de Dios, el poder del fuego sagrado y toda buena bendición que la Ley os permita recibir.

La Presencia siempre está al alcance. La Presencia está sobre vosotros con su radiación brillante y resplandeciente a todas horas del día y la noche. Pero, amados, independientemente del hecho de que la gran y magnífica Presencia de la Vida está sobre vosotros, sigo pensando que algunos estudiantes se despiertan durante la noche y tienen un sentimiento de opresión, depresión, duda o temor. Amados, debéis deteneros para comprender que esto es como si hubiera una nube delante de la faz del sol de vuestra Presencia.

Debéis comprender que la Presencia, con su luz, siempre brilla detrás de esa nube de maya, sombra, oscuridad y opresión. Y vosotros debéis disipar eso llamando al Arcángel Miguel y a los de nuestra octava para que hagamos destellar nuestro poder tangible —la espada de llama azul, el poder del fuego sagrado— a través de esa nube y la disipemos. ¡Debéis enseñorearos de vuestro mundo! Debéis aprender a ejercer la autoridad que Dios os ha dado y comprender que solo al ejercer esa autoridad os levantaréis como hijos de Dios e hijas de la luz y del fuego sagrado hacia el estado que os corresponde, donde se tiene un conocimiento de todos los misterios.

Un drama cósmico siempre presente

Entonces no hay nada extraño, entonces no hay nada oculto, no hay nada secreto acerca de los misterios típicos del reino de Dios que no sabréis. Sabréis, amados, todo lo que la Gran Ley exija que sepáis para ascender. Ahora bien, este es un aspecto específico e importante. Es absolutamente imposible que alguien de este planeta tenga todo el conocimiento antes de ascender. Incluso nosotros, amados, en nuestra octava de perfección eterna, no sabemos todo lo que el Padre tiene guardado, pues él decide desvelar y revelar continuamente nuevos y trascendentes misterios a los Maestros Ascendidos. Y, por tanto, en ninguna parte del universo existe lo último.

Pero, amados, debéis recordar que la Ley exige que sepáis todo lo necesario para que podáis ascender. Y, por tanto, cuando llamáis a vuestra omnipresente y omnisciente Presencia de la Vida, debéis comprender que ella tiene el poder de daros exactamente la parte de su perfección sobre el saber que se necesita para liberaros. Y no es necesario que el universo os dé una jota más de su energía que lo que os libere, porque una vez que sois libres de elevaros sin trabas y libres hacia las octavas de luz podéis descubrir por vosotros mismos cómo abrir cada puerta hacia el conocimiento secreto que necesitéis debido a la necesidad de desarrollar y expandir vuestro servicio específico a la vida desde las octavas superiores.

Oh amados, hay tantos que han tenido el sentimiento de que después de transitar hacia las octavas superiores, la vida seguiría de manera automática y ya no habría ninguna necesidad de que prestaran ningún servicio específico. Bien, que lo vuelvan a considerar, amados. Porque nosotros hemos ascendido hace mucho tiempo y aún seguimos prestando un servicio a la luz y, por la gracia de Dios Todopoderoso, esperamos continuar haciéndolo siempre. Porque este universo está inundado, literalmente inundado, de planetas, estrellas y sistemas de mundos y grandes galaxias, y los planes del Padre son desde el siglo y hasta el siglo. Y, por tanto, creemos y sabemos que la luz infinita de Dios se desplegará ante nuestros ojos, espiritualmente abiertos, un drama cósmico constante de la existencia que continuará a lo largo de los ciclos eternos por siempre jamás.

Y nosotros, por tanto, no tememos temor a un fin o a una llegada repentina que dejemos de existir, pues percibimos siempre una perfección omnisapiente, trascendente y desvelada proveniente de la mente de Dios. Y vosotros también, ahora mismo, estando no ascendidos, si queréis, podéis entrar en eso y deshaceros de las cadenas de la existencia, las cadenas que os han mantenido atados durante demasiado tiempo.

Elevaos con el pensamiento y sentid cómo ascendéis

Y podéis ascender hacia vuestra perfección con el pensamiento aun antes de haber ascendido hacia vuestra perfección elevando el cuerpo físico hasta que sus átomos se conviertan en átomos de luz pura: sin peso, imperecederos, celestiales, inmortales, con el fuego cósmico elevándose en vuestro ser. Y, por tanto, seréis capaces de elevaros con el pensamiento antes de ese momento y al hacerlo, contribuiréis a vuestra ascensión.

Amados, ¿os gustaría intentarlo, durante muchas semanas, la ceremonia de imaginaros cada mañana, al levantaros de la cama, como si fuerais a ascender y entonces, mirando al sol naciente, sentiros como el Cristo sobre la montaña ascendiendo hacia la luz?[1] Sentid que vuestro cuerpo asciende. Tratad de imaginar qué pensamientos podríais tener y cómo os sentiríais si estuvierais ascendiendo hacia la perfección inmortal de Dios.

Entonces, amados, después de ver que no habéis ascendido y que seguís afianzados a la Tierra, podéis ir y afrontar los problemas con algo del espíritu del matador de dragones. Y seréis capaces de aniquilar a esos dragones de la existencia de los que habéis estado plagados durante demasiado tiempo, porque tendréis una idea de lo que os espera y la gran perfección que Dios Todopoderoso hará que os llueva, quien, con todo el amor, creó a cada hijo de la luz para darle la exaltación de su ascensión en la luz y que cada átomo de su cuerpo, cada valiosa célula de luz, pueda estar tan inundada del resplandor de Dios, refulgente y trascendente, que brille como el sol; y que cada átomo pueda ser elevado y la totalidad ascienda en la luz perfecta como hizo el Cristo, para ser recibida fuera de la vista humana hacia los reinos invisibles, hacia las octavas de luz,[2] para salir de ese reino invisible a voluntad, para manifestarse (como Saint Germain y los grandes Maestros Ascendidos hicieron y hacen) ante la humanidad y bendecirla, sanarla, elevar esta civilización hasta un pináculo de gran logro.

Benditos, todo esto puede darse, pues es lo que la voluntad de Dios quiere para vosotros. ¡Es bueno! Y es lo real, lo puro y lo verdadero y puede conocerse. Puede lograrse. Puede accederse. Está a vuestro alcance. No es un fruto que no pueda obtenerse, sino que es un fruto que podéis obtener, vosotros que escucháis mi voz esta mañana y todos lo que decidan aceptar la perfección de Dios, la voz de muchas aguas,[3] que habla a la humanidad y dice a todo el mundo: «Ven. Y el que tiene sed, venga; y el que quiera, tome del agua de la vida gratuitamente».[4]

En el santo nombre de la libertad, desde las mesas del Consejo de Darjeeling, os doy las gracias a todos. Os bendigo esta mañana con un sentimiento de eternidad, traído abajo al reino del tiempo, porque sois seres de eternidad, no creaciones efímeras de tiempo. Gracias y buenos días.

6 de mayo de 1962
Mañana del viernes
Theosophical Hall
Ciudad de Washington
MLP

18

Encended vuestras antorchas con la antorcha de la libertad

El Mensajero sella el templo
antes del dictado

Pidamos una gran columna de llama violeta proveniente del corazón del reino de Pelleur, en el centro de la Tierra, que arda debajo de esta sala, que se expanda y forme una alfombra de llama violeta bajo nuestros pies. Pidamos que esta alfombra de llama violeta sea sustentada, que la energía del reino de Pelleur se derrame en nuestro reino, la energía transmutadora de Dios.

Pidamos ahora unos muros de un metro de grosor, expandidos por el poder de los Maestros Ascendidos, del color del sol cuando brilla sobre la nieve recién caída, blanco resplandeciente, que rodeen esta sala y la liberen de la acción vibratoria de todas las condiciones externas. Veamos estos muros alzarse hacia la octava de los Maestros Ascendidos para encontrarse en los reinos angélicos con las fuerzas de la luz.

Veamos la estrella secreta de amor, la estrella rosa de nueve puntas de amor divino, destellante con su resplandor rosa, suspendida en el aire de esta sala y derramando sus rayos de amor divino en todas direcciones, atravesando los muros de luz y la alfombra de llama violeta para inundar la Tierra con un magnífico amor del corazón de Dios.

Veamos los triángulos cristalinos entrelazados al frente, cerca del altar, con su punta hacia arriba y su punta hacia abajo, los triángulos entrelazados, y en el centro el Ojo Omnividente de Dios. Veamos un rayo de luz desde el Ojo que está en el centro moverse como un abanico por esta sala y hacer pasar por la zona de la cabeza de cada persona un poderoso rayo, la Presencia de Dios contemplando en nosotros su propia imagen.

Y ahora, al ser liberados de la acción vibratoria de lo humano, véanme rodeado de un óvalo de una magnífica luz de fuego blanco de la octava de los Maestros Ascendidos que me permita prestar mi servicio al fuego sagrado como un Guardián de la Llama al Guardián de la Llama y su Caballero Comandante, a mi amada Presencia YO SOY, por encima de todo. Y ahora, mientras esperamos la llegada de El Morya, nuestra amada Donna va a tocar la música.

La perla de gran precio

Amigos eternos del corazón, en el santo nombre de la libertad, yo, El Morya, Señor del Primer Rayo, saludo a mis amigos que hay aquí en la santa voluntad de Dios. Todos tienen una benevolencia que les es otorgada a cada hora por esa invaluable perla semilla de gran precio[1] que hay dentro de ellos. Y con el lustre y la opulencia de su resplandor, confío en que todos sientan el otorgamiento de esa bendición eterna proveniente del corazón de luz. ¡Oh perla de gran precio, salve a ti y a la voluntad de Dios, magnificencia suprema y espléndida, que sobresales en la Tierra como un monumento a la eterna perfección de Dios! Ella expresa para cada corriente de vida la plenitud de todo lo que Dios es y todo lo que él desea para su creación.

Hoy os saludo con todo el poder del primer rayo. Y pido el dominio en vosotros de todo lo que no es de la luz con el gran poder de Dios y el invencible poder de su perfección manifestada.

El Bendito Sacramento de nuestra Presencia

Salve a ti, mi hermano Saint Germain, amigo de la ilustre libertad, hermano al que bien puede llamarse amigo eterno.

Hoy te llamo en tu honor como Caballero Comandante de esta orden, y te pido que des la bendición de tu resplandor, la munificencia de tu Presencia a estos que están aquí reunidos y a aquellos que no están aquí, pero que quisieran partir el pan con nosotros. Que también se les otorgue hoy, por el poder de la hueste angélica, el Bendito Sacramento de nuestra Presencia.

Y, por tanto, llamo a los ángeles de llama azul para que vengan ahora y tomen la preciada hostia de luz y la lleven desde Washington a distintas partes del mundo para alimentar a los estudiantes de varias partes del mundo con el maná sagrado que nos desciende de las alturas. También pido que los fuegos de los carbones de los altares del cielo puedan ser llevados lejos por los brazos angélicos, por estandartes de amor que rodeen a todos los estudiantes de todas partes del plano de la tierra que tienen grandes deseos de honrar el hombre del amado Saint Germain. Pueda un espíritu de unión cósmica llenar la atmósfera y traer a la humanidad una comprensión mayor de su significado para que no olviden con facilidad.

No olvidemos nuestra primera causa

Al final de la Segunda Guerra Mundial se dio a conocer a la humanidad de la Tierra, amados, el gran sacrificio del derramamiento de sangre humana poniendo hileras de cruces en Flanders Field y con el dicho: «Para que no olvidemos».[2] A vosotros os digo, amados, que nuestra causa no es una causa muerta, sino que es una causa viva con la que se otorga a toda la vida la inmortalidad que Dios quiere. Y si, por tanto, existieran en la Tierra causas menores que necesiten lealtad, digamos: que reciban nuestra ayuda, pero no olvidemos que nuestra primera causa es la Presencia Divina de la Vida y que el servicio religioso prestado por un corazón sincero es el servicio más grande que nadie puede prestar. Es un servicio a la luz. Y cuando la humanidad sirve a la luz, la Ley decreta que la luz no puede hacer otra cosa que dirigirse a servir a esa corriente de vida que lo hace.

Y os digo, amados, que hoy, en este sitio, hay testigos con vida que caminan entre vosotros, personas que forman parte de esta audiencia, que pueden dar testimonio del servicio que la luz les ha prestado a ellos y a sus corrientes de vida. Estas personas conocen la verdad de lo que estoy diciendo.

Sois Guardianes de la Llama debido a vuestros actos y no por haber sido admitidos a esta sala. Conferiros los secretos de nuestro poder, amados, en efecto es algo sencillo; no tenemos más que hablar y el don está dado. Pero utilizar el don inteligentemente y bien es otra cosa muy distinta. Y, por tanto, ahora os pido que aceptéis la totalidad de la inteligencia discernidora de vuestro Santo Ser Crístico para poder determinar cómo podéis servir mejor a la luz. Y comprended que la luz de Dios, que no falla, no puede dejar de conferiros, en respuesta a vuestra petición, la totalidad de esa comprensión divina que pueda exigir el momento. Por favor, tomad asiento.

Llevad a la acción las palabras de los Maestros

Algunos de vosotros estuvisteis presentes hace poco y escuchasteis un discurso que dio Pablo el Veneciano.[3] Os enterasteis de que él trabajó varios años en un maravilloso Cáliz de Consuelo y que este cáliz finalmente está terminado y que las manos de los ángeles lo llevaron a Ceilán, para que lo usara el Señor Maha Chohán en su retiro.

Algunos de vosotros presenciasteis ayer la obra de Pablo el Veneciano en su encarnación como Paolo Veronese. Todos vosotros deberíais tener a su debido tiempo el texto del discurso de Pablo el Veneciano, pues es de lo más iluminador. Y espero que la organización que sirve a esta luz procure con diligencia y rapidez que este discurso sea eliminado de la cinta electrónica grabada en la que actualmente está grabado y transferido a la página impresa de modo que los corazones hambrientos que desean tener sus valiosas palabras puedan darse un festín con ellas. Hoy deseo expresar mi gratitud a los estudiantes por la celeridad y la respuesta de vuestro corazón a las necesidades del momento para esta organización. El cielo no olvida; por tanto, recordad.

Amados, ahora deseo deciros que mi instructor espiritual, el Gran Director Divino, anoche os dijo una palabras de gran sabiduría iluminadora, y hoy os hablo como un siervo de luz para recordaros que hasta ahora se os ha alimentado bien. Espero que vuestro cuerpo mental asimile el alimento y que este sea llevado a la acción, pues he observado a lo largo de los años un acrecentamiento de obstinación en el corazón de algunas personas. Es una forma de parálisis insidiosa, pues las personas parecen encontrar un menosprecio que las distancia cada vez más de sus metas y sus esfuerzos. Y yo, por tanto, quisiera que esa distancia disminuyera hasta que vuestras metas y vuestros esfuerzos sean más grandes.

La eficacia de los decretos

Me preocupa específica y particularmente la falta de decretos. En el planeta hay unos pocos grupos en la actualidad que aún comprenden qué significa un decreto para nosotros que estamos ascendidos. Hay muchos a quienes no les gusta decretar simplemente porque se cansan por el esfuerzo. Bien, amados, el resorte principal del cielo todavía no se ha agotado y no creo que el vuestro lo haga tampoco. Vuestra vida es de Dios. Y me siento muy agradecido cuando veo en vosotros una decisión para decretar, sabiendo que el llamado exige la respuesta.

Que las personas equivocadas, si quieren, os digan que los decretos son ineficaces. Que os digan, si quieren, que ofenden a la humanidad que no los comprende. Que se quejen, si quieren, del ruido de los decretos. Dejad que os diga aquí y ahora que este planeta no sería más que una pizca de polvo en los dedos cósmicos si no fuera por los decretos de los estudiantes YO SOY de todo el mundo que han servido en las distintas actividades de luz, pues gracias a los decretos de esos estudiantes se evitaron cataclismos inminentes en la Tierra y no se manifestaron en la pantalla de la vida.

Ahora bien, amados, os pido en el santo nombre de Dios, puesto que esta es la verdad pura, ¿los decretos, pues, son ineficaces? Son la energía de la humanidad que vive en este planeta ofrecida por sus hermanos que no conocen la Ley de aquellos de nosotros, Maestros Ascendidos, para que podamos tomar esa energía y utilizarla a niveles internos a fin de llevarla ante el Señor del Mundo y el Consejo Kármico para hacer a un lado, a veces, la ley cósmica que pide el descenso de una avalancha o una monstruosidad de karma negativo sobre la humanidad. Y al pedir que se aparten esas circunstancias, debemos tener los decretos de los estudiantes que piden que la llama violeta transmutadora transmute mediante la llama de la misericordia y el perdón esas circunstancias exteriores. A no ser que podamos equilibrar la ley mediante la acción directa del corazón de los hombres, no podemos de ningún modo aquietar la fatalidad inminente que de otro modo cosecharía la humanidad.

Los que quieren ser instructores deben conocer la Ley

Que esos supuestos instructores que saben más que nosotros declaren lo que quieran; serán responsables de sus declaraciones. Que enseñen mal a la humanidad, y serán totalmente responsables de su enseñanza errónea. Por tanto, que los hombres que quieren ser instructores tengan cuidado y pongan especial atención en lo que enseñan. Un motivo puro no basta. Uno también debería conocer la Ley antes de pronunciarla.

Ahora bien, estoy seguro de que comprendéis que el cielo tiene en consideración a los inocentes que con todo el amor de su corazón dicen algo que no es verdad a la humanidad sin saberlo. Pero, amados, los que tienen dudas y aún no están seguros sobre un aspecto de la Ley, pero la declaran a la humanidad como una verdad absoluta deberían comprender que tienen pendiente una exigencia que saldar ante los Señore del Karma. Y, por tanto, hoy, a los Guardianes de la Llama, al dirigirme a vosotros, llamo vuestra atención a la necesidad de que, en estos momentos, cuando la humanidad de la Tierra está afrontando tantas situaciones peligrosas, los Guardianes de la Llama deberían, como os ha dicho este Mensajero, ser militantes en defensa de la verdad y la justicia.

Mantened los preceptos de Dios al destellar en acción

Los Guardianes de la Llama son los que guardarán los preceptos de Dios Todopoderoso destellando en acción en el mundo de la forma. Tenerlos destellando en el corazón es bueno y necesario y tenerlos destellando en la mente es iluminador, pero tenerlos destellando en acción, *¡esto* es lo que amo! *¡Amo la voluntad de Dios! ¡Amo la voluntad de Dios!* Porque la voluntad de Dios es buena y es mejor cuando está en acción, amados. Porque cuando está en acción, entonces sé que es dinámica; y cuando es dinámica, sé que Hércules puede cargarla con la plenitud de su control Divino, el poder de la luz, todo el poder del primer rayo.

Entonces sé que el Gran Director Divino irá ante los Señores del Karma y dirá: «Mirad qué clase de conducta han llevado a cabo estos benditos estudiantes. Observad su acción, su celo y su amor. ¿No podemos hacer algo por ellos?». Y entonces, cuando se celebra alguna gran reunión del consejo cósmico y las cámaras del consejo de la Gran Hermandad Blanca están llenas de emisarios del cielo y emisarios cósmicos y presentamos nuestras peticiones ante ellos, tenemos una mayor oportunidad y posibilidad de que esas peticiones se lleven a cabo, ¿entendéis?, por tener alguna prueba evidente que ofrecerles. ¡Amados, la vida es justa!

¿Creéis que, porque seamos Maestros Ascendidos, al acudir al Señor del Mundo o al acudir a los grandes Helios y Vesta o a los grandes Alfa y Omega, creéis que podemos ir con las manos vacías y decir: «Oh estos estudiantes maravillosos; están haciendo mucho por la luz», cuando no lo estáis haciendo? Amados, solo podemos actuar con respecto a lo que está *escrito.* ¿Y cómo está escrito? Está escrito con la pluma de vuestra acción, que es más poderosa que la espada.[4] Sed testigos de esto, amados, la pluma de la acción es más poderosa que la espada para escribir sobre la pantalla de la vida: «Quiero hacer tu voluntad, oh, Dios».

Un ritual sagrado de la llama

Ahora bien, amados, podría elaborar, pero no quiero hacerlo. En cambio, quiero saludad a Saint Germain, la familia unida de las naciones, la bandera estadounidense en los Grand Tetons y la Hermandad del Royal Teton, cuyo resplandor se dirigirá aquí esta tarde y cuya efusión especial llegará durante el discurso de la Diosa de la Libertad.

Ahora llamo a los amigos de la libertad y a los amigos de Saint Germain y a aquellos que deseen guardar la llama. ELOHIM. [entonado] Oh siete poderosos Elohim, Señores del Fuego Sagrado del planeta Venus y todos los que están relacionados con el fuego sagrado; llama de la libertad de Saint Germain, *¡resplandeced, resplandeced y resplandeced* aquí en el nombre de Dios, la poderosa Presencia YO SOY!

Oh llama sagrada de la voluntad de Dios, manifiéstate en esta antorcha YO SOY de la libertad y que todos los que estén deseosos de servir a la luz de Dios que nunca falla, que todos los que deseen llevar la luz de Dios que nunca falla a través del equilibrio de su vida y, por tanto, para siempre, pues son inmortales, vengan ahora y beban de la fuente de la llama viva. ¡Que enciendan sus antorchas en el santo nombre de Dios con esta antorcha de la libertad, y que comprendan que, para siempre, para siempre y para siempre, por toda la eternidad, son Guardianes de la Llama de Dios Todopoderoso que arde en su corazón!

Yo, Morya El, Señor del Primer Rayo, actuando como regente del propio Saint Germain, os digo hoy en el nombre de Dios que la voluntad de Dios quiere que todos los que aman la llama enciendan sus antorchas con este fuego sagrado aquí y ahora. Venid, pues.

[Las personas de la audiencia pasan al frente para encender una vela personal con la «llama de la libertad» que arde en el altar. Acompañamiento al piano].

La voluntad de Dios quiere cerrar la puerta donde habita el mal. Y, por tanto, todo Guardián de la Llama debe aislarse a diario, en el nombre de Dios, de toda energía recalcitrante que quiera entrometerse en su corriente de vida, tanto consciente como inconscientemente.

Se ha dicho que la luz supone la mejor defensa para sí misma, pero «si la luz que en ti hay es tinieblas, ¿cuántas no serán las mismas tinieblas?;[5] y, por tanto, la energía mal cualificada nunca puede llevar a cabo la función de la luz infalible de Dios. El agua turbia no se puede tomar. Hay que beber de la fuente clara como el cristal del agua de la vida[6] a diario. El agua de la vida es la purea que mana de los brazos de vuestra Presencia y de su corazón. Por tanto, yo, El Morya, digo: al acercaros a la entrada del supremo Templo de Luz, hacedlo con reverencia.

En el nombre del Caballero Comandante os digo a todos: algunos de vosotros sois neófitos en esta orden, y otros postulantes. Vuestro destino es que os nombren Caballero o Dama de la Llama y, como otorgamiento final, Guardián de la Llama en su sentido más pleno y verdadero. Perseverad. Lo lograréis.

Levantad alto vuestra antorcha ahora y ved, al mirar las muchas antorchas espléndidas ofrecidas por estas corrientes de vida victoriosas, que cada una da luz. Cada día da luz. Ahora, si mezclarais todas estas llamas en una sola, no veríais ninguna diferencia en ninguna llama. Y, por tanto, no busquéis o no miréis las diferencias unos de otros, sino la llama ardiente de la verdad dentro del corazón de cada cual. Veréis a Dios todos los días.

Acerquémonos ahora al altar de la libertad, al bajar nuestras antorchas hasta la altura de nuestro corazón. [pausa] Oh, Estados Unidos, ¡te amo! ¡En el nombre de Saint Germain, digo: liberad a los Estados Unidos de todo lo que no es de la luz y que la libertad resuene desde cada monte!

Al acercarse esta gente otra vez a este altar en el santo nombre de Saint Germain, pido que lo haga mientras se canta la canción «América» una y otra vez, hasta que la última persona esté sentada. Al acercaros al águila, que simboliza el valor creciente de los estudiantes de esta ley de la vida, *¡marchad hacia vuestro progreso en el nombre de Dios!* [El Mensajero y la audiencia cantan y marchan hacia el altar]. Y ahora, amados, antes de que os sentéis, haced el favor de apagar vuestras llamas a mi señal. Algunos de vosotros podréis hacerlo con los dedos pulgar e índice; otros puede que prefieran, si no pueden hacerlo de esta forma, apagar la llama soplando, aunque es preferible apagarla con rapidez con los dedos.

Ahora pido que esa llama de la vida que hay en vuestro corazón a niveles internos y en el Gran Sol Central se mantenga ardiendo eternamente. Y recordad, por tanto, que ahora tenéis afianzada en el velo de eternidad en el corazón del Gran Sol Central la llama de vuestra luz que arde eternamente. Y guardáis esa llama, que se os dio para que exterioricéis la llama de vuestra inmortalidad individual, ardiendo ahí, mientras guardáis la llama aquí, en la Tierra. *¡Esto* es la voluntad de Dios!

¡En el nombre de Saint Germain, el Caballero Comandante de la llama, en el nombre de Saint Germain, el Caballero Comandante de la llama, os doy las gracias y os deseo buenas tarde desde Darjeeling!

Gracias. Buenas tardes.

2 de julio de 1962
Lunes, 15.00 horas
Ciudad de Washington
MLP

19

Tributo a la majestad de la Virgen María el día de su ascensión, 15 de agosto de 1962

Con la calidez de la Hermandad de Darjeeling, deseo darle a esa magnífica Madre Divina, María, los saludos de la Hermandad de Darjeeling y dar tributo a la majestad de su Presencia, la vestidura que arrastra su gloria, que ha exaltado a innumerables millones de seres y ha llevado la compasión sanadora a los corazones de la Tierra. Por tanto, tenemos el deseo de que las mujeres santas reunidas aquí reconozcan en ella el poder del ejemplo y traten de imitarla.

Es un acto justo, en efecto, cuando las personas deciden para sí mismas que quieren imitar a un ser santo y ese ser tiene un impulso acumulado y un foco de una perfección exquisita como la tiene ella. Entonces creo que esto también es un tributo a quienes desean seguir sus pasos. Y nosotros, por tanto, esta noche, a esta hora, os traemos de la Hermandad de Darjeeling a varios seres sagrados que tienen en sus manos mantos de la Madre Cósmica. Deseamos poner estos mantos sobre los hombros de quienes deseen seguir sus pasos y así llevar a cabo para vosotros un servicio incomparable por la luz.

Recordad, amados, que este es un don tangible. Y espero que os deis cuenta al entrar en los ascensores de los mercados abarrotados de que debéis recoger los bordes de la vestidura sagrada para que no se arrastre sobre la arena o los sitios donde los hombres pisan. Levantadla y sostenedla con un espíritu de exaltación cósmica para manteneros alejados de la contaminación del mundo, pero sin ningún sentimiento de orgullo humano.

Por tanto, guardad la dignidad de la Madre Cósmica al moveros en las calles abarrotadas y los mercados de los hombres, en el mundo comercial, para que el mundo de la forma por doquier pueda tener el beneficio de la multiplicación de su resplandor, para que donde ahora hay una, pueda haber muchas como ella. Y creo que el beneficio para esta Tierra se reflejará en una madurez mayor de sus habitantes. Y nosotros en Darjeeling, al calentar a nuestros amados hermanos aquí, ante la gran chimenea, durante las estaciones frías del año, os invitaremos a muchos de vosotros a que vengáis y nos acompañéis mientras hablamos de Dios, de las cosas del cielo, de la belleza de la armonía, de la hermosura de la puesta de sol, de la música de los pinos, de la gloria de las estrellas, de la paz de Dios y la perfección del cielo.

He conocido muchas encarnaciones en este planeta antes de conseguir la victoria. Y os digo, damas y caballeros, que la victoria merece cada una de ellas, incluso si una de ellas acabara siendo una encarnación en la que caminasteis sobre una corona de espinas con los pies desnudos. Oh amados, espero que esto no sea necesario. Y espero que el sendero de la vida para todos los que vengan después sea más fácil debido a que vosotros habéis recorrido este camino y, por consiguiente, romperéis y despuntaréis las espinas de la vida para todos los que podáis y arrojaréis en su camino las rosas que os lleguen a las manos y al corazón. Así surgirá la vida con exaltación, y el Espíritu del SEÑOR se graduará del corazón de los hombres con el brillo del Santo Grial. Los hombres no preguntarán: «¿Dónde?»; dirán: «¡YO SOY quien está aquí!».

Gracias y buenas noches.

15 de agosto de 1962
Noche del miércoles
Ciudad de Washington
MLP

20

Presentar al amado Sanat Kumara

Soy vuestro anfitrión. Sed mis invitados. Calentaos con los fuegos, aquí, en Darjeeling. Porque he guardado silencio durante esta clase y no consto en el programa para hablar, pero no podía abstenerme de hablar por muchos motivos; y, además, los regentes solares me han pedido que presente al amado Sanat Kumara. Y, por tanto, hoy estoy aquí para poner mis energías como aprobación de la maravillosa armonía y devoción que los chelas han expresado a la luz en el santo nombre de la voluntad de Dios.

Queridos niños de Dios, no todos los días está reunida una tripulación tan excelente a bordo del Barco de Estado. Y aquí, amados, en la ciudad gobernante de este gran país hay, como lo veo yo, personas que tienen mucha más importancia para el gobierno espiritual de este planeta que el Congreso con sede en el monte.

Queridos de la luz, sin las oraciones, las intercesiones, las invocaciones, la devoción de los millones de corazones en todo Estados Unidos, os pregunto, ¿de qué consistiría cualquier congreso sino de un cuerpo de personas desorganizadas? Pero a través de la oración, a través de la devoción, a través de una aplicación intensa y una invocación a la voluntad de Dios, el orden y el sistema prosigue. La humanidad, con sus críticas a los varios gobiernos, quiere hacer evolucionar una forma de gobierno superior, una forma de vida superior para todos los pueblos del mundo. Pero el gobierno de *Dios sobre el hombre* es la mejor forma de gobierno que todos deben atesorar. Con su principio, la verdad puede desarrollarse con dignidad.

Por tanto, hoy me siento muy feliz de dirigirme a alguien que durante muchísimos años ha servido como Señor del Mundo, el predecesor del amado Gautama y el actual Regente del Mundo, el amado Sanat Kumara, que en la santa estrella de Venus no necesita ninguna presentación para ninguno de sus ciudadanos. Pero aquí, en la Tierra, me han escogido y tengo el honor de presentaros a aquel ante quien los corazones del cielo se inclinan adorando a una poderosa llama y radiación de amor de los Señores Solares.

Os dejo ahora con el amado Regente del Mundo, Sanat Kumara:

Emisarios solares y galácticos, Consejos de la Gran Hermandad Blanca, amados El Morya y todos lo que están relacionados con el fuego sagrado:

Os saludo en el nombre de las legiones de luz del planeta Venus, cuyo terreno ondulante, como el vuestro, está sostenido en el mar espacial por la ternura de un magnetismo infinito que mantiene en sus órbitas planetarias a todos los cuerpos planetarios y mantiene el sitio de cada manifestación de Dios en una órbita individual, protegiéndola, en la mayoría de los casos, para que no se choque. Por favor, tomad asiento.

Hoy ha pasado por el sistema solar un cometa de luz, con tanta rapidez que ningún astrónomo del nivel exterior de conciencia ha sido capaz de captar su mensaje. Su cola estaba compuesta de un hermoso resplandor rosa, y el resplandor de ese cometa de luz era la estrella secreta de amor del Gran Sol Central. Ha arrastrado sus grandes nubes de gloria por todo el cuerpo solar y nos ha traído a todos una bendición dispersada por las avenidas solares que ha penetrado en el núcleo de cada diminuto átomo, así como en los gigantescos soles de este sistema de mundos. Lo menciono de paso, sin esperar que vuestra mente exterior lo comprenda, sino para mostrar y para indicar al hombre que la marca de las dimensiones cósmicas se expande constantemente. Por el poder de la llama solar, la intención y el resplandor divino se manifiestan.

Deteneos a considerarlo. Deteneos ahora a pensar en el significado del fuego sagrado.

El significado de muchas palabras se pierde en la conciencia de los hombres simplemente porque no se dan tiempo para reflexionar sobre el significado interior de la Palabra, la Palabra hablada. La Palabra hablada es realmente la voz de Dios. Es la autoridad Divina para cada corriente de vida. Este es el motivo de la importancia que tiene decretar.

Cuando las personas declaran de una forma totalmente en desacuerdo con su identidad divina alguna frase, cuando afirman alguna condición por el poder de la Palabra hablada, actúan como un dios en su universo y producen ahí un caos de imperfección humana. Cuando las personas emplean el poder de la valiosa Palabra hablada como Dios quiere para invocar perfección, lo hacen no solo para sí mismas, sino para las demás partes de la vida que hay aquí.

Conservad y compartid la radiación de nuestras palabras

Solo hombres de devoción Divina han recibido la revelación del significado y el propósito de la existencia, y el resto siempre se ha quedado atrás a reflexionar en la plenitud del significado cósmico. Esta mañana, amados, se os dio a conocer por qué esto es así. Y, por tanto, tengo la esperanza de que los estudiantes de esta actividad y los chelas de la luz de todo el mundo no solo deseen apropiarse de las palabras entregadas en estas clases, sino que deseen conservar la radiación y compartir la radiación con aquellas manifestaciones inferiores de la vida que todavía no han comprendido la plenitud del plan divino o no han captado la medida del plan divino que se os da a conocer a vosotros.

No quiero insinuar que debéis ir a hablar de lo inmencionable a quienes no saben, quiero decir que podéis ir sabiendo en vuestra conciencia de la llama, la luz solar que arde en el templo de vuestro corazón. Y al protegerla y rodearla con la mirra, el incienso y el valioso oro (los regalos de los reyes magos al Cristo recién nacido), podéis mantener a vuestro ser como una manifestación inmortal de Dios; y al caminar entre los hombres, podéis percibir las ascuas del fuego sagrado del altar del cielo ardiendo ahí, en vuestro corazón. Podéis llamar al amado Maha Chohán para que sople sobre esas ascuas el aliento del Espíritu Santo y que avive esa llama hacia la acción hasta que convierta en una conflagración, transformando vuestra columna vertebral en una gran columna de luz cargada con la llama solar y haciendo que brilléis como un electrodo de fuego sagrado.

El poder secreto de la creación

El poder creciente de los Señores de la Llama de Venus ha de manifestarse en los hombres y mujeres de esta Tierra para que pueda volver a recuperarse el poder secreto de la creación afianzado en los dos rayos secretos del amado Cosmos. Esto posibilitará un nacimiento en este planeta mediante el poder de la Palabra hablada con el cual un hombre y una mujer, como hacen en Venus, pueden ponerse uno frente al otro ante el altar sagrado e invocar los poderosos rayos luminosos del corazón de su Presencia, que se unirán y mezclarán ante el altar de Dios en una unión santa y traerán a la manifestación al instante el cuerpo totalmente desarrollado de un Hijo Varón.

Esta entrega, cuando se manifieste por primera vez en este planeta, liberará a las mujeres de la Tierra, con el tiempo, de la carga de tener hijos y eliminará las espinas (que nunca formaron parte de la intención divina) del proceso del nacimiento, dando tanto a la vida como a la muerte la capacidad de asumir aspectos nuevos en la conciencia humana. Esto significará que el final del recorrido de una vida individual que aún no está destinada a ascender al final de su encarnación, permitirá al individuo ir a los templos del fuego solar en la Tierra y estar ante los sacerdotes del fuego sagrado y entrar en la llama para ser absorbido por sus esencias purificadoras, mientras los seres queridos de su familia miran su salida consciente de la pantalla de la vida sin una sola lágrima, sin un suspiro, sabiendo que esa persona volverá a encontrar una renovación santa en los votos de un hombre y una mujer, juntos ante los altares santos de Dios, para volver a llevarla al mundo de la forma desde la no forma. Así, las personas ya no sufrirán los dolores del proceso del nacimiento y la muerte como es conocido ahora en este planeta, sino que avanzados hombres y mujeres que amen y admiren la cultura de la luz divina proyectarán y tomarán parte de la gloria de la Nueva Era.

Ahora bien, me doy perfecta cuenta de que muchos de vosotros entendéis lo que quiero decir. Puede que haya algunos de vosotros que quizá no comprendáis completamente. Pero dejad que os afirme que estos son grandes poderes de luz más allá del poder de la comprensión humana normal y corriente. No os equivoquéis ni por un momento al pensar que estoy hablando de lo que no sé.

Los que están libres de la prisión del cuerpo y pueden contemplarme en mi cuerpo solar resplandeciente, nunca cuestionarían mi autoridad. Pero los que todavía están encarnados en la forma mortal y solo pueden ver y percibir el instrumento a través del cual hablo, no siempre pueden ser totalmente conscientes de la gran autoridad de aquel que está produciendo el dictado. Y, por tanto, os recuerdo esto para evitar que incurráis en karma (que algún día tendríais que limpiar) al negar el principio eterno de acceso Divino a este planeta.

Aquellos de vosotros que poseáis el entendimiento de los continentes perdidos de Lemuria y la Atlántida comprendéis que en las civilizaciones antiguas el proceso del nacimiento no era como es ahora. Vosotros entendéis el significado de las palabras en las antiguas escrituras de que había gigantes en la Tierra en aquellos días en los que los hijos de Dios fueron a las hijas de los hombres y tomaron para sí mujeres, escogiendo entre todas, viendo que eran hermosas.[1]

Amados, también comprenderéis que el proceso del nacimiento surgió cuando los hombres descendieron a la materia, a la materialidad. Y, por tanto, la Palabra se hizo carne a través del proceso que ahora se conoce en este planeta. Pero antaño, Melquisedec, sacerdote de Salem, sacerdote del fuego sagrado, nació sin madre ni padre en el sentido de que no llegó a través de las manifestaciones normales, sino que llegó a través del poder extraordinario de crear una forma con los poderosos rayos luminosos desde el corazón y la garganta tanto del padre como la madre como rayos secretos de la creación. Es necesario que anuncie esto otra vez, pues el adviento de la era de oro significa que ciertas personas avanzadas podrán, cuando pasen por ciertas iniciaciones solares y cósmicas, realizar estas obras y recobrar los límites del templo antiguo, que es el templo siempre nuevo de la maestría divina.

El hombre recibió la maestría y el señorío sobre toda la tierra como una manifestación de Dios. Y en tiempos antiguos, se sabía cómo crear las flores con el sonido de la música de modo que, a medida que los tonos subían y bajaban, los campos empezaban a florecer siguiendo las melodías de la música con tonos multicolor y derramaban sus fragancias para ajustarse a los valores tonales de las notas. Los grupos angélicos podían tocar un acorde en su arpa y hacer que estallaran en una manifestación instantánea flores muy distintas a las que veis adornando este altar.

Seréis libres por elección

El poder de Dios, por utilizarse mal, ha disminuido para el hombre. El poder de Dios, por utilizarse como se debe, ha llegado a ser glorioso para los Señores de la Llama.

Hoy vengo a recordaros que el amor es la llave eterna. Hoy vengo a recordaros que el amor es la puerta eterna en la que hay que meter la llave. En el continuo del espacio-tiempo que el hombre conoce, este debe aceptar las oportunidades de eternidad y decidir por sí mismo que, por elección, será libre. Nosotros hemos hecho eso. Cada señor solar lo reconoce como algo necesario. Ello forma parte de la iniciación. Pues el Padre eterno no formó sobre el hombre una rigidez que constriñera su libre albedrío. Más bien, el Padre eterno puso en la mano de todos, en la mente y el corazón, la Ley de Dios, que se escribió en el corazón y la mente de cada individuo con el dedo de Dios y se trazó ahí con letras de luz viva.

El misterio de la electricidad

Todas las escrituras, todas las palabras, tanto las habladas como las grabadas de otras formas, deben pasar por un instrumento a fin de que se las interprete. Las grabaciones electrónicas, impresas sobre cera o sobre una sustancia plástica, necesitan una aguja y válvulas de vacío para llevar a cabo la amplificación.

¿Habéis observado, amados, cómo las válvulas de vacío brillan con el fuego? Se trata de la corriente de electrones moviéndose por el cable, las corrientes del fuego sagrado, el misterio de la electricidad. Los científicos del mundo apenas saben nada de esto, pues especulan mucho sobre los misterios de la electricidad.

Bien, las electricidades cósmicas, amados, son mucho mayores y más intensas que las que utiliza la humanidad para calentar sus edificios, para comunicarse con otras partes del mundo, para conducir sus vehículos e impulsar sus ascensores hacia arriba y hacia abajo. El poder electrónico se utiliza para grabar en cinta. Se utiliza para innumerables propósitos. Se utiliza en el procesamiento de datos, donde las personas reúnen información de varias fuentes, la compilan con métodos electrónicos y la graban para utilizarla después o para la posteridad. Hoy les es posible a las personas del mundo producir instrumentos y estructuras por medio de impresiones electrónicas grabadas en cinta.

Por tanto, ¿qué creéis que guarde el futuro para toda la vida cuando los hombres sepan cómo leer los registros akáshicos de Dios, cuando entiendan cómo abandonar el templo corporal de manera consciente y acudir conscientemente por completo a los registros akáshicos de Dios (tal como actualmente van a la biblioteca de referencia) para obtener ahí información de fuentes cósmicas y después volver a la forma física para traer a la manifestación aquello que no ha existido en este planeta desde los días de la Atlántida y Lemuria.

Un regalo de fuego sagrado de Venus

Los Señores Solares del planeta Venus, esos amados hermanos cósmicos, los Señores de la Llama, conocidos, como yo soy conocido, como los Santos Kumaras, están preparados para irradiar sus rayos de luz a este sitio y al corazón de la Tierra como un intercambio y un regalo de luz cósmica, a fin de renovar y vivificar el elemento de fuego sagrado de este planeta, para provocar una expansión de todas las llamas de Dios que actualmente están afianzadas en esta Tierra en los distintos retiros y focos de luz.

Y, por tanto, hoy, al hablaros, hago un llamado ahora a los Santos Kumaras de Venus para que desciendan a la ciudad de Shambala y me acompañen ante el altar sagrado de Gautama. Cada Kumara trae consigo, al descender, una antorcha en la cual arde un elemento de una cualidad específica del fuego sagrado del planeta Venus. Estas cualidades se afianzarán en Shambala. El Señor Gautama las utilizará como una condición de equilibrio para producir un equilibrio divino sobre las muchas circunstancias recalcitrantes que perturban a la gente de este mundo.

Si se le presta atención a diario al Señor Gautama este año próximo, desde la fecha de su discurso en adelante, y si se invoca el poder de estas llamas, estas serán distribuidas por toda la Tierra en mayor medida de acuerdo con los llamados y la adoración intensa de los estudiantes. Porque la Gran Ley no puede violarse. Tanto como desearíamos compartirlo con toda la gente de la Tierra sin reservas, debemos obedecer la ley cósmica; y alguien de aquí debe invocar esas llamas y pedirlas. Nosotros podemos traer estas llamas, por ley cósmica, a Shambala. Podemos elevarlas en Shambala y sustentarlas. Pero de los hombres y las mujeres depende invocarlas a diario para que entren en acción aquí.

[pausa de 1 minuto y 50 segundos]

Desde el gran, gran silencio, los Santos Kumaras han derramado su resplandor hacia todo el planeta Tierra en el santo nombre de la Maestra Venus y como ayuda al destino inmortal de la humanidad.

Mantened la fe en vuestra victoria final

Ahora voy a dejaros, diciéndoos que el Poderoso Víctory, ese gran hermano de luz de Venus, me pide en especial que salude a muchos, muchos de vosotros de esta audiencia y de todo el mundo en su santo nombre. Él desea que todos vosotros mantengáis la fe en vuestra victoria final y que nunca, ni por un momento, dejéis que flaquee por ninguna apariencia exterior.

Hoy os declara, a aquellos de vosotros que de hoy en adelante ya no falléis nunca, en ninguna ocasión, en mantener la fe, sino que siempre creáis en el poder de vuestra victoria final, que él, personalmente, en el momento en que ascendáis o abandonéis la pantalla de la vida, se os manifestará de manera tangible a niveles internos para daros una ayuda y una bendición especiales de una magnitud incomparable. Esta ayuda viene de Venus para nuestra dulce Tierra, la amada hermana gemela.

Brilla ahora, oh, Terra, con la santa luz de la libertad. Brilla ahora, oh, Terra, con el santo amor de Dios. Brilla ahora, oh, Terra, con la santa sabiduría de Dios. Brilla ahora, oh, Terra, con el poder infinito. Eres un sol resplandeciente. Tu gente está toda unida. La estrella de esperanza, como Belén antaño, significa una natividad de oro, una natividad de oro para todos los que abran la puerta con la llave mágica de su poderosa Presencia YO SOY e identidad divina hacia la unidad en la vida, hacia la unidad que vive inmortal, hacia la unidad que nunca puede destruirse.

Salve, pues, ángel sobre cuya coronilla resplandece la palabra *unidad,* Micah. Salve, águila dorada que desciende desde nuestro planeta. Salve, Estados Unidos, la tierra de los libres. Salve, oh Tierra, cuya gente está destinada a ser libre. Salve a todos los que aman la libertad. Salve, Saint Germain, amigo de la libertad. Salve a cada hijo e hija de la luz. El orden celestial os bendice y os saluda. Y los órdenes terrenales se inclinarán adorando ante los coros celestiales de la natividad inmortal del Hijo de Dios inmortal.

Os doy las gracias y os deseo, en el santo nombre de Dios, vuestra poderosa Presencia YO SOY, un afectuoso y eterno saludo de felicidad.

Dios sea con vosotros. *Adieu.*

14 de octubre de 1962
Mañana del domingo
Dodge House
Ciudad de Washington
MLP

21

El pasado es prólogo

¡Oh maravillosa y poderosa Presencia YO SOY, amado Jesús, amado Saint Germain y todos los hermanos de luz! Os hablo esta mañana desde los bastiones de los Himalayas y os traigo la compasión del Altísimo.

La voluntad de Dios es la compasión de Dios cuando se traduce a la acción cósmica en el campo energético de vuestra identidad. Debéis pensar en esto y comprender que no hay que oponer resistencia a la voluntad de Dios; pues cuando los hombres oponen resistencia a la voluntad de Dios establecen condiciones kármicas que frustran su felicidad y prohíben la manifestación de la perfección en su mundo. Y puesto que las multitudes prohíben la manifestación de la felicidad y la bondad en su mundo, la voluntad de Dios no se manifiesta entre los hombres y la voluntad humana toma prioridad cuando no debería. Esto es una profanación que ha sido practicada durante siglos, pero seguimos teniendo la esperanza de que la humanidad finalmente alcanzará esa utopía de conciencia en la que un mejoramiento completo del reino de Dios enjugará todas las lágrimas de los ojos humanos[1] y hará fructificar la plenitud del paraíso de Dios entre los hombres. Por favor, tomad asiento.

Mantened la atención puesta en la Presencia de Dios

Como os dijo el amado Jesús, antaño fui a adorarlo a él y hoy sigo adorando el concepto Crístico de cada hombre. Los estudiantes de esta actividad son como muchos estudiantes honestos y sinceros de todos los tiempos. Tienen una mezcla en la conciencia. Hay veces que están un poco confundidos; parecen no tener las cosas bien enfocadas y después se preguntan por qué. Bien, amados, deseo hablaros con franqueza; nunca existe otro motivo más que este, que a lo largo del camino se han apartado de una manera temporal y abrupta de la conciencia de Dios, su poderosa Presencia YO SOY.

Podéis escoger un camino intrincado. Podéis querer llamar a este estado de desarmonía con muchos otros nombres. Podéis llamarlo ira. Podéis llamarlo engaño. Podéis llamarlo como una forma de vicio o inmodestia. Podéis llamarlo lo que os parezca. Todo el engaño humano, toda la ira humana, todas las tensiones humanas son una desviación de la atención sobre la Presencia de Dios.

Cuando la humanidad decida dejar que florezca en ella la caballería eterna, la caballería de la sagrada Mesa Redonda, cuando decida en su búsqueda del Santo Grial que obtendrá la respuesta, entonces el significado se le traducirá gracias a la eterna sencillez de la Mente única. Y los hombres entenderán que ellos mismos son el Santo Grial cuando se llenan lo suficiente del Espíritu Santo que brilla a través de los mismísimos poros de su cuerpo físico. Y podrán ver y contemplar por sí mismos al Cristo en todos los demás por haber depositado en sí mismos al Cristo universal.

No interferiremos a menos que se nos invite

Con frecuencia me he quedado de brazos cruzados sin hacer nada mientras los seres humanos continuaban con su camino hacia la destrucción, negándose totalmente a prestar atención a las indicaciones del Maestro Ascendido. Puede que os preguntéis por qué ha pasado eso. Bien, amados, al fin y al cabo, nosotros nos graduamos de las escuelas de Dios en este planeta hace algún tiempo y seguimos afianzados aquí, por amor divino y por amor al servicio. Pero podríamos marchar si quisiéramos. La única ley que nos obliga a estar aquí es la ley del amor.

Y cuando pasa un período extendido de tiempo y advertimos a los estudiantes constantemente que lleven a cabo cierta acción cósmica o cierta acción espiritual o incluso una acción material en interés de liberarlos de los poderes de este mundo y transferirlos completamente a las manos de su poderosa Presencia YO SOY para su libertad eterna, y cuando la persona insiste en hacer las cosas a su manera y la voluntad humana insiste en tener dominio sobre la voluntad de Dios, a su debido tiempo se hace necesario que crucemos los brazos y dejemos que esas personas se den con la cabeza contra las paredes del karma hasta que el dolor haga que vuelvan a buscarnos.

Soy bien consciente de que muchísimas personas desean expresar el amor de los Maestros Ascendidos según las ideas que tienen de nosotros, y parecen sentir que somos todo amor; y lo somos. Pero, queridos de la luz, también somos equilibrio y sabemos que las personas que recibieron libre albedrío porque lo exigieron deben, por ley cósmica, recibir el derecho a ejercerlo. Si las personas insisten, pues, en hacer las cosas contra la Gran Ley Cósmica, que ellas mismas saben que no es correcto o que no está bien, ¿hay algo que nosotros podamos hacer al respecto? Creo que no. No hay nada que podamos hacer para cambiar la Ley universal. Entonces, lo único que podemos hacer es tener paciencia hasta que esa persona vuelva a nosotros y haga el llamado para que interfiramos en su mundo.

Amados, nosotros no interferimos a no ser que seamos invitados o bien recibidos. Algunos han pensado en su poderosa Presencia YO SOY como si estuviera ahí, dándoles indicaciones en todo momento. Bien, la Gran Ley exige que las personas llamen a Dios si esperan que él les responda. Porque los hijos pródigos han llamado al Padre pidiendo su parte de la herencia eterna y han entrado en los campos de la Tierra, y muchos de ellos se han llenado del materialismo de esta Tierra.[2] Por tanto, si desean hallar su libertad, es necesario que llamen a su Presencia para que puedan hallar su libertad; es necesario que nos lo pidan si desean recibir nuestra ayuda en su mundo.

Guardad la sintonía con vuestra Presencia y nunca volveréis a criticar a nadie

Hace algún tiempo utilicé la palabra *interferir.* Bien, uno de los estudiantes de esta audiencia parece objetar a que haya utilizado la palabra *interferir.* Bien, queridos, quiero deciros lo siguiente, que cuando utilizo la palabra *interferir* lo hago en un sentido de discernimiento Crístico y no como la habéis interpretado. Quiero deciros que la Gran Ley entiende la eterna semántica del Espíritu.

Es necesario que todas las personas guarden la sintonía con su Presencia y nunca volverán a criticar a nadie, mucho menos a un Maestro Ascendido. Porque cuando otra persona hace algo que ellas creen que no es correcto o que no está bien, ellas mantendrán el equilibrio de la luz en su corazón y reconocerán que la mayoría de las personas nunca harían nada contra la Gran Ley si supieran más o si estuvieran totalmente sintonizadas con Dios. El Cristo sabía esto y pronunció estas palabras: «Padre, perdónalos, porque no saben lo que hacen».[3] Y este fíat puede aplicarse a todos en la Tierra.

Solo hay unos pocos que han escogido deliberadamente, consciente y maliciosamente, llevar a cabo actos malvados. La multitud de la humanidad camina y absorbe los efluvios de las masas de la conciencia humana. Ellos no saben lo que hacen y van vagando sin rumbo como ovejas al seguirse unas a otras. Pero si escucharan la voz del Buen Pastor[4] —la voz de su poderosa Presencia YO SOY, la voz de su Santo Ser Crístico—, estoy seguro de que entenderían que ningún ser ascendido va a entrar en su mundo a cambiarlo a menos que ellos nos ofrezcan la invitación.

Ah, enviaremos nuestro resplandor, de eso no cabe duda. Enviaremos nuestro resplandor tal como el sol brilla sobre el justo y el injusto.[5] Haremos todo lo que nos permita la ley cósmica para producir perfección sobre la Tierra. Pero, amados, en la órbita de las propias personas no entraremos a no ser que la persona nos llame y lo haga con toda sinceridad.

La humildad es necesaria

Algunos estudiantes han sentido que querían una respuesta mayor por nuestra parte, la cual nosotros no les hemos manifestado según las ideas que ellos tienen de nosotros. Bien, quisiera hablarles y decirles que durante los últimos seis meses nos hemos manifestado a algunos estudiantes en este planeta, y muchos de los estudiantes a los que nos manifestamos exteriormente no parecen merecerlo tanto como vosotros. Algunos de ellos no han tenido mucha enseñanza a la misma luz bajo la cual vosotros habéis estudiado. Esto no quiere decir que nos manifestáramos a ellos simplemente porque les falte enseñanza o conocimiento; hubo una razón cósmica que está encerrada en su corazón, y son muy humildes.

Ahora bien, sé que en esta audiencia muchos de vosotros sois de lo más humildes y devotos a la luz. Bien, a vosotros os digo, como dijo el Cristo que habló antes que yo: la humildad es un atributo necesario de divinidad. Esto no significa servilismo. Ello no significa que debáis someteros a circunstancias externas abrumadoras o que debáis permitir que las personas os pisen como un felpudo. Debéis tener dignidad Divina. Pero eso significa que comprendéis la ley del amor entre corazones. Ello significa que comprendéis que debéis dar vuestra luz y vuestro amor a los hombres aun cuando ellos no os los den a vosotros. Porque si por ignorancia ellos no os dan su luz, recordad que al poco tiempo se iluminarán. Y si aún tenéis una idea errónea sobre ellos, retrasaréis su progreso espiritual después de que ellos lo hayan superado, pues vuestros pensamientos también tienen algo de poder. Todo pensamiento tiene poder y, por tanto, por toda jota y tilde de la acción individual deben rendirse cuentas.[6]

¡Cambiad vuestra conciencia y cambiaréis vuestra vida!

A veces parece que las personas sienten que son máquinas, como si por un momento estuvieran enchufadas a una conexión eléctrica, funcionaran y obraran; y después vuelven a desenchufar el enchufe o a apagar el interruptor cuando lo desean para dejar de funcionar. Bien, dejad que os diga, amados, que sois máquinas eternas, si es que sois máquinas, y que siempre estáis grabando en la conciencia de la vida. De vosotros depende, por tanto, puesto que tenéis libre albedrío, el gobernar la cualidad de esa acción que está pasando por vuestro mundo.

No podéis apagar la máquina de vuestra conciencia o de vuestra identidad a voluntad y decidir que no vais a funcionar. No podéis apagar el Ojo Omnividente de Dios cuando no deseáis llevar a cabo alguna acción específica para después deciros: «Bueno, ahora que Dios no está mirando voy a hacer lo que quiero», y después volver a encender el interruptor. ¡El universo siempre está mirando en todas partes cada acción que tiene lugar! Nadie puede engañar a la Ley universal. Solo en el error de sus pensamientos han intentado hacerlo.

Y, por tanto, hoy pido a las damas y a los caballeros que desean ser caballeros de la Mesa Redonda —la Mesa Redonda de la identidad cósmica universal, la ley del círculo—, aquellos que reconocen que todos los que se sientan alrededor de la mesa son iguales, insto a esos caballeros y a esas damas a que tomen parte del grial de la conciencia inmortal de su identidad Divina y no intentar impedir los planes del cielo sumergiéndose en conceptos humanos. Los conceptos humanos nunca han dado a la humanidad su libertad. Innumerables guerras han tenido lugar, seres humanos han atravesado un sufrimiento extremo debido al uso de la conciencia humana, pero la conciencia divina nunca, en toda la eternidad, ha arruinado a las personas. Siempre las ha elevado y continuará haciéndolo para siempre. Por tanto, ¡cambiad vuestra conciencia y cambiaréis vuestra vida!

Juntos avanzaremos hacia nuestro destino inmortal

Mantened la atención puesta en la Presencia Divina. Recordad que los Maestros Ascendidos caminan con vosotros. Somos vuestros amigos, no somos vuestros enemigos. No estamos aquí para gritaros. No estamos aquí para intentar perturbar vuestro mundo. No estamos aquí para poneros frenéticos de miedo. Estamos aquí para mitigar todos los temores, pero queremos ver la manifestación de corazones honestos en interés de lograr un propósito específico, por Dios, por el país, por el país de la libertad Divina alrededor de todo el mundo, por el florecimiento universal de la verdadera caballería y nobleza.

No estoy aquí como un crítico o un juez de las acciones de nadie, sino que estoy aquí con la franqueza y honestidad de un ser ascendido. Aquellos de vosotros que no temáis conocer la verdad sobre vosotros mismos y deseéis perfeccionaros, hacedme el llamado esta noche, antes de dormiros. Yo acudiré esta noche y muchas noches a los fuegos que hay aquí, en Darjeeling. Pondré un sillón cerca de ese fuego para esperaros, y cuando vengáis os saludaré con un verdadero amor divino. Os ayudaré a superar vuestros defectos y debilidades. Os daré refugio en la voluntad de Dios de las frías ráfagas de desolación humana. Os vendaré las heridas junto con el Cristo, y juntos avanzaremos hacia nuestro destino inmortal.

El pasado es prólogo.

Os doy las gracias.

4 de noviembre de 1962
Mañana del domingo
Ciudad de Washington
MLP

La Gráfica de tu Yo Divino

La Gráfica de tu Yo Divino es un retrato tuyo y del Dios que hay en ti. Es un diagrama de ti mismo y del potencial que tienes de llegar a ser quién eres en realidad. Es un esquema de tu anatomía espiritual.

La figura superior es tu «Presencia YO SOY», la Presencia de Dios que está individualizada en cada uno de nosotros; es tu «YO SOY EL QUE YO SOY» personalizado. Tu Presencia YO SOY está rodeada de siete esferas concéntricas de energía espiritual que componen lo que se denomina «cuerpo causal». Las esferas de energía pulsante contienen el registro de todas las buenas obras que has realizado desde tu primera encarnación en la Tierra. Son como tu cuenta bancaria cósmica.

La figura media de la gráfica representa el «Santo Ser Crístico», que también se denomina Yo Superior. Puedes pensar en tu Santo Ser Crístico como tu principal ángel de la guarda y tu amigo más querido, tu instructor interior y la voz de la conciencia. Tal como la Presencia YO SOY es la presencia de Dios individualizada para cada uno de nosotros, el Santo Ser Crístico es la presencia del Cristo universal individualizada para cada uno de nosotros. «El Cristo» es en realidad un título concedido a quienes han logrado la unión con su Yo Superior o Ser Crístico. Por eso Jesús fue llamado «Jesús, el Cristo».

La gráfica muestra que cada uno de nosotros posee un Yo Superior o «Cristo interior» y que cada uno de nosotros estamos destinados a unirnos con ese Yo Superior, ya sea que lo llamemos Cristo, Buda, el Tao o el Atmán. Este «Cristo interior» es lo que los místicos cristianos a veces han llamado el «hombre interior del corazón» y lo que los Upanishads describen con misterio como un ser del «tamaño de un dedal» que «mora en lo profundo del corazón».

Todos tenemos momentos en los que sentimos esa conexión con nuestro Yo Superior, cuando somos creativos, cuando estamos llenos de amor y alegres. Pero en otros momentos nos sentimos fuera de sintonía con nuestro Yo Superior, momentos en los que nos enojamos, nos deprimimos o nos sentimos perdidos. El sendero espiritual consiste en aprender a mantener la conexión con nuestra parte superior de modo que podamos ofrecer nuestra mayor contribución a la humanidad.

El haz de luz blanca que desciende desde la Presencia YO SOY a través del Santo Ser Crístico hasta la figura inferior de la gráfica es el cordón cristalino (a veces llamado cordón de plata), que es el «cordón umbilical», el hilo de sustento, que te vincula con el Espíritu.

Tu cordón cristalino también alimenta esa llama especial y radiante de Dios que está instalada en la cámara secreta de tu corazón. Esta llama se denomina llama trina, o chispa divina, porque es literalmente una chispa de fuego sagrado que Dios ha transmitido de su corazón al tuyo. Se llama «trina» porque engendra los atributos principales del Espíritu: poder, sabiduría y amor.

Los místicos de las religiones del mundo han entrado en contacto con la chispa divina, describiéndola como la semilla de divinidad en el interior. Los budistas, por ejemplo, hablan de la «semilla de budeidad» que existe en todos los seres vivos. En la tradición hindú, el Katha Upanishad habla de la «luz del Espíritu» que está oculta en el «lugar secreto y elevado del corazón» de todos los seres.

Asimismo, el teólogo y místico del siglo XIV Meister Eckart enseña acerca de la chispa divina cuando dice: «La semilla de Dios está dentro de nosotros».

Cuando decretamos, meditamos en la llama de la cámara secreta de nuestro corazón. Esta cámara secreta es tu alcoba privada de meditación, tu castillo interior, como lo llamó Teresa de Ávila. En la tradición hindú, el devoto visualiza una isla llena de joyas en su corazón. Ahí se ve a sí mismo ante un hermoso altar donde venera a su instructor en profunda meditación.

Jesús habló de entrar en la cámara secreta del corazón cuando dijo: «Cuando ores, entra en tu aposento, y cerrada la puerta, ora a tu Padre que está en secreto; y tu Padre que ve en lo secreto te recompensará en público».

La figura inferior de la gráfica de tu Yo divino te representa a ti en el sendero espiritual, rodeado de la llama violeta y la protectora luz blanca de Dios. El alma es el potencial vivo de Dios, la parte de ti mismo que es mortal, pero que puede llegar a ser inmortal.

El propósito de la evolución de tu alma en la Tierra es lograr la maestría sobre ti mismo, saldar tu karma y cumplir tu misión en la Tierra para poder regresar a las dimensiones espirituales que son tu verdadero hogar. Cuando tu alma remonte el vuelo y ascienda de regreso a Dios y al mundo celestial, tú serás un maestro «ascendido» (o una maestra ascendida), libre de las rondas kármicas y del renacimiento. La energía de alta frecuencia de la llama violeta puede ayudarte a lograr esa meta con más rapidez.

La Gráfica de tu Yo Divino

*Para ver la Gráfica de tu Yo Divino a todo color, visita: https://www.summitlighthouse.org/iampresence

22

¡Arriba, arriba, arriba, no hay ningún otro camino!

Amigos infinitos del corazón de eras pasadas, amigos de la eterna fuente de sabiduría divina, he venido esta noche y hoy —pues ya sabéis que en la parte del mundo en la que nos encontramos tenemos otra hora que la que tenéis vosotros— para traer una carga infinita de nuestro amor, para rodear vuestro corazón, vuestro mundo y vuestro ser con la conciencia del elemento de fuego sagrado.

Amados, hoy contemplo en vosotros vuestras intenciones divinas. Las contemplo con tanta claridad, y son tan hermosas. Son como pequeñas flores azules llamadas no-me-olvides que os dicen que nunca olvidéis vuestras intenciones divinas, las que tenéis en vuestro mundo, en el corazón y el campo energético de vuestro ser. Los hermanos de aquí, en Darjeeling, los Hermanos del Corazón Diamantino, mantienen la voluntad de Dios con una dureza intacta, con un sentimiento de determinación Divina. No nos mueven las apariencias discordantes ni nos mueve la mente carnal. Mantenemos la atención puesta en la perfección de las esferas inmortales, sabiendo que los hombres pueden desarrollarse espiritualmente solo con el alimento de las palabras de luz que provienen de las octavas superiores y que nunca pueden hallar su libertad mediante la creación humana.

Mirad arriba para encontrar la fuente de vuestra perfección

Amados, siempre hay algo alegre en la expresión: «Erguíos y levantad vuestra cabeza, porque vuestra redención está cerca».[1] Al reflexionar sobre esos sonetos melodiosos de entregas espirituales que nos han dado seres iluminados tocados por el Espíritu Santo, la humanidad puede percibir y sentir algo del valioso Espíritu de la vida que se manifestó a través de aquellas personas que fueron profetas e instructores del fuego sagrado y las leyes de Dios. Bien, amados, si levantáis la cabeza, pues, podréis encontrar, al mirar arriba, la fuente de vuestra perfección.

La fuente de vuestra perfección es el corazón de vuestra Presencia Divina, el YO SOY, que parece estar tan fácilmente oculto a la conciencia mortal por estar los ojos dirigidos tan frecuentemente, y con mayor frecuencia hacia fuera, hacia el mundo exterior de la expresión, donde la discordia humana obra como una turbulencia furiosa sobre los mares de las emociones humanas. Amados, la personalidad de Jesús el Cristo que fue de lo más maestra capturó a millones de corazones al demostrar el control sobre los vientos y las olas.[2] Ser capaz de hablarle a toda turbulencia y decir «¡enmudece!»,[3] es poder controlar y ejercer ese maravilloso control Divino que es el fuerte y el poder del hombre divino.

Considerad el misterio de la penetrabilidad

Amados, ahora os pido que consideréis el gran misterio de la penetrabilidad. Ser capaz de penetrar con poderosos rayos de luz en la sustancia calcinada o en la forma está, en sí mismo, gobernado por leyes de densidad cósmica; porque, amados, comprended que la dureza o blandura de una condición determina la energía que se necesitará para penetrar en esa forma y sustancia. Y, por tanto, las personas deben ver y percibir aquí una gran ley espiritual por la cual los Maestros Ascendidos, en su servicio a la vida, utilizan a veces una energía enorme debido a la densidad de la creación humana.

Amados, toda forma y toda sustancia tiene su estructura atómica. Es cierto que en el centro del átomo y el electrón está el sol de Dios en manifestación resplandeciente. Pero lo que dificulta las cosas es la acumulación en la zona espacial que rodea a esos diminutos puntos de luz, porque eso también extrae su energía de la luz del centro y la cualifica con la cualidad de la densidad. Esta circunstancia, pues, es lo que dificulta a la humanidad el que sea capaz de utilizar los grandes poderes de la esferas fluídicas. Quizá en estos momentos no seáis del todo conscientes de aquello a lo que me estoy refiriendo con esto, pero deseo cargar en vuestro mundo un conocimiento del control Divino que le es posible a un ser ascendido y que les es posible incluso, bajo ciertas circunstancias, a los que aún no han ascendido cuando las leyes de la penetrabilidad se entienden por completo y las utiliza el espíritu elevado del hombre.

El poder de penetrar en la sustancia con la luz cósmica

Queridos de la luz, deteneos por un momento a reflexionar sobre la belleza de un arco iris. Ahora bien, tengo muchísimos deseos de evitar que estos estudiantes entren en contacto alguno con el mundo psíquico y estoy extremadamente interesado en que permanezcan en guardia, sabiendo que cuando me refiero a un arco iris no me estoy refiriendo a esas experiencias astrales en las que las personas a veces perciben luces, colores y formas que no son más que fantasmas del mundo astral. Más bien, ahora me estoy refiriendo a la pura luz Crística de Dios, refractada por el resplandor eterno y manifestando los colores de los rayos del arco iris de Dios con pura perfección. Amados, la luz blanca contiene todos los colores, pero al manifestarse a través del prisma de la conciencia divinamente iluminada, se produce una emisión por la cual cierta cualidad de un color pasa por ese prisma y se manifiesta, como el rayo azul, el rayo rosa o el rayo de la llama dorada de iluminación, queridos de la luz. Pero la penetrabilidad de esto en la sustancia es lo que posibilita que la conciencia del hombre comprenda, entienda y se beneficie de esta gran emisión de la luz cósmica.

Queridos, la fluidez de nuestras esferas es tal que podemos desear expresar un resplandor rosa y el resplandor se derrama de la llama Divina en el centro de nuestro corazón e ilumina todo nuestro alrededor con cualquier color o cualidad que deseemos expresar. Lo mismo es cierto con los olores, con las propiedades químicas que deseemos emitir. Si deseamos emitir cierta fragancia floral, no tenemos más que desearlo y al instante se produce una emisión desde nuestro corazón de esa fragancia, porque el poder de la luz penetra a través de nosotros sin ningún impedimento. No hay ninguna densidad en el mundo de un Maestro Ascendido. Un Maestro Ascendido expresa la perfección de Dios y todo lo demás se ha apartado.

El poder de Dios se ha utilizado mal

Ahora bien, queridos de la luz, incluso hoy en día es posible que las personas antes de ascender purifiquen su mundo con la luz de Dios, de tal modo que sean capaces de blandir muchos de los poderes de los Maestros Ascendidos por haber dominado ese control Divino que les enseña la ley de la perfección, por la cual son expresiones inofensivas de la infalible luz de Dios. Es decir, amados, que no tienen ningún deseo de hacer daño a la humanidad, no tienen ningún deseo de producir imperfección y, por tanto, utilizan estas leyes solo para la perfección de Dios.

¿Veis, amados, qué peligroso sería si se entregara este poder, este poder maestro del universo, en manos de los que son discordantes? Ya habéis presenciado en vuestra época, cuando se entregó el adviento del conocimiento del átomo a la humanidad, cómo los elementos destructivos, cuando están gobernados por la creación humana, suponen una amenaza para todo el conocimiento y la armonía del mundo. Bien, amados, ¿creéis que no sería en efecto de lo más peligroso que se entregara a la humanidad el gran Edom de Dios, la sabiduría de las esferas inmortales, para que pudiera producir el caos que reinó en la Atlántida y en Lemuria en eras pasadas y que produjo la ruina de esas civilizaciones por ser los corazones de aquella gente impuros e imperfectos?

Eran críticos y destructivos unos para otros. Competían. Luchaban contantemente por el control de la forma, la sustancia y los objetos. Incluso invadieron el reino de la creación, y entraron en un estado de conciencia con el cual, amados, en un punto determinado crearon la vida. Y entonces la gran ley cósmica pronunció su fíat desde el mismísimo corazón de Helios y Vesta, y se pronunció el llamado: «La voluntad de Dios impregnará la sustancia y los individuos destructivos ya no se enseñorearán de la Tierra y de su sustancia».

Cuando se pronunció el fíat, se les arrancó a esos hombres, con toda su iniquidad, su vano e injusto poder, y se vieron obligados a entrar en el competitivo mundo del hombre en su actual estado de existencia. A estos espíritus rebeldes[4] no les gustó este estado, despojados de su poder, y, por tanto, han dominado los medios destructivos de control en la época actual, como el hipnotismo y otras formas de control, que ejercen para lavarle el cerebro a la humanidad y someter a las personas de este planeta a la perpetración más monstruosa de la falta de idealismo que los hombres han tenido el dudoso y desafortunado privilegio de presenciar; o los Maestros Ascendidos, para el caso.

Pero, queridos y amados de la luz, cuando se fuerza un Armagedón[5] y un estado de Armagedón así en la conciencia humana, los poderes del cielo se estremecen y se le vuelven a entregar a la humanidad los poderes del primer rayo. Y, por tanto, hoy doy de parte de la Hermandad de Darjeeling una entrega perfecta de ayuda proveniente de la mente de Dios para que esas circunstancias sean derrocadas. Y os digo que tenemos el poder de todos los Maestros Ascendidos y seres cósmicos que nos apoyan, y estamos decididos a que la perversidad humana no continúe prevaleciendo en este planeta, que debería ser una estrella de luz resplandeciente y de perfección luminosa.

Hoy se le entrega a la humanidad una invaluable ayuda

La amada Virgen María ha decidido que, durante esta estación navideña que se avecina, va a envolver al mundo con un enorme poder penetrante de su manto como ayuda. Y, por tanto, el espíritu de la Maternidad divina acompañará a todas las madres que está esperando dar a luz durante esta estación. Y ocurrirá que la gran balanza cósmica de la Ley apelará al Consejo Kármico y, cuando sea posible, se dará una magnífica bendición para el alma de las madres que vayan a dar a luz entre ahora y el momento de la estación navideña. Queridos y amados, la humanidad de la Tierra recibe hoy una gran e invaluable ayuda para refutar el terror y la rebelión del pasado y dar a la humanidad esa ayuda unificadora del fuego sagrado que hará que los hombres tengan fe en la bondad que tienen dentro, y que entonces no les falte fe en la bondad que los demás tienen dentro.

Queridos y amados de la luz, todos reciben la eterna inteligencia discernidora del Cristo Cósmico y todos son capaces de discernir por sí mismos el uso correcto de la Ley y el uso correcto de la energía. Y, por consiguiente, el poder de hacer penetrar en la sustancia los rayos iridiscentes de luz, de producir los milagros de la perfección del Cristo Cósmico, de reconocer la fluidez de las esferas cósmicas en acción, de percibir que esta fluidez puede extenderse a las dimensiones de la forma y que el mundo se entrega a quienes busquen con diligencia el estado de conciencia Crística en el que son capaces de asimilar ese control Divino sobre el viento y las olas que manifestó el gran avatar, el amado Jesús.

Una acción cósmica del Consejo de Darjeeling

Os digo, amados, que la Hermandad de Darjeeling está decidida a activar en el campo energético de conciencia Crística de las personas que se sintonicen con el Cristo Universal, el Espíritu Crístico Universal, para que impregne no solo la estación navideña, sino todo el desfile de los años con la magnífica efusión del resplandor eterno de Dios y la voluntad de Dios. Y así, esa voluntad será enclaustrada en el corazón de la humanidad como una diadema de luz alrededor de su corazón y que haga de su corazón un altar donde puedan comulgar con el amado Señor Maha Chohán y otros de las dimensiones y octavas superiores, y aprendan hoy a exteriorizar con dignidad divina el gran rol en la vida, que se pone en sus manos y que se les dio cuando dieron un respiro consciente por primera vez, al principio de esta individualización; y que se les dio aún más cuando surgieron por primera vez como un Espíritu flamígero del corazón de Dios en el Gran Sol Central.

Y, por tanto, os digo, amados, que el Consejo de Darjeeling hoy ha llevado a cabo una enorme acción, porque todo el cielo está doblando su voluntad ante una determinación nueva y renovada de ayudar a la humanidad de la Tierra a encontrar su libertad eterna. El amado Saint Germain ha sido de lo más paciente, y todos los maestros ascendidos han sido de los más pacientes con esos espíritus rebeldes y con esas personas que han buscado ignorantemente el curso del dominio materialista. También hemos sido de lo más pacientes con el cuerpo de estudiantes durante esta actividad y otras. Pero hoy os digo, amados, que es necesario que determinemos proteger el poder de la luz y el poder de los estudiantes de la luz.

Esta actividad, amados, no es una actividad común. Toda la libertad del mundo depende de la entrega de la luz de los Maestros Ascendidos al mundo. Ello es la invaluable transfusión de energía divina que necesita el mundo, y solo teniendo esa energía puede el mundo ir arriba, arriba, arriba, hacia su perfección eterna. ¡No hay ningún otro camino! Y, por tanto, os digo que debemos activar todos los registros del gran órgano de la vida y dejar que la música de las esferas hinche el corazón de los hombres para que reemplace la discordia y la desgracia humana y toda la música indeseable que hoy día utiliza el mundo para aumentar el ritmo del odio y las creaciones de odio del caos y la confusión. Y debemos sustituirlo todo con la luz y el amor de los Maestros Ascendidos que la Hermandad de Darjeeling irradia constantemente con una renovada determinación de daros vuestra libertad.

Avanzad impulsados por vuestra Fuente Divina y no existe ningún otro poder que pueda actuar

Queridos de la luz, al principio de este dictado os pedí que recordarais la no-me-olvides; y vuelvo a recordaros, al marcharme, esa petición en particular. Quisiera señalaros que vuestro corazón está lleno de buenas intenciones y que lo contemplamos, lo amamos, lo engrandecemos y lo expandimos. Pero vosotros mismos debéis protegerlo para que esas intenciones se refuercen con las ofrendas que nosotros, día tras día, derramamos constantemente para ayudaros a expandir esas intenciones y llevarlas a la acción. Cuando esas intenciones se convierten en acción, ¡eso es Dios en acción en vosotros! Es vuestra poderosa Presencia YO SOY la que está actuando, y no existe ningún otro poder que pueda actuar.

Por tanto, debéis estar libres de toda crítica humana o ser ajenos a los pensamientos humanos o los pensamientos de creación humana acerca de vosotros. Debéis avanzar despreocupados en la escena de la vida y reconocer que estáis impulsados por vuestra Fuente Divina. Y si estáis impulsados por vuestra Fuente Divina, creo que no hay ningún otro poder que pueda actuar y creo que no existe ningún otro poder que pueda enseñorearse de vuestro mundo. Quisiera que dividáis esto en partes más pequeñas y que las diseminéis en todas los ámbitos de vuestro mundo, hasta que fortalezca cada parte de vuestro ser con las bendiciones de la voluntad de Dios sin límites.

Amados, YO SOY la perfección de la voluntad de Dios manifestada como acción cósmica en el campo energético de vuestro mundo. Esto se está manifestando ahora y continuará haciéndolo, siempre que mantengáis la atención puesta en vuestra gran Fuente Divina. ¡No existe ningún otro poder que pueda actuar! No existe ningún otro poder que actúe, pues la voluntad de Dios es la suprema inteligencia directora en el hombre. A través de ella el mundo conocerá la libertad, y ese es un destino cósmico que nadie puede negar y que nadie puede evitar. Se manifestará a su debido tiempo, pues la luz de Dios no puede fallar y vuestra poderosa Presencia YO SOY es esa luz.

Amados, la Hermandad de Darjeeling os rodea ahora con la esencia del pino eterno, la fragancia de nuestra esfera de acción cósmica, nuestra dedicación y devoción a la voluntad de Dios. Y esperamos y rogamos que cada uno de vosotros entréis de una forma más completa al corazón de vuestra Presencia y que reconozcáis que al hacer eso sois capaces de fortalecer los lazos de unión mutuos y con toda la gente constructiva de la Tierra, y preparar el camino para cuando las avenidas de los hombres se conviertan en las avenidas de Dios y las hermosas y maravillosas entregas que discurrirán por esas avenidas lleven a la humanidad el adviento del nuevo día: la era de oro de perfección e iluminación de Saint Germain para la bendición del Cristo Cósmico irradiada sobre el mundo que espera.

Os doy las gracias y os deseo buenos días.

2 de diciembre de 1962
Mañana del domingo
Ciudad de Washington
MLP

23

Un cáliz de oportunidad Crística en vuestro corazón

Desde nuestras salas, aquí en Darjeeling, he venido esta noche a traer a todos los presentes en esta sala y dentro del campo energético de nuestra presencia, el amor infinito y glorioso de su amada Presencia YO SOY.

Las personas desean viajar a nuestras salas de la India. Han querido con mucha frecuencia encontrar nuestra morada. Se han esforzado por sentarse a los pies de los grandes maestros y han deseado expresar ellas mismas la maestría Crística, en algunos casos porque, como individuos, creyeron que esa cualidad específica daría algo de importancia al mundo en general, a su personalidad individual.

Bien, amados, ¡debéis tener un motivo más virtuoso que ese para buscar al Cristo! Debéis desear hacer las obras del Padre para poder realizar un servicio a la humanidad y no prestar un simple servicio de gratificación a vuestros egos. Simplemente el que las personas deseen ocuparse de cosas santas por tener un sentimiento de devoción hacia objetos y hacia la forma, no es ninguna razón para que deban servir a la luz. Deben servir a la luz por reconocer que la luz es el poder cósmico que las hizo nacer. Y es justo, es apropiado, es bueno y está bien que debieran servir a la luz como caballeros de antaño, con la armadura de protección espiritual contra esos pensamientos transitorios y pasajeros que no exaltaban la nobleza de su alma y con la espada de la inteligencia Crística en la mano para protegerles contra la perversidad humana.

Amados, ¿habéis pensado en la idea de lo que significa ser un caballero, un caballero de armadura resplandeciente, y atravesar cabalgando el portal de los años vestidos con el poder de la protección y la invulnerabilidad? Pues entonces os sugeriría esta noche que empecéis a pensar en ello. Ya es hora de que los estudiantes de esta actividad reconozcan que tienen la necesidad de reafirmarse contra las perversas fuerzas psíquicas que intentan usurpar su libre albedrío, y ya es hora de que se cubran con la armadura, que bien saben cómo hacerlo.

Es hora de poner en práctica la ley

Amados, habéis oído decir que es pecado saber hacer bien las cosas y no revelarlo. Amados, os digo que es hora de que los estudiantes de esta actividad pongan en práctica las gloriosas exteriorizaciones de la Ley que los Maestros Ascendidos les han dado a conocer. Y no tengo la intención de que los estudiantes de esta actividad pasen cabalgando por esta entrada de los años sin que recuerden la seria, solemne y abrumadora responsabilidad que tienen de expresar gratitud a los grandes Maestros Ascendidos, que les han derramado su amor esta noche y durante esta clase.

Amados, el ser digno de confianza tiene su mérito, su recompensa. Beber del santo cáliz de nuestra orden es un privilegio y un honor que nosotros mismos no negaremos. Amados, cuando los hombres niegan la perfección de su Presencia, sin darse cuenta se niegan a sí mismos más oportunidades; porque los hombres con frecuencia no comprenden por qué les han quitado cierta cualidad específica que buscaron y por qué no pueden tener éxito en lograr cierta condición que antes podían hacer con facilidad. Bien, amados, este se debe a que la Ley les está devolviendo toda su falta de atención al cargo espiritual.

Puede que algunos de vosotros os preguntéis por qué he

escogido este momento particular y específico para daros lo que equivaldría a una buena zurra. Bien, amados, es costumbre recibir el Año Nuevo dándole al niño unos azotes para que llore con más vigor y, por tanto, espero que al hacer esto esta noche algunos de vosotros veáis que el motivo que tengo es muy benigno. Veréis, estoy interesado en que los estudiantes lleguen a ser la plenitud de un hijo varón de lo más maravilloso, que pasará por el desfile de los meses exteriorizando un estado de invulnerabilidad fogoso y completo contra todas esas circunstancias exteriores que quieren menospreciarlos y frustrarlos en su viaje de regreso al corazón de Dios y en su logro con respecto a los propósitos de la Gran Hermandad Blanca en este planeta.

Se os pone a prueba

Sí, queridos míos, con gusto hablaré con un poco más de suavidad si ello os ayuda. Amados, yo utilizo mi propia inteligencia y sabiduría Crística para comunicarme con vosotros de muchas formas y, a veces, decidimos poneros a prueba para determinar cómo reaccionáis ante una situación determinada. Por tanto, os voy a revelar esta noche el hecho de que os ponemos a prueba a lo largo de los años, a lo largo de los días y a lo largo de las horas de la vida.

A veces, amados, aparece ante vosotros una persona desconocida, y esa persona parece no tener nada que ver con vuestra vida y tenéis una sensación bien definida de casi incomodidad y un deseo de apartaros de ella. Y os decís: «¿Me tengo que relacionar con esta persona?». Amados, puede ser que esa persona tenga la clave de vuestro desarrollo en ese mes o año en particular. Puede que vosotros no lo veáis en ese momento.

Ahora bien, no digo esto a fin de fomentar las asociaciones malas y equivocadas. No recomiendo que los estudiantes se sometan a ninguna cualidad indeseable que exprese otra persona, pero no me refiero a eso. Me refiero a los sentimientos en vuestro mundo. ¿Veis la diferencia, amados? No me refiero a las sugerencias indeseables que una corriente de vida le ofrece a otra. Es decir, si una persona os habla y dice: «Vamos a tomar bebidas espirituosas juntos y a embriagarnos», como tantas personas están haciendo esta noche por todo este país, no quisiera que pensarais que eso sería una sugerencia apropiada que aceptar. Pero si una persona entrara en contacto con vuestro mundo, con una apariencia totalmente normal, pero por algún motivo no tuviera ningún atractivo para vuestras exigencias, yo no la rechazaría simplemente porque esa persona no actuara o reaccionara exactamente como creísteis que debía.

No descuidéis la oportunidad de exteriorizar vuestros talentos

Recordad, amados, vinisteis al mundo como uno solo. La hogaza espiritual y celestial se partió —*e pluribus unum* se dividió— y el hombre, como una manifestación de Dios, se convirtió en muchos. El espíritu de Caín, de Tubal-caín,[1] el espíritu de los artesanos y los trabajadores en los distintos oficios del mundo dividió a la humanidad y la segmentó en destrezas, culturas y artes.

El propósito de la humanidad era el de embellecer la cultura del mundo mediante el uso de estas artes. Algunos hombres respondieron de una forma noble y buena, y pusieron sus talentos a buen uso y llegaron a ser excelentes artesanos en su campo. Otros no lo hicieron tan bien. Enterraron sus talentos, amados, en un pañuelo.[2] Con mucho cuidado envolvieron esos talentos en este pañuelo de inacción y lo pusieron en el corazón de su propio mundo, en el corazón de la tierra.[3] Descuidaron las oportunidades que tuvieron de exteriorizar las condiciones de excelencia en su mundo. Se sintieron satisfechos con ser letárgicos, con aceptar las condiciones externas que les impusieron las presiones de la mente de las masas. Se sintieron satisfechos con estar desaliñados. Se sintieron satisfechos con formar parte de la conciencia de las masas y ser unos vegetales. Bien, amados, algunos de ellos llegaron a ser unos vegetales muy buenos, y aún lo son. Pero a nosotros no nos interesa eso tanto como nos interesan los que están deseosos de llegar a ser mucho más que un vegetal, alguien que aspira a expresar la belleza de Dios en el jardín del amado Víctory.

Trascended los sentidos y poned vuestra atención en Dios

Amados, todo lo que os estoy diciendo esta noche puede sonar como que estoy mareando la perdiz, pero es mucho más que eso; porque ello quiere enseñaros la estupidez del pensar humano. El pensar y el razonar humano es en sí mismo algo muy incompleto, porque se basa solo en los informes de los cinco sentidos y las experiencias de la vida categorizadas en la conciencia humana. En el archivo de la mente y las emociones de los hombres la humanidad aprende pronto a ajustarse, a juzgar las distintas condiciones externas con las que se encuentra.

Algunos hombres, amados, son como gatos, y tienen los bigotes siempre extendidos para entrar en contacto con el mundo de la hierba por la que puedan estar pasando. Bien, amados, eso está bien y si las personas desean hacerlo, que lo hagan, tienen libre albedrío. Pero yo prefiero ver a los estudiantes poner la atención en Dios, en los Maestros Ascendidos y en la luz del Cristo puro. Porque entonces sé que tendrían lugar unos cambios maravillosos en el mundo de todos los estudiantes de esta actividad y de todas las actividades aliadas.

Sé que hoy día el mundo es, como os ha dicho Saint Germain innumerables veces, una jungla humana y los hombres de hecho acechan unos contra otros en vez de rezar unos por otros. Bien, creo que esta noche sois unas corrientes de vida queridas y creo que estáis interesados en lo que os estoy diciendo. Creo que estáis interesados en escuchar de manera directa y franca aquello sobre lo que deseo que los estudiantes pongan su atención.

Hay ocasiones en las que el Gran Consejo Kármico me solicita que realice una función específica para la cual no me siento muy bien capacitado. A uno de los estudiantes de este grupo, hace varios años, le hizo mucha gracia que el amado Maha Chohán me pidiera que hablara a los estudiantes y que los entretuviera. Bien, amados, esta noche estoy tratando de entreteneros con motivo del Año Nuevo. No me interesa afirmar la Ley de una forma muy seria, en cierto sentido, sino casi de una manera divertida. Sin embargo, tengo el corazón bastante solemne porque me doy cuenta de que los hombres han cometido errores y esos errores se han producido principalmente por una falta de atención a la Ley, que conocían bien. Se han justificado muchísimas veces y se han justificado tan bien, amados, que ya no saben cuándo están poniendo excusas. Basta de eso.

Es el momento oportuno para la publicación de mi Encíclica

Amados, cerca de Darjeeling hay una montaña de belleza extraordinaria. La frecuento a caballo, y la semana pasada monté sobre un corcel blanco y cabalgué por las regiones montañosas alrededor de Darjeeling, y medité y reflexioné sobre la situación del mundo. Estoy convencido de que este es el momento oportuno para la publicación de mi Encíclica, que di hace algún tiempo a la actividad de The Summit Lighthouse. Estoy convencido de que esta Encíclica debería publicarse y estar en manos de los estudiantes para cuando se convoque la conferencia de Pascua. La Encíclica proyecta en expresión verbal las reflexiones más serias de mi corazón, despojadas de cualquier jovialidad o levedad, y recomienda ideas específicas para el mundo y los líderes del mundo a fin de alterar las circunstancias actuales y atraer la atención de la humanidad a un método y un medio por los cuales la unidad mundial y el poder espiritual puedan ponerse en juego en la mente y el corazón de los hombres para dar entrada al reino de Dios y a la era de oro de Saint Germain.

Estoy seguro de que muchos de vosotros devoraréis con avidez estas palabras. Deseo aseguraros de que no representan solo mi pensar o mis ideas, sino que representan la ayuda de todo el Consejo de Darjeeling, que ha evaluado el corazón de los hombres, no comparado con la pantalla de la emoción y temor humano, sino que han evaluado los pensamientos y el corazón de los hombres comparados con las hermosas páginas del Libro de la Vida, la sabiduría eterna y el Espíritu del Ser Eterno.

Nuestra esperanza para el nuevo año

Y, por tanto, esta noche, cuando dais la bienvenida al nuevo año, sabed que yo doy la bienvenida al nuevo año con vosotros; que todos los Maestros Ascendidos también dan la bienvenida al nuevo año con la humanidad de la Tierra; que nos regocijamos por las radiantes energías que ahora se están emitiendo en vuestro mundo, en vuestra mente y vuestro corazón; que nos regocijamos de que esas energías estén destinadas a ser puras y a ser purificadas; de que esas energías están siendo bendecidas por la Diosa de la Pureza y enviadas con una doble carga por parte de la Diosa de la Luz; de que al mirar por la avenida de los años y contemplar el año pasado con todas las caóticas circunstancias por todo el mundo, no vemos que este año tenga presagios funestos.

Estamos decididos a no expresaros en nuestra publicación ningún conocimiento de circunstancias caóticas que se avecinen en esta ocasión. Miramos a este año con la esperanza de que la radiación rosa de amor, exteriorizada con tanta nobleza en esta clase, se expanda con la plenitud de esta actividad hasta ser una actividad divina en acción en cada uno de vosotros y que ayude a la humanidad de la Tierra a hallar una libertad que su corazón anhela.

Nuestra perspectiva del mundo

Amados, hay veces en las que no deseamos montar a caballo en las montañas que hay alrededor de Darjeeling. Hay veces en las que utilizamos los poderes de Dios para extender nuestra conciencia hacia el espacio, sin el beneficio de la cohetería. Y al extender nuestra conciencia hacia el espacio, nos sentamos, como si dijéramos, en un trono de luz en forma de loto en los reinos cósmicos del espacio, una estación espacial, observando a la humanidad de la Tierra desde lo alto de la atmósfera del planeta.

Al contemplar el hermoso resplandor de las oraciones de los hombres ascender hacia Dios a través de las nubes de maya del mundo, nos sentimos conmovidos por las energías de la humanidad de la Tierra y sus anhelos por ver expresado sobre este rodante planeta un reino divino. Amados, cuando nos sentamos ahí, en el espacio, desarrollamos un sentimiento de lo más maravilloso sobre la conciencia del mundo. Vemos al mundo como una gran arco esférico, un arca de una alianza divina rodeada de un arco iris de promesa. Vemos al mundo como la exteriorización de la Palabra de Dios. Vemos al mundo como la Palabra encarnada viva. Vemos al mundo como un hogar, un hogar-arca, para miles de millones de personas. Vemos a los miles de millones de personas descender por los portales del nacimiento para hallar la vida. Vemos a la humanidad de la Tierra ascender por el cambio llamado muerte o la ascensión hacia octavas superiores para aprender entre encarnaciones o para afrontar la hermosa iniciación de la ascensión. Vemos a la humanidad de la Tierra y sentimos un parentesco con cada corriente de vida de este planeta.

Algunos de vosotros os preguntaréis en varias ocasiones cómo es posible que os conozcamos de manera individual. Bien, dejad que os diga algo, queridos del corazón de Dios. Nosotros tenemos el poder, que vosotros también tenéis, de tomar un minuto y convertirlo en mil años. En mil años podemos estrechar muchas manos. En mil años podemos tocar muchos corazones. Y así, amados, al utilizar nuestro poder para extender el tiempo hacia el infinito, tenemos la capacidad, en un sentido infinito, de entrar en contacto con vosotros individualmente, de conoceros personalmente, de amaros, de apreciaros y tratar de elevaros hacia ese estado de autoayuda en el que vosotros mismos seréis la autoridad de vuestro propio mundo.

Aún hay que buscar el Santo Grial dentro de vuestro corazón

Al empezar a hablaros esta noche me di cuenta de que habéis oído muchas palabras y, por un momento, me pregunté si debía ahorraros las mías. Y decidí no hacerlo, porque sentí que, de algún modo, sería mejor para vosotros que escucharais lo que tenía que decir. Y lo hice sin ningún sentimiento de vanidad, sino con un sentimiento de amor, un amor que os ofrezco ahora como os ofrezco mi mano. Os ofrezco mi mano en el santo nombre de Dios. Os ofrezco mi mano como a caballeros de la Mesa Redonda de antaño. Os ofrezco mi mano como a cruzados de la santa causa. Os ofrezco mi mano porque aún hay que buscar el Santo Grial, y os lo expongo como el cáliz de vuestro corazón.

¡Oh, sí que existe un Santo Grial! Y hace mucho se depositó en Glastonbury. Pero, queridos, hoy se ha amplificado espiritualmente hasta depositarse réplicas de ese Santo Grial como una filigrana de radiante luz alrededor de cada corazón humano que aspire a llegar a ser un cáliz de oportunidad Crística. Y así, esta noche os digo que el Santo Grial está dentro de vuestro corazón, y que sois caballeros que debéis proteger ese Grial contra los pensamientos impuros, los motivos impuros, los deseos impuros, las ideas impuras de todo tipo y de toda clase.

Despertad ante la oportunidad de prestar servicio

El Maha Chohán tiene el deseo de descender a ese cáliz del corazón de cada uno de vosotros con la radiación de la perfección de Dios. La perfección de Dios os convierte en hermanos espirituales, hermanos no solo por debajo de la piel, sino hermanos por fuera de la piel. Porque, amados, dentro de la forma humana está la luz del mundo, pero por fuera de la forma humana está la luz de la radiación solar. El Macrocosmos y el microcosmos se intercambian a través del centro del corazón del hombre, hasta que el hombre de abajo se convierte en el hombre de arriba. El Dios de arriba se manifiesta en el hombre y el hombre de abajo se manifiesta en Dios. ¡He aquí, «yo y el Padre uno somos!».[4] Y mientras que sois uno solo, nunca estáis solos, sino que sois uno solo. Entonces sois caballeros de la Mesa Redonda cuandoquiera que servís a la causa de la libertad, cuandoquiera que servís a la causa de la Realidad divina.

¿Podéis mirarme a los ojos con honestidad esta noche y decirme que no hay ninguna oportunidad de servir en este planeta? ¿Podéis mirar en vuestro corazón con honestidad y decirme que la vida es simplemente un juego, un juego en el que jugáis para divertiros y no por la oportunidad de servir a las grandes causas solares? ¿Podéis decirme con honestidad, al observar las condiciones del mundo, que esas condiciones deberían descuidarse cuando los poderes del cielo se estremecen y se conmueven? Cuando tenéis la vara de Aarón,[5] tenéis una columna vertebral que puede fortalecerse para que las energías solares puedan fluir por esa columna y atraer la inteligencia Crística para que esta se eleve como una llama desde vuestra frente, que os mostrará la cosa perfecta que hay que hacer a cada hora del día y de la noche.

Cuando tenéis ante vosotros una oportunidad, así como los vientos del cielo, os digo: dejad que sople por vuestra alma y las purifique de ideas humanas, hasta que os quedéis tan descubiertos como un árbol desnudo a la espera de una nueva vaina, la vaina de entendimiento inmortal sobre los propósitos cósmicos. En el nombre de Dios, amados, despertad ante las oportunidades de este año.

Os doy las gracias.

31 de diciembre de 1962
Noche del lunes
Ciudad de Washington
MLP

24

La necesidad de la búsqueda

Que la luz de la paz que es la voluntad de Dios brillando por la extensión del continente inunde vuestro ser con nuestros saludos desde el corazón de Darjeeling.

Algunos de vosotros pudierais estar interesados en observar, especialmente aquellos de vosotros que habéis observado y contemplado el diamante Hope, que los reportes son correctos con respecto a que tengo el diamante más grande del mundo en mi posesión. Amados, es de lo más magnífico, porque es el símbolo de la voluntad de Dios. El resplandor azul de este diamante teñido de un brillo parecido al amanecer, cargado de la luz blanca con todos los colores del espectro y exaltando el azul en lo alto para diseminar por todas partes como un manto de luz desde el aura extendida de este diamante la voluntad de Dios dada a conocer al corazón de un planeta y a su gente.

Hoy vengo cargando la paz, el amor, el resplandor, el poder y el esplendor de esa voluntad de Dios. La compasión de los maestros ascendidos está cerca. Deseamos extender a la gente de la Tierra nuestra felicidad, nuestros saludos y nuestra total comprensión acerca de los muchos problemas que asolan a la humanidad. Los problemas de la humanidad disminuirían, las bandas que esclavizan a los hombres se soltarían, si todos ellos reconocieran en masa la necesidad de la Búsqueda.

El Santo Grial se convierte en el cáliz de la ofrenda de la humanidad

Cuando la caballería floreció en este planeta y los hombres comprendían algo de los elementos de la gallardía eterna, existía un espíritu de búsqueda que llenaba el corazón de los hombres, que hacía que buscaran lo que podían hallar mediante un proceso diligente en el cual prometían dedicar su vida a un principio. Y la esperanza que llenaba su ser los mantenía constantes en su dedicación a ese principio, hasta que realizaban totalmente aquello que sus ojos deseaban observar por sí mismos. Ahora evoco el Grial.

Amados, la búsqueda del Santo Grial llenó la conciencia de muchos caballeros en días pasados, y esa búsqueda no ha terminado. No quisiera quitarle al símbolo del Grial el maravilloso y místico significado que tiene para el corazón de los hombres con una explicación franca de él. Aun así, siento una responsabilidad mayor que todas las demás consideraciones que me hace afirmar aquí y ahora que el Santo Grial se convierte en el cáliz de la ofrenda de los hombres, que las personas que buscan el Santo Grial llegan a un punto en el que se dan cuenta de que, aunque exista un Grial llamado santo, a menos que su expresión luminosa individual (su forma física, su cuerpo emocional, su cuerpo mental y su cuerpo de la memoria) se purifique compasivamente con los fuegos de la devoción de tal manera que esos cuerpos se conviertan en un cáliz en el que el Espíritu Santo de Dios pueda manifestarse, ellas no tendrán la capacidad de reconocer el Santo Grial si llegaran a contemplarlo.

Y, por tanto, lo primordialmente esencial para todos los hombres es reconocer en sí mismos que Dios les comunica el latido del corazón de la eternidad y que ese latido es el de su propio bendito corazón. Reconocer esto primero, este punto de contacto que es el mantenimiento de la fuerza vital en ellos, se convierte en la puerta hacia reinos infinitos donde la manifestación positiva de las virtudes del cielo llega a existir con resplandor como la voluntad de Dios.

Espero que prestéis un servicio a esta Tierra

El suave resplandor de la voluntad de Dios que destella de este diamante que tengo aquí, en Darjeeling (que con frecuencia pongo en los pliegues de mi turbante) es un resplandor maravilloso que baña el corazón y la mente del hombre cuando se lo invita a hacerlo. Puede parecer, es cierto, una radiación boyante que puede poner un poquito incómodos a quienes aún se engañan a sí mismos. Pero aquellos cuyo corazón anhela la plenitud del amor divino le dan la bienvenida como a la llegada del alba, sabiendo que representa un día de oportunidad en el que el servicio iniciado al amanecer puede finalizar después de la puesta del sol.

Oh seres radiantes, no creo que no observemos las ofrendas de las manos y los corazones de los hombres comprometidos con una causa. He comprometido mi corazón, mi mano, mi cabeza y mis energías a muchas causas en tiempos pasados, y espero aún prestar a esta Tierra un servicio en innumerables días futuros. No miro adelante y observo los años buscando un período de descanso en el que poder encontrar una oportunidad para relajarme. Solo miro adelante buscando más servicio que pueda prestar a la humanidad, porque los campos ya están blancos para la siega[1] y los obreros son pocos.[2]

La llama indómita de vuestro corazón

Rememorando ahora por un momento los tiempos en los que estaba encarnado como el rey Arturo, quisiera recordaros, benditos y amados, que bajo la brillante armadura de los caballeros latían muchos corazones maravillosos, y os digo que el valor no está menos vivo hoy. Pues la llama de vida que hace latir el corazón de los hombres invoca hoy día la armadura invencible de protección espiritual para que escude y atesore la voluntad de Dios, que los hombres llevan en el corazón y encarnan en su vida, sosteniendo de hecho, como declaró el amado Hilarión cuando fue San Pablo, un escudo de fe ante ellos con que poder desviar todos los dardos de los que no entienden[3] y que aún están en esas injusticias del Espíritu que hacen que sientan que en este universo existen opuestos que desean pisotear su corriente de vida, echarlos abajo y evitar que se vuelvan a levantar.

Amados, nada puede estar más lejos de la verdad; porque en cada uno de vosotros hay una llama de vida tan indómita que es capaz de cortar como una antorcha gigante el acero sólido. Si esta llama de vuestro corazón fuera invocada con toda la intensidad de vuestro ser, ¿os dais cuenta de que podría provocar una transmutación de todos los elementos básicos en vosotros al instante? No espero que el chela común sea capaz de convocar esto con un solo llamado. Pero creo con todo mi corazón que esa diligencia trae su recompensa y que los que lo reconozcan y con toda fe avancen progresivamente hacia la luz, lo que amanezca en ellos será un resplandor confortable de la voluntad de Dios. Este resplandor los ayudará a encontrar y descubrir en sí mismos un método con el cual poder encadenar al monstruo de lo humano y liberar al dulce Cordero de Dios para que se manifieste, hasta que la Tierra se convierta en un pasto para los justos, donde puedan alimentarse junto a aguas de reposo[4] y empaparse de esa fragancia del alma y ese agua de la vida[5] que les dará la juventud eterna, la pureza eterna y el valor y el consuelo eterno para siempre.

Haced el llamado por los de menor entendimiento

En esta época, cuando la humanidad continúa esforzándose en el ámbito de la habilidad política y el gobierno, cuando los gobiernos tiemblan y continúan temblando por las aterradoras apariencias que rodean a la Tierra, nosotros permanecemos inamovibles, excepto por nuestro deseo de expresar a los chelas su necesidad de invocar constantemente protección para la humanidad de la Tierra de modo que esta reciba ayuda en respuesta al llamado. Amados, el llamado obliga a la respuesta, pero la humanidad debe hacer el llamado por esos hermanos que no tienen suficiente entendimiento para hacer el llamado por sí mismos.

¿Comprendéis por qué es necesario en cada era mantener encarnadas a ciertas personas? Esto es necesario, amados, a fin de que las valiosas personas y corrientes de vida que tienen este conocimiento puedan ayudar a los hermanos que, aunque no son inferiores en la llama de su corazón, son inferiores en su manifestación y entendimiento de sí mismos. Porque se han puesto en un rol que no refleja la pureza de su ser ni el resplandor de la voluntad de Dios; y al ponerse en ese rol, han impedido que la manifestación de la voluntad de Dios se forme en el campo energético de su identidad y su ser.

Llegará el día en el que estas circunstancias se transmutarán en respuesta a su llamado. Pero hasta que llegue ese día, alguien debe sostener el puente. Alguien debe sostener la antorcha en alto. Alguien debe estar dedicado en honor al mantenimiento de la voluntad de Dios por la Tierra. Algunos de vosotros habéis escogido encarnar esta voluntad de Dios en vosotros mismos. Algunos de vosotros habéis escogido invocarla en otras personas. Todos vosotros escogisteis servir los propósitos eternos, y por ello os elogio.

Deseamos compartir nuestra realidad con el mundo

Amados, hay veces en las que mi corazón se conmueve y siento un deseo extender mis manos hacia vosotros, de veros caminar físicamente en la habitación en la que estoy ahora, veros pisar esta alfombra blanca y suave bajo mis pies, que contempléis por vosotros mismos la túnica blanca que tengo puesta hoy, de extenderos ambas manos y tomar las vuestras, individualmente, para deciros: «Oh amado, la caballería de gloria espiritual continua amaneciendo para la humanidad. Eres un recipiente escogido, escogido por la llama de vida que tienes dentro para representar a Dios ante el hombre y a la voluntad de Dios antes el hombre».

Somos una realidad viva, tangible, que respira, y deseamos

compartir nuestra realidad con la gente del mundo a través de vosotros. Queridos chelas que adoptáis la voluntad de Dios, queridos chelas que reconocéis la voluntad de Dios, queridos chelas que deseáis sustentar la voluntad de Dios: nosotros, Hermanos de Darjeeling, deseamos soplar en vosotros la esencia de nuestros pensamientos sobre la voluntad de Dios. Deseamos soplar sobre los carbones que hay en vuestro corazón que provienen de las mismísimos altares del cielo, avivar esos carbones para que sean una llama tangible y pulsante, hasta que esta llama consuma la escoria que representa la voluntad humana en vosotros y la sustituya totalmente con la voluntad de Dios.

Terminad la batalla entre la voluntad humana y la voluntad divina

¿Qué es, amados, lo que causa la lucha entre la voluntad humana y la voluntad divina? La voluntad humana es la discordante. Es la voluntad humana siempre, amados, la que desea manteneros esclavos. Es el impulso acumulado humano lo que impide la manifestación total de la voluntad de Dios en vosotros. Y os digo, amados, que la humanidad cede con mucha frecuencia a la voluntad humana y la voluntad de Dios queda de un lado, incapaz de dar el glorioso impulso acumulado de sus pensamientos y sentimientos a la humanidad porque esta está atareada escuchando a los viejos impulsos acumulados que ha desarrollado a lo largo de los siglos y desde el principio de su actual encarnación.

Bien, amados, la batalla puede terminarse asiendo las manos de vuestra Presencia Divina, estrechando la voluntad de Dios contra vuestro corazón, deseando tener esa voluntad muy por encima de lo humano y eliminando para siempre este choque entre las dos. Queridos de la luz, mediante el proceso de eliminación exaltaréis a esa llama en vosotros que puede daros vuestra libertad hoy y para siempre. Al exaltar la llama de la libertad en vuestro ser estaréis exaltando la llama de la libertad y la buena voluntad en el ser de todos los hombres. Aquello que se hace dentro de vosotros, se hace dentro de la Tierra.

Bienvenidos a Darjeeling

Amados, según me preparo para dejaros, os vuelvo a decir: sois bienvenidos. Aquí en Darjeeling esperamos la venida de los chelas que reconozcan su prerrogativa espiritual, su derecho, si deciden preparase, de echar a un lado los profundos sentimientos e impulsos acumulados humanos del pasado y, en la maravilla de la regeneración, regeneren en sí mismos los tiernos sentimientos de amor y compasión por la voluntad de Dios, viendo en esa voluntad el mismo pensamiento encarnado que vio el propio Jesús: «No se haga mi voluntad, oh poderosa Presencia YO SOY, sino la tuya»[6].

En este maravilloso concepto adoptado, los hombres hallarán su libertad. Permaneciendo aparte, permaneciendo atrás y viéndolo como una simple visión, como una posibilidad en un momento lejano, como un mito, como un grial alucinatorio que no existe, los hombres no la hallarán. Reconociéndolo tan cercano como las manos, los pies y el latido del corazón, los hombres la hallarán en sí mismos y la descubrirán ahí, la descubrirán en todas partes.

Entonces, ¿cómo podrá cerrárseles Darjeeling? ¿Cómo podrá cerrárseles cualquier retiro de los maestros ascendidos? Los que son dignos de venir a uno lo son de venir a todos. Los indignos de venir a uno lo son de no venir a ninguno. La indignidad, amados, es el único concepto humano que no quiere reconocer en Dios el poder liberador por el que pueden entrar en el mismísimo corazón de cada retiro de los maestros ascendidos y extraer de esos retiros la totalidad de ese amor inmortal que los conducirá de manera progresiva hacia adelante, día tras día, a ese punto en el Sendero donde la voluntad de Dios puede conocerse, amarse, adorarse y atesorarse. Y entonces esa voluntad los atesorará a ellos. Cuando la voluntad de Dios os atesore en respuesta a vuestro llamado, os descubriréis a vosotros mismos dotados día tras día de más resplandor de los Hermanos del Corazón Diamantino.

Gracias y buenos días.

24 de febrero de 1963
Mañana del domingo
Ciudad de Washington
MLP

25

Encíclica sobre la buena voluntad mundial

Informe para la Tierra

INTRODUCIÓN

Las observaciones y recomendaciones de esta encíclica se han compilado a partir de un estudio a largo plazo realizado por mí, con la invaluable ayuda del Consejo de Darjeeling de la Gran Hermandad Blanca. Desde hace mucho tengo el deseo de presentar a la gente de la Tierra, con una documentación concisa, los resultados de nuestras deliberaciones sobre los específicos ámbitos problemáticos que, a través de investigaciones realizadas desde nuestra perspectiva, hemos considerado que necesitan atención inmediata si el actual orden mundial ha de permanecer intacto y el progreso ha de tener lugar.

Nuestra solemne conclusión es que debe haber una diseminación generalizada de un preciso conocimiento y entendimiento de la vida y sus propósitos vitales, si los líderes en los campos de la ciencia, el gobierno, la religión, la educación y el bienestar social que guían los pasos de sus comunidades han de satisfacer, adecuada y eficazmente, las necesidades urgentes del momento. Por tanto, confiamos en que, mediante una aplicación en todo el mundo del programa de nueve puntos que se incluye en este informe, junto con la incorporación de las recomendaciones de esta encíclica en los motivos y los asuntos de los hombres, los esfuerzos de los «ciudadanos del mundo» se canalizarán de una forma más constructiva hacia esos ámbitos prioritarios que hemos delineado.

Con la creencia en que esta encíclica puede proporcionar un conocimiento más claro sobre la realización de los propósitos esenciales de la vida, confiamos en que todos los que se detengan a tomar parte de su contenido reciban una carga de esperanza renovada en una solución a los persistentes problemas del mundo y de la voluntad de trabajar hombro con hombro, hasta que la toda la levadura del pan de la vida se active para que crezca la hogaza comunal de la buena voluntad en todo el mundo.

NATURALEZA DE LOS PROBLEMAS BAJO CONSIDERACIÓN

Suficientes recursos actuales de acuerdo con las exigencias

Los actuales recursos disponibles de la economía internacional, que constan de la mano de obra organizada y el material bélico con las instalaciones para transportar y movilizar su efectividad, conocimiento y habilidades, así como el medio de comunicar sus conceptos, son suficientes para sanar todos los males del mundo. A esta tarea hemos prometido dedicar nuestras vidas, nuestras fortunas y nuestro honor sagrado.

La desafortunada tendencia de disipación sin propósito de las energías y los activos de la humanidad en contracorrientes de medios y fines en la política, la religión y la economía continúa negándole a la comunidad del mundo la unidad de la libertad, la paz de la comprensión y la iluminación de la abundancia que todos deberían compartir. Las tensiones y las insatisfacciones, individuales e internacionales, tanto bien como poco conocidas, persisten; por tanto, la exigencia de que haya un renovado estudio, una previsión y una acción decisiva imbuidas de buena voluntad universal debería ser nuestra primera consideración en la causa universal por el ennoblecimiento del hombre.

La honesta valoración de oportunidades abundantes que estén a mano reafirmará que el mundo ya tiene a su disposición los elementos necesarios y suficientes para resolver sus dificultades. Por consiguiente, la única forma sensata de abordar el orden internacional y un mejor vivir es una total utilización de la matriz del presente; y esta disposición debe disipar cualquier tendencia a postergar hasta un mañana aquello que necesita atención hoy, si ese mañana ha de llegar a ser una realidad deseable.

Complicaciones políticas y económicas

El enfrentamiento directo político-militar entre los dos principales bloques ideológicos y de poder del mundo no ha disminuido en Cuba, Berlín, India, Laos y Formosa [Taiwán].* El creciente conflicto ideológico por los afectos y las acciones de los hombres está evidenciado en Asia, en los estados africanos y más especialmente en Latinoamérica. Las amenazas externas comunes y las exigencias internas han unido a ciertos grupos para apartar, hasta cierto punto, los impulsos acumulados de provincialismo, honor nacional y seguridad nacional, como es evidente en la vacilante integración económica de Europa occidental y otras zonas.

Mientras que los grandes poderes cada vez reconocen más los límites de la acción unilateral, muchos estados de África y el Lejano Oriente recién emergidos buscan con sinceridad los rutilantes laureles del estado como nación. La preocupación con la rivalidad política por parte de muchos líderes dentro de estos estados y entre ellos sustituye a las preocupaciones humanitarias más importantes sobre el cuidado a los que pasan hambre, a los acosados por la pobreza, a los pueblos enfermos e ignorantes, y ello no hace más que posponer aún más las muy retrasadas rectificaciones del desequilibrio social, político y económico. La falta de estándares adecuados de servicio público imparcial en muchas

*Aunque se han producido cambios importantes en el paisaje geopolítico con la caída del Muro de Berlín de 1990 y el surgimiento del fundamentalismo islámico en Oriente Medio, el enfrentamiento entre los bloques ideológicos continúa en el siglo XXI. *Ed.*

tierras excoloniales, nuevas y antiguas, ha dado como resultado las condiciones caóticas ilustradas tan trágicamente en el Congo. Una integración más completa de todos los ciudadanos en el cuerpo político de sus países continúa a pesar de la oposición de ciertos elementos a la verdadera igualdad ante la ley.

Los problemas demográficos complican aún más este cuadro, pues los aumentos de población se producen en las zonas menos capaces de sustentar a sus gentes de una manera adecuada. Ciertamente las doctrinas de Malthus no deben incitar el temor en el hombre, porque la Divina Providencia está lista y es capaz de dar, a través de los instrumentos de los cuerpos gobernantes del mundo, la sabiduría necesaria para afrontar cualquier problema. Solo queda que la preparación y organización de líderes receptivos se multiplique, quienes harán a un lado las consideraciones personales en interés del bienestar común.

Causa principal de la prolongación de los problemas

Extraño, por obvio que parezca, la causa principal subyacente de la continuación de la agitación que debe ser corregida universalmente en la Tierra es la actitud, demostrada por demasiado tiempo, de considerar la vida como un simple deporte de espectadores. El examen de los modos históricos revelará que las dificultades han hecho que la gente se enrede en luchas que han dado como resultado la necesidad de correcciones y reformas. Asimismo, la vida blanda de la civilización moderna ha tenido la tendencia a crear una indiferencia y un distanciamiento precisamente por parte de la gente que no solo es capaz de cambiar el mundo, sino que también son las personas cuya naturaleza las hace encajar admirablemente en la vanguardia del cambio constructivo y progresivo.

Las libertades y su conservación

En la estructura social de Occidente se han inyectado cambios significativos en la forma de vida y el pensar de los hombres a través de la Carta Magna, la transición del feudalismo al capitalismo, la revolución industrial, los tratados sobre el autogobierno y en defensa del despertar espiritual individual de los hombres durante el Renacimiento y la Reforma. Estas tendencias, que alcanzaron su máxima expresión con el derecho anglosajón, el Pacto del Mayflower, la Declaración de Independencia, la Declaración de Derechos, la Constitución de los Estados Unidos y muchos otros instrumentos para la libertad, reconocieron progresivamente el valor del individuo y sus derechos inalienables a ser gobernado no con arbitrariedad, sino con conciencia.

Los ciudadanos responsables, bien informados e inteligentes de países democráticos reconocen que la comunicación y el transporte simplificado han remodelado la interacción entre las fuerzas sociales, políticas y militares y las zonas más remotas del globo, creando así la necesidad paralela de una forma moderna de abordar la unidad y la buena voluntad mundial para conservar de manera activa las libertades logradas con tanta dificultad.

Es seguro que los bloques de poder no contemplan ceder uno ante el otro; ni el punto muerto supone un atractivo para los estados agresivos y de tendencia comunista, que ven en la expansión de sus doctrinas un fortalecimiento de los derechos progresivos del hombre. Las consideraciones científicas han solucionado muchos problemas, mientras que han aumentado otros; pero el surgimiento del humanitarismo ocurre en la minoría del pueblo, mientras que la mente de las masas multiplica la apatía con las políticas de un interés propio no iluminado de los órganos e individuos sociales, que precisamente están mejor equipados para prestar ayuda a la comunidad. A lo largo de la historia, el acento sobre la ganancia personal ha negado al mundo sus laureles victoriosos de paz y logro. Ahora es vital que la humanidad no sea despojada de las oportunidades actuales, así como de las ganancias del pasado, por parte de esos mismos desvíos sensuales.

NATURALEZA DE LA SOLUCIÓN A LOS PROBLEMAS BAJO CONSIDERACIÓN

La Mancomunidad Internacional sustituye al comunismo internacional

Es impensable que finalmente no se establezca una mancomunidad internacional, porque es el único modo adecuado de unir la autoridad bajo la ley y la administración responsable. Las actitudes inflexibles de las naciones del mundo, que prefieren mantener sus intereses e ideologías soberanas, en el pasado han preparado el terreno para la guerra. El único elemento disuasorio para evitar la guerra al que las naciones prestan atención en la actualidad parece ser la amenaza destructora por parte de las naciones que poseen la capacidad de llevar a cabo un ataque nuclear. Estoy seguro de que la democracia y la libertad deben enclaustrarse en cualquier mancomunidad internacional aceptable que quiera derivar su poder del consentimiento de los gobernados. Una base tal excluye de forma automática al comunismo y a esas dictaduras militares que niegan de hecho la libertad de expresión, la libertad de culto, la libertad de prensa y la asamblea pública del pueblo.

Para crear y fusionar una mancomunidad internacional basada en unos principios aceptables antes Dios y el hombre, hace falta el cuidado de los ciudadanos de a pie y su cooperación. Las formas realistas y prácticas del actual orden mundial deben conservarse y utilizarse como base por parte de aquellos que nos están dispuestos en absoluto a quedarse sentados con complacencia mientras los roedores obstinados del engaño, que se disfrazan de proveedores del bien, mordisquean su herencia. Tales reaccionarios con respecto al verdadero progreso siempre buscan la destrucción del derecho del hombre a exaltar y conservar sus libertades democráticas que tan difícilmente se han conseguido, junto con las reformas necesarias.

Los defensores del comunismo internacional no están dispuestos a modificar las actuales formas lícitas de gobierno a través del camino democrático y ordenado de evolución progresiva. Prefieren crear en la anarquía y, en algunos casos, incluso con métodos aparentemente civilizados y ordenados, una forma de motín mundial. Esto, independientemente de la filosofía de Lenin o Marx, se basa en una burguesía y una pseudocultura de una auténtica piratería sin el beneficio y las salvaguardas para la humanidad de la ley codificada hace siglos. Buscan literalmente esclavizar a las clases trabajadoras del mundo, prometiéndoles libertad, pero dándoles un despotismo nuevo y terrible, que, como un cáncer corrosivo de proporción creciente, sigue visible en un país tras otro en la Tierra. Así, el comunismo internacional permanece como la mayor amenaza de todos los tiempos para el hombre y la sociedad.

Una hermandad universal fomentada por una cultura de nueva era y un gobierno ejemplar

La totalidad del electorado internacional debería, por tanto, esforzarse de forma colectiva para liberar al hombre del sentimiento de que es un simple espectador en los asuntos del mundo, y fomentar las inclinaciones naturales del corazón de los hombres para llegar a ser más y más guardianes de sus hermanos. Un amor sincero y genuino hacia el prójimo engendra el interés constructivo y activo en los problemas cívicos, domésticos e internacionales y da a los hombres la fortaleza de reunir las valerosas respuestas que los ayudarán a enfrentarse a las injusticias históricas, a veces ante los maldades militantes y atrincheradas.

Las vanas consideraciones que mantienen a los hombres atados a una ronda de actividades cuyos frutos son cuestionables, deben minimizarse y sustituirse por la fundación de una cultura de nueva era. Una verdadera cultura así debería tener como meta primordial la formación en las actitudes de la gente, desde los primeros días de la infancia, del sentimiento de sentirse como en casa en un mundo compasivo en el que el propósito universal sea aligerar las cargas de los hombres y elevarlos hacia el estado de la manifestación consciente de las virtudes de su propia fe comprensiva y su realización individual. ¿Cómo puede sentirse la gente como en casa, si se encuentra en un mundo hostil?

El actual adviento del vuelo orbital tendrá un mayor significado y propósito universal para la humanidad cuando un estado más razonable de armonía entre los países y los pueblos se convierta en una realidad. Mientras que la hermandad habitualmente es defendida por la mayoría de las religiones constructivas del mundo, es esencial que una hermandad universal viva y verdadera, basada en un amor sincero del corazón, inunde todo el pensar, los sentimientos, los motivos y los actos de cada persona. Los líderes del mundo, que tienen una opinión y un análisis tan claro de gran influencia en la escena mundial, deberían exhibir una cantidad extraordinaria de cualidades ejemplares. Si ese no fuera el caso, que el hombre normal y corriente, y los que están considerados como gente fuera de lo normal, mediante el poder de la acción unida, decreten que los hombres y las mujeres más perfectas sean la autoridad gobernante en la Tierra.

Progreso del mundo mediante la honestidad del mundo

El entendimiento mutuo que no está basado en el engaño o en las réplicas engañosas aparentemente necesarias en la diplomacia internacional, debe suplantar a las medidas tácticas que han sido egoístamente justificadas. La honestidad del mundo es el bálsamo de Galaad para el progreso del mundo. Lo que los ciudadanos disciernen de esas tácticas cuestionables, incluso en su estado de casi apatía, es más que el interés que tienen en luchar con ellas. Más razón para que los hombres de buena fe sustituyan a todos quienes no se esfuercen en manifestar en la palestra de la acción correcta las soberbias cualidades del hombre de estado. La virtud en el gobierno y en la interacción social puede llegar a ser el estándar de conducta y el contrato aceptado universalmente solo si es el resultado de las exigencias inquebrantables e inflexibles de la gente por la verdad, la integridad y la justicia.

Programa educativo basado en la regla de oro

Al corregir los errores sociales empedernidos e iniciar una nueva forma de vida mejor en la pantalla en movimiento de la civilización, insto a que se establezca un nuevo programa de educación planificado con esmero para los niños del mundo. Este programa debe acentuar la actitud de *noblesse oblige,** engendrar la dignidad de uno mismo e incorporar una fe revelada con sensatez en el propósito universal, unas ideas teleológicas dispensadas de un modo muy natural a través de las múltiples religiones del mundo, con la comprensible añadidura de las inclinaciones sectarias. Que los planes de estudios escolásticos de los sistemas de educación pública del mundo pongan un mayor énfasis en la preparación y los ejercicios éticos como cortesía, como la expresión natural de la bondad y una consideración y respeto atento hacia los demás. Como regla de comportamiento en todo tipo de relaciones entre las personas y las unidades políticas, la regla de oro sigue siendo la guía para los actos positivos que infunden en la estructura moral de la sociedad la vitalidad que forma una ciudadanía responsable.

La reverencia por la vida, el alma de la religión y la ciencia aplicadas

La delincuencia juvenil y las crecientes oleadas de crimen deberían indicar a la humanidad la necesidad de considerar con más profundidad a los denominados marginados sociales y las vidas estériles que engendran en la escena mundial el desolador resultado del egoísmo excesivo, que culmina en un estado de temeridad personal. La referencia universal por la vida, allá donde se manifieste, debe derrumbar los muros del prejuicio racial, las castas, el fanatismo, el abuso político, las polaridades ideológicas y el celo religioso sin templar. La reverencia por la vida, por el hombre como su representante supremo en la Tierra, debería ser el alma de la religión y la ciencia aplicadas.

**noblesse oblige:* nobleza obliga (N. del T.)

Los motivos inferiores de conquista y control sobre aquello que nunca puede atarse (es decir, el libre albedrío del hombre) deben desaparecer ante la libertad de conciencia y la libertad del hombre de multiplicar los talentos que Dios le ha dado. Las metas comunes de la religión y la ciencia, cuando son bien entendidas como medio de elevar la moral espiritual de la gente, iluminar su conciencia y aligerar las cargas del hombre, suplantarán a sus filosofías y metodologías divergentes; por tanto, la unión de estas dos ramas del Árbol de la Vida sanará a las naciones.

EL BIEN Y EL MAL EN EL HOMBRE Y LA SOCIEDAD

La naturaleza del mal

El mal, tanto si se hace pasar por una amenaza social o una personal, no es ni universal ni real. A pesar de lo extendido, lo diabólico o insidioso que pueda parecer, es algo temporal que existe solo hasta que se lo corrige y sustituye con la virtud. El mal es error, ignorante o malicioso. El error se encuentra en los altos puestos y en los bajos, en la Iglesia y en el Estado; pero puede superarse permanentemente solo a través del establecimiento y el mantenimiento del bien en su lugar. El bien, permaneciendo sin definir, puede tener la apariencia del mal o del error simplemente porque este último parece inocuo. Asimismo, un vacío de inocuidad, de un bien improductivo, con facilidad se vuelve presa de la iniquidad manifestada.

La naturaleza del bien

Por consiguiente, para que el bien conserve la esencia de la bondad, debe estar vivo en una acción consagrada y positiva y, cuando sea necesario, debe defenderse de una manera militante. Por tanto, el carácter de la creencia correcta es la acción correcta. A medida que se cierra la distancia entre los motivos puros y las acciones nobles, los ideales y sus equivalentes pragmáticos, la unidad y la continuidad del bien desenmascarará al infame impostor cuyas mentiras siempre tienen la marca del separatismo y la falta de productividad. Por consiguiente, los efectos prácticos de la fe en Dios mundial unida deberían expresarse como un gigantesco trabajo en equipo, en el que los líderes religiosos prometan que su fe común erradicará las causas y los resultados de siglos de competencia vana y afanes divisionales.

Advertencia

¡Oh, ojalá los hombres soltaran las muletas del temor y las dudas que los atan como inválidos a las nulas opresiones de desunión ocultas en cismas intelectuales e injusticias sociales! Oh, ojalá los hombres pudieran aceptar el poder inherente de la luz Crística de la buena voluntad del mundo para penetrar en la densidad de la razón humana y resolver sus múltiples ideas refractivas en un grandioso y más poderoso concepto único, ¡igual que el sol enfocado a través de la lente de la verdad universal resplandece con una efectividad más intensa!

INTERACCIÓN DE FUERZAS EN EL HOMBRE Y LA SOCIEDAD

Yin y yang

Tal como el contraste entre la luz y la oscuridad ofrece al hombre un equilibrio diario de descanso y movimiento, en los ámbitos de la política y la religión la interacción de fuerzas puede entenderse mejor dentro del marco del principio del yin y el yang. Este concepto, relacionado con las polaridades positivas y negativas de la vida, también sirve para poner de relieve el significado de la experiencia, de la acción y la inacción, de la tesis y la antítesis, las fluctuaciones de la marea de los asuntos humanos y las corrientes individuales que determinan el movimiento de la masa mayor.

Desde el hombre de la calle hasta las organizaciones más complejas de negocios, gobierno y sociedad, los hombres sienten la necesidad de colocarse en grupos de interés de izquierda a derecha sobre una escala de actitudes a favor y en contra de los acontecimientos de la época que van teniendo lugar. En la política y la religión los hombres están dispuestos, en muchos casos ferozmente inamovibles, en posiciones fijas clasificadas como «liberales» y «conservadores». Sin embargo, en el otro extremo, el uso desenfrenado e imprudente de la libertad de elección y la evaluación desinformada de los hechos, da como resultado una fluctuación malsana a lo largo de toda la gama de la escala.

Una realidad estable a través de la síntesis de la verdad universal

Si toda la personalidad del hombre estuviera atada a una realidad estable, tendría lugar un mayor progreso a través del correcto ejercicio de la prerrogativa de elegir. Los hombres sienten la necesidad de adoptar toda una forma de pensar, simplemente porque algunos de sus elementos o la mayoría de ellos están de acuerdo con sus convicciones internas; contrariamente, con frecuencia rechazan formas de pensar por no estar de acuerdo con uno o más de sus principios. Que los hombres acepten la verdad solo por amor a la verdad y que rechacen todo lo demás. Asimismo, los hombres deben aprender a separar la personalidad de los conceptos cuando determinen el valor de la verdad, y deben abstenerse de criticar cualquier sistema religioso o filosófico simplemente porque los seguidores profesos puedan o no estar a la altura de los ideales presentados.

Cuando los ídolos de los hombres caigan debido al intento de personificar los ideales y el desencanto siga a la visión limitada, se hará bien en recordar que la organización humana es el campo de pruebas y no el estándar de esos principios supremos de la verdad, que existen de forma independiente a la comprensión parcial de los hombres o a su práctica fallida. La unidad es el medio eficaz de combatir los problemas comunes que asedian a la raza. Se necesitan personas que se atrevan a levantar el estandarte de la hermandad como símbolo de responsabilidad común, a fin de borrar las desgracias de la enfermedad, la pobreza y cualquier forma de imperfección, independientemente de su incursión en uno mismo o en el vecino. La objetividad, por tanto, es la puerta abierta hacia la paz y la victoria en una «verdad mundial» manifestada como estabilidad divina.

Tal como mucho de lo bueno que existe en distintas doctrinas también se encuentra en muchas facetas de expresión según la modalidad de la época, en el caso de Marx y Lenin y todo el entramado comunista, mucho de lo bueno que ahí se formula no existe exclusivamente en ese sistema. Más bien está incluido en la forma de vida cristiana y democrática. La patente adulteración de la verdad esencial mediante el materialismo dialectico, sin embargo, convierte al comunismo, como un patrón para la evolución individual o nacional, en algo totalmente inaceptable para los de corazón honesto.

Los Estados Unidos y otras democracias ya han adaptado algunas ideas progresistas de origen comunista, como se lo denomina, con sistemas de prestaciones sociales, seguridad social y subvenciones federales de la vivienda, autovías y proyectos interestatales, como el Tennessee Valley Authority, todo ello mantenido por el Estado. Asimismo, los Estados comunistas, a pesar de su declarada oposición a la democracia, son susceptibles a los vientos frescos de la libertad a través de la educación en masa según la capacidad de las personas, que a lo largo de la historia ha supuesto el principio de la emancipación del pueblo. La síntesis de los elementos de sistemas opuestos es la adaptación de la verdad universal, allá donde esta se encuentre, a las exigencias sociales actuales; y esto nunca se debe malinterpretar como un compromiso o una convivencia pacífica con el error.

El amor disciplinado y el discernimiento divino ajustan los desequilibrios

Recuérdese que los comunistas de todo el mundo, así como el pueblo ruso, con toda su impasible devoción al servicio, son víctimas del horror internacional del comunismo tanto como cualquiera. Y deben ser amados por su humanidad básica en vez de ser despreciados por sus adoctrinamientos y fervor mal dirigido. Por tanto, hay que utilizar el amor de forma activa para crear una cuna de comprensión que evite el desequilibrio del yin y el yang de los sentimientos alternos de repugnancia y exultación. Con el calmado instrumento de medir de una mente y un corazón disciplinados, los hombres deben sopesar los aspectos de la vida a la derecha y la izquierda sin que las fuerzas perturbadoras los afecten, emocional o mentalmente.

La relación áurea de la verdad pura encarnada en las palabras, «actúa con los demás como quisieras que actuaran contigo», es una expresión mucho más comprensible y elocuente de la ley justa que el sistema sociológico o filosófico más complejo. La correcta comprensión del tema de las circunstancias externas es que el yin y el yang son solo aspectos de la ley total en manifestación y que, como tales, estos aspectos no son ni buenos ni malos, dependiendo de una calificación tal de si la idea que se propone es apropiada y adecuada para satisfacer los propósitos del orden mundial.

El estado actual del mundo en la política de poder, la filosofía e incluso la religión, ha creado una vorágine o un dilema crucial agitado y emocional al que se espera que el individuo responda con un compromiso manifiesto hacia un lado u otro. En realidad, el hombre debe expresar el equilibrio del discernimiento divino con el cual, en un estado natural y fluido de libre albedrío, pueda seleccionar, preseleccionar y, si fuera necesario, rechazar cualquier secuencia de ideas o cualquier sistema acreditado que sea incompatible con la ley de su ser, con la verdadera felicidad o con la guía interior.

Esta libertad, que jamás ha de ser cedida, nosotros la afirmamos como más importante que las circunstancias externas y temporales. Igual que Esaú vendió su derecho de nacimiento por un plato de potaje, los hombres hambrientos están siendo congregados en el campo del comunismo mientras que la religión organizada se mantiene aparte defendiendo los santos principios, pero ausentándose con frecuencia del encuentro activo con la misma apatía que ha adormecido sus corazones amantes de la libertad. Así, la canción de cuna de descuido de los hombres es responsable de este peligroso estatus quo de carencia.

MODELO PARA LA ERA DE ORO

Orden y perfección

De los fuegos de la idea de perfección mundial y de los escombros de una civilización yin y yang anticuada y descartada (presenciada por dos fuerzas aparentemente opuestas) se levantará el ave fénix de la civilización de la era de oro. Las tesis y las antítesis de las posiciones y oposiciones de derecha e izquierda se resolverán en la síntesis de la integración e interacción equilibrada de los talentos individuales del hombre con los de toda la comunidad.

Liberación acelerada, comunión de corazones

Un ritmo acelerado de liberación para toda la humanidad debería impartir ahora ese impulso divino que devuelve la armonía natural a las esferas exteriores de la familia de naciones al restablecer una profunda línea de comunicación interior entre los corazones de todo el mundo. Una comunión así es tan completa que no deja espacio para el separatismo, sino que convierte la búsqueda común de la perfección en una ley científica de la precisión más pura definida por la demostración de la acción unida, regida por una integridad universal feroz e inflexible.

Una vida, un cuerpo

Los cristianos, otros religionarios y no religionarios, deben deshacerse de las cargas de la indiferencia y la inercia allá donde estas impidan el libre flujo de energías espirituales tan necesarias para revitalizar el mundo democrático. El estancamiento de la autosatisfacción es lo que ha hecho que los sentidos adormecidos de la sociedad consideren aceptables los estados de hambruna, ignorancia, sufrimiento y enfermedad que existen al lado de la abundancia y la oportunidad.

Las injusticias sociales deben abolirse de una vez por todas mediante cuidados inteligentes y llenos de amor, dados gratuitamente a todas las partes del cuerpo mundial con la compasión que sabe que la totalidad no puede sanarse cuando uno de sus miembros no recibe ayuda. ¿No declaró el maestro Jesús la ley suprema de la hermandad universal basada en la unidad inherente de toda la vida cuando dijo: «En cuanto lo hicisteis a uno de estos mis hermanos más pequeños, a mí lo hicisteis»?

Conservación pragmática de la energía

Ahora es el momento. A menos que los ciudadanos den un paso al frente con prontitud para satisfacer las necesidades de los demás (educativa, espiritual y económicamente), las libertades que existen actualmente pueden perderse para la posteridad debido al Moloch de la avaricia humana. Entonces se exigiría a todos los miembros del cuerpo mundial el precio de la apatía y el autoengaño, que incluye a las comunidades religiosas libres.

Las energías de los líderes del mundo ya están suficientemente forzadas, es cierto. Por otro lado, el conflicto de intereses entre los países y los pueblos, en las organizaciones de negocios, los sistemas políticos en incluso entre las instituciones religiosas y culturales —la competencia misma— es tan marcado ¡que utiliza aproximadamente el 50 por ciento de la energía constructiva del mundo! Si esa energía y el potencial que representa se reencauzara hacia la balanza de lo bueno y la justicia para equilibrar los asuntos del mundo, los males se curarían en vez de padecerse, como es el caso actualmente.

LOS MALES SOCIALES Y SUS CURAS

El engaño en los negocios corregido a través de la ley de los retornos

Entre los problemas más graves del mundo de los negocios en la actualidad está la creciente tendencia de producir intencionadamente productos inferiores para hacer que se repita la demanda. El conocimiento de ingeniería se ha utilizado para estafar al consumidor, no solo privándole de los productos superiores que es capaz de producir, sino también de los beneficios de un aumento de las horas de ocio que habría a raíz de la fabricación y distribución de bienes hechos con el objetivo de que pasen la prueba de la excelencia. En vez de asumir la creciente responsabilidad que acompaña al creciente conocimiento, el hombre ha presumido de poseer la ley superior y los valiosos dones de sabiduría para aventajar al público y llenar sus bolsillos.

La invención y las destrezas científicas deberían utilizarse de la forma más efectiva para el bienestar general de la humanidad, en vez de suprimirse por intereses económicos competitivos. Puede que los abusos del trabajo infantil en los molinos de algodón de Inglaterra hayan cesado hace mucho tiempo, pero gran parte del mundo sigue viviendo en la zona gris del esfuerzo trivial. Que el mundo se libere de los afanes innecesarios aprovechando sus recursos científicos para satisfacer las necesidades de la humanidad. La ropa, la maquinaria y otros bienes denominados duraderos deberían fabricarse con el fin de que se utilicen no a un grado mínimo, sino más bien a un grado máximo de servicio.

Los mercaderes de Babilonia, con deshonra, han saqueado a la gente del mundo al abortar el propósito divino, ignorando la ley universal de la atracción afín. Han cerrado los ojos ante la verdad de que todo bien hecho a la vida regresa al que lo hizo. ¡Si los hombres no están motivados por una humanidad esencial, deberían al menos dar sus respetos a esta ley irrevocable en base a un interés propio iluminado!

La ley natural corrige los abusos impuestos a la vida

El cataclismo a escala planetaria se ha impedido más de una vez gracias al poder del amor divino expresado a través de los líderes espirituales del mundo y la gran fuerza de la oración que reúnen. La humanidad tiene una deuda continua de gratitud con los verdaderos protectores de la raza, cuyas incesantes oraciones han intercedido por ella. ¡Gente de la Tierra, esto no puede continuar para siempre! La ley natural exigirá una responsabilidad individual por las distorsiones impuestas a la Tierra.

Cuando las personas no responden a las leyes de Dios mediante los procesos ordenados de los amables cuidados del amor, ponen en movimiento el único método alternativo con el que la naturaleza puede corregir esos abusos. Entonces, la ley natural obra a través del desastre, los incendios, las inundaciones y las epidemias masivas mientras la Tierra deshace con convulsiones las creaciones pervertidas de los hombres a fin de que la imagen más noble pueda volver a aparecer. Lo decimos llanamente: ¡la Ley prefiere el modo más suave!

La herencia divina preservada por la buena voluntad mundial

Hombres y mujeres de este bendito planeta, debéis levantaros en un esfuerzo unido para deshaceros de las cadenas de la violencia, la guerra, la avaricia, la publicidad engañosa, las costumbres dañinas ¡y el deseo insaciable de tener basura como entretenimiento! Sustituid estos saqueadores de vuestra herencia divina con las prácticas espirituales y culturales que expandan para el alma individual un estado más permanente de felicidad como resultado de nuevos horizontes de verdad y maravillosas revelaciones sobre el ser total de cada individuo y su sitio en el orden universal.

El crimen disminuirá en proporción directa a la aplicación imparcial de una preparación cultural y religiosa apropiada a través de las amplias redes de sistemas de comunicación del mundo. No hay excusa para la ignorancia o la inmoralidad en los Estados Unidos, donde el drama y la instrucción sobre los elevados conceptos de integridad y justicia pueden ser llevados a la más humilde cabaña a través de la radio y la televisión.

Debido a que el individuo y la familia están vinculados al Estado y debido a que la seguridad personal tiene una gran importancia para el individuo, es esencial que la integridad personal sea el ejemplo constante a nivel base como estándar para los funcionarios públicos en todos los niveles del Gobierno. Los ministros que ocupan cargos públicos deben mantener la fe en la gente y ayudar así a que la gente mantenga la fe en ellos.

La mayoría de los problemas se centran en el mercado de las necesidades básicas de la vida. Por tanto, dad conocimiento, pan y oportunidad a todos, y fortaleced así la mayoría de las prevenciones naturales para la guerra y el comunismo. Reducida a su expresión más simple, la fórmula para la buena voluntad y la felicidad en el mundo es esta: Alimentad a los que tienen hambre, enseñad a los ignorantes y amad a la gente de todo el mundo como os amáis a vosotros mismos. Patrocinad esta unidad de buena voluntad y la Tierra prosperará.

EL PODER CONGRACIADOR DE LA ESPIRITUALIDAD REVITALIZADA

La aplicación de la religión en la política

La aplicación de la verdadera religión en la política del mundo libre es la defensa más fuerte que cualquier país pueda poseer, y lo afirmo a pesar del tópico de que la religión y la política no deben mezclarse. ¡Mezcladlas! Pero mezcladlas bien, y que tanto la religión como la política estén por encima de la mediocridad de la mezquindad y los bandos, dedicadas en cambio a la honestidad, la unidad y el bienestar común. Yo, por tanto, defiendo, como solución a los problemas del mundo de guerra y paz, el poder congraciador de la espiritualidad revitalizada, independientemente de las distintas ramas y el número de grupos religiosos que participen (preferiblemente todos), pues esta acción no puede exagerarse.

La espiritualidad universal excluye la religión competitiva

Hasta el momento, los intentos de infundir en las Iglesias nueva vida solo se han hecho a medias o se han adulterado con banalidades y con una inercial parcial. La propia dimensión de la espiritualidad universal excluye la competición entre sectas en busca de la atención y lealtad de la gente. Contrariamente a la creencia popular, con frecuencia arraigada en el temor en vez de estarlo en la fe iluminada, la fuerza y vitalidad de la Iglesia no yace en la cantidad de fieles que tenga, sino en la pureza de corazón, mente y propósito. Allá donde la vida y la conciencia están consagradas a la sanación y las buenas obras, fortalecidas por la contemplación sagrada, ahí está el lugar preparado para recibir a las poderosas corrientes de poder espiritual que pueden movilizarse para la salvación de ciudades, países y continentes.

La pureza determina el equilibrio espiritual de poder

Así pueden unos pocos individuos dedicados y altruistas marcar la diferencia en el equilibrio espiritual de poder de todo el planeta, independientemente del edificio religioso en particular que puedan o no ocupar; porque Dios ha plantado sus semillas en las ruinas antiguas y en los jardines que florecen para que todos sean bendecidos con la abundancia de toda buena dádiva y todo don perfecto. Que Dios no hace acepción de personas o sistemas es algo que dejan patente los santos en el cielo, que han surgido en todas las épocas y de todas las procedencias bajo el estandarte común de la caridad, cuyo principio es la lealtad suprema a esa vida que es Dios y a ese Dios que es amor en acción.

Lazos de servicio común

Hombres y naciones han demostrado su capacidad de unirse en el campo de batalla ante un peligro común durante tiempos de guerra y crisis. Que demuestren ahora su capacidad en los campos dorados de grano maduro de una cosecha espiritual que espera voluntarios que renieguen de la división doctrinal en favor de las metas inmediatas de la libertad y la hermandad universal. Y que ni se limpien el sudor de la frente hasta que los derechos inalienables de todos los hombres, las mujeres y los niños estén asegurados a través de la ley y la justicia imparcial que defiende «la vida, la libertad y la búsqueda de la felicidad».

Que entonces y solo entonces se atreva el hombre a detenerse a considerar si su hermano está de acuerdo con su credo personal. Entonces y solo entonces los hombres verán que estaban de acuerdo todo el tiempo. Los lazos del servicio común son más fuertes que las líneas divisionarias de interpretaciones doctrinales o casuísticas prolijas. La profecía de Isaías: «y volverán sus espadas en rejas de arado, y sus lanzas en hoces; no alzará espada nación contra nación, ni se adiestrarán más para la guerra», se cumplirá cuando los hombres mantengan los ojos sobre el propósito universal de un mundo, poniendo a un lado las metas menores por el bien de la totalidad.

Que los participantes de cualquier conferencia ecuménica próxima se tomen a pecho esta verdad como su estrella de Belén, cuya brillante promesa, tan magnífica, hace que la vacilación con respecto a los objetivos inferiores sea impensable. Cuando se logre la hermandad del hombre, la resolución de disputas sobre principios doctrinales parecerá menos urgente. Cualquier decisión que destruya la armonía entre vecinos o países es indigna del hombre y no representativa de la voluntad de Dios en la Tierra. El sabio poeta observó inteligentemente: «El hombre, como la hierba son sus días, florece como la flor del campo». La vida del hombre está eternamente encerrada en el corazón del Creador, pero su viaje en la Tierra está enmarcado en el reino temporal de las horas y los años. Por tanto, haga el hombre uso pleno de esa breve oportunidad de exteriorizar la Ciudad de Dios entre los hijos de los hombres y, al hacerlo, encuentre para sí mismo una recompensa justa en una de las muchas moradas del Padre a través de la vida eterna. Cuando el concepto del bienestar común se adopte con sinceridad, el canto angélico: «gloria a Dios en las alturas, y en la tierra paz, buena voluntad para con los hombres», estará en boca de todos como testimonio a la verdad vida y al amor fraternal.

En religión como en política, la actitud del deporte de espectadores sustituye lo que debería ser una inmersión total en las realidades permanentes de la vida. Lo que se necesita es que los hombres se llenen de un mayor sentimiento de participación en la buena voluntad del mundo. Este sentimiento de buena voluntad mundial debe expresarse naturalmente, como suele hacer, con una concordia universal más profunda superior a una aparente falta de unidad universal.

EFICACIA DOCUMENTAL

Mientras que algunos hombres aseveran que la documentación es ineficaz, los muchos instrumentos exitosos de la libertad atestiguan no solo el gran alcance de su influencia, sino también la necesidad que hay de tales documentos. En períodos cruciales a lo largo de la historia, estos han servido para concentrar la atención en los ideales nobles que han llevado a los países hacia adelante cuando, sin una visión así, el pueblo se habría arruinado.

Por tanto, promulgo esta encíclica precisamente con esa visión de victoria Divina en mente. Confío en que se traduzca con honradez y exactitud y se distribuya por todo el mundo; porque el bien que contiene se derrama del corazón de los miembros del Consejo de Darjeeling, cuyos pensamientos están literalmente cargados de buena voluntad y devoción por la liberación de la humanidad de toda forma de tiranía.

Que nadie albergue la desalentadora inferencia de que, debido a que no se han remediado los abusos en el pasado, no se pueden remediar ahora o que este documento no puede ser eficaz. Si millones de personas respetan e implementan el núcleo de su intención, este bien puede posibilitar un mandato universal de acción correcta hasta que, como una bola de nieve que baja por los montes del Himalaya, la fuerza magnética de tal acción correcta, impregnada de la vitalidad del amor divino, reúna suficiente impulso acumulado para producir una avalancha de progreso para el mundo entero. Esa es nuestra esperanza.

Con respeto y amor entrego el siguiente programa como pasos prácticos para efectuar las ideas que he expresado. Si a estas ideas se las deja echar raíces y se las llena de propósito en los próximos días, afectarán grandemente al curso de acontecimientos naturales, promoverán la tranquilidad y establecerán un gran afecto entre los corazones.

PROGRAMA DE NUEVE PUNTOS

1

Ciudadanía y responsabilidad internacional a través de la educación

Delinear un programa educativo que encarne los principios de ciudadanía internacional, al destacar la importancia de una amplia perspectiva mundial desde la más pronta infancia, a lograrse mediante la experiencia libre de costumbres, folclore y lenguas de una variedad de países y culturas. Esta actitud, en vez de destruir la lealtad al país natal, dará a los niños la capacidad de comparar su modo de vida con el de niños de otras tierras, al desarrollar así una mayor apreciación por su propio patrimonio mientras disfrutan de las alegrías de otros pueblos. Buscar ampliar los límites de los afectos de los niños sin preocuparse por que se produzca una enajenación de esos afectos a través de la exposición a nuevas ideas y nuevos modos de vida.

Que los diseñadores de políticas educativas más importantes del mundo, los maestros y todos los adultos interesados en el futuro de la juventud y el país analicen este boceto. Que este programa sea considerado en los comités internacionales, las agencias nacionales y las juntas escolares locales y organizaciones religiosas. Y que todo ciudadano responsable asuma el deber de ofrecer una mayor comprensión de la vida y sus propósitos vitales a través de una concienciación internacional hacia pocos o muchos jóvenes que pueda encontrar a diario en su esfera de influencia.

Entiendan todos su responsabilidad hacia otros países tal como aceptan su responsabilidad hacia su país y los miembros de su familia. Desarrollar la costumbre de preocuparse por los problemas indígenas de otros países y de trabajar por su solución con tanta sinceridad como si fueran asuntos del hogar o el clan propio. Enseñar a los niños a rezar no solo por los compañeros de juegos, a cuyos conocidos rostros saludan cada día, sino también por otros millones de niños a quienes no conocen. Y, sobre todo, enseñarles que sus oraciones reciben una respuesta que afecta a muchos tan eficazmente como a pocos.

2

Expresión individual mediante ensayos sobre integridad

Que los grupos cívicos, religiosos y culturales patrocinen competiciones por los mejores ensayos sobre: «Por qué la integridad es esencial para la buena voluntad en el mundo». Que los mejores frutos de estos esfuerzos se publiquen en una serie de artículos para después convertirse permanentemente en parte del patrimonio literario del mundo. El propósito de estos escritos será el de crear un nuevo clima moral en el que ni el comunismo ni la avaricia ni los motivos inducidos por el ego puedan tener cabida. Los hombres y las mujeres que decidan añadir a los archivos de la sabiduría de la Tierra una tabla que tenga inscrita una defensa de la virtud y la verdad, ciertamente merecerán el honor del cielo.

3

Una conciencia universal a través de una participación universal en los asuntos actuales del mundo

Que toda organización receptiva constituya ipso facto un cuerpo para la buena voluntad y una mesa redonda de la paz, permitiendo que en cada reunión haya una discusión constructiva, una investigación y un análisis de las causas principales de la actual falta de armonía en el mundo. Que cada grupo presente sus soluciones y resoluciones conjuntas a sus representantes en los foros internacionales, así como en sus Gobiernos nacionales, estatales y municipales, dependiendo de la naturaleza del problema que se hayan propuesto explorar. Esta ayuda añadirá la presión de muchas mentes constructivas a las que ocupan cargos responsables de dar forma y llevar a cabo las políticas de gran consecuencia. Así se creará en los asuntos del mundo una enorme ola del poder del pensamiento, constructivo e iluminador, que apoyará la evolución de las personas participantes tanto como beneficiará a los distintos cuerpos gobernantes.

La participación en masa en los asuntos políticos y culturales fue la base de la gloria de las ciudades-estado de Grecia. Su caída fue causada por la desunión y la rivalidad. Si esto último pudiera eliminarse y lo anterior restablecerse, el mundo vería el alba de una era de oro incomparable en la historia escrita. Esto es conciencia universal en acción.

4

Fe unida a través de la acción unida

Que sus comités directivos, en todas las próximas conferencias ecuménicas y religiosas, sublimen las doctrinas personales menos importantes y enfaticen aquellos principios de fe de acuerdo universal. Que determinen, en interés de la armonía mundial, sacrificar, si fuera necesario, alguna medida que aporte ventajas organizativas a fin de implementar programas de buena voluntad, que ya se deberían haber implementado hace tiempo, que unan los corazones de los fieles en todas partes en los lazos fortalecedores del servicio.

Que tales conferencias estén fundadas en el propósito de descubrir y poner en acción actividades humanitarias conjuntas para elevar los estándares de vida e inculcar una apreciación cultural más amplia y una imitación de la vida y la obra de los muchos avatares, santos y profetas que han honrado a la Tierra. Los hombres bien pueden permitirse una postergación del acuerdo doctrinal hasta que, a través del bautismo del servicio ordenado, se reúnan en acuerdo cara a cara con el conocimiento de la verdadera ley de la vida y su aplicación en la resolución de las dificultades humanas.

5

Ciudadanía del mundo a través de programas de intercambio cultural

Al reconocer que el único aplacamiento verdadero es el sentimiento de amor fraternal, que tal amor sea alimentado mediante una continua expansión de todos los programas de intercambio cultural entre países. Que estos programas estén dirigidos a los jóvenes del mundo y hagan que su participación sea, de alguna forma, parte de sus planes de estudios obligatorios.

Establecer una agencia internacional para coordinar el libre intercambio de jóvenes en escuelas, universidades y situaciones de trabajo en todo el globo. Que los estudiantes en masa aprendan a estudiar, a trabajar y a jugar con sus equivalentes en el extranjero y ser, a través de asociaciones con muchas clases de personas, ciudadanos del mundo que se sientan como en casa en París, en Calcuta, en Tokio, en Sídney, en Buenos Aires o en Los Ángeles.

Que esos intercambios también tengan lugar a nivel profesional con una cooperación en los campos de la ciencia y las lenguas universales de la música, el arte y el buen teatro. Las tendencias que ya funcionan en este sentido deberían fortalecerse mediante una mayor ayuda financiera de los gobiernos nacionales, así como de fundaciones privadas, para dar una oportunidad más plena a millones de personas que nunca se han aventurado más allá de su mundo más cercano.

6

Los males sociales se atacan mediante el examen de los sistemas monetarios

Que los sistemas monetarios del mundo se sometan a un mayor escrutinio. La utilización del dinero es actualmente un mal necesario y, por tanto, debería estar sometido al examen bajo microscopio de la atención concentrada del hombre a fin de determinar dónde impide la expresión de una civilización más perfecta en la Tierra.

Durante la preparación de esta encíclica realicé una investigación tal y descubrí que los sistemas financieros del mundo son de una naturaleza que casi desafían cualquier investigación, especialmente en lo que concierne a los efectos de gran alcance que estos sistemas tienen en los asuntos humanos. Al descubrir una gran cantidad de causas y efectos a este respecto, descubrí con los hechos que, de revelarse estos asuntos en su totalidad, se provocaría una confusión tal que por el momento es mejor omitirlos. Por tanto, recomiendo que la humanidad, que ha creado estas circunstancias, muerda poco a poco tantos pedazos como pueda del rompecabezas económico según pueda digerir adecuadamente, al corregir sus males con tanta rapidez como sea posible, terminando así con la raíz que causa la mayoría de los demás males sociales y morales en la Tierra. ¡Hombres de buena voluntad, aceptad el desafío!

7

El rápido ajuste de las injusticias civiles a través del Defensor del Pueblo

Los juzgados de cada país en general están atrasados en sus audiencias e investigaciones, haciendo en muchos casos casi imposible el logro de una justicia rápida y, por tanto, desalentando la rectificación judicial. El sistema que hace uso del Defensor del Pueblo* en los países escandinavos cumple el propósito de aliviar mucha de esta aflicción y otros males burocráticos. El Defensor del Pueblo es un comisionado parlamentario especial, nombrado para que cumpla un período específico en su cargo. Recibe las quejas de los ciudadanos agraviados por alguna acción oficial o judicial y tiene plenos poderes para investigar y, cuando sea

**Ombudsman.* (N. del T.)

necesario, buscar ayuda legal o legislativa directa.

Un centro de ayuda tal para recibir quejas no solo reconcilia a los ciudadanos con el Gobierno, sino que también evita que los funcionarios reciban ataques inmerecidos y acciones arbitrarias en sus departamentos por parte de sus superiores. Esto es una aplicación de la libertad que todos los países deberían examinar e instituir dentro del marco de sus sistemas de gobierno como válvula de escape y como medio de acción directa para impedir que la tiranía y la tragedia se asienten mientras las ruedas de la justicia continúan girando lenta y dolorosamente con el paso de los años.

8

Igualdad universal ante la ley a través del sistema de defensor público

Las historias de hombres inocentes ejecutados por crímenes que no cometieron han acosado la conciencia de todo juez y todo miembro del jurado honesto, y ha sido un tema de muchos cuentos. La expansión de la población y la acumulación de gente en las ciudades y en el campo formando una numerosísima multitud, no ha hecho que disminuya la posibilidad del fracaso de la justicia a través de canales humanos, a pesar del cuidado que se ponga en tamizar las cenizas de la verdad.

La pobreza y la incertidumbre continúan asolando a muchos que son honestos pero pobres, y el uso del sistema del defensor público debería introducirse de forma generalizada y proclamarse de manera universal. El ámbito de un buen gobierno en todas partes debe ofrecer un abogado de oficio dedicado a la defensa honesta del acusado y a asegurar que este tenga todos los derechos que le correspondan bajo la ley. Esta función del Gobierno es un fundamento vital para asegurar los derechos de la libertad, la vida y la felicidad para todos.

9

Lema de la buena voluntad universal: «YO SOY el guardián de mi hermano»

Mi novena y última recomendación es personal, e insto a que sea considerada de forma generalizada por personas, así como organizaciones, especialmente aquellas cuyos estatutos y propósitos les permitan servir y crear un mundo mejor.

Vuestra vida es una puerta hacia la Realidad, que con demasiada frecuencia está cerrada por el equívoco. Las mayoría de las barreras entre el individuo y la comprensión correcta tienen su origen en la imitación de pensamientos o acciones de otra persona. Los que son inteligentes y observadores querrán tamizar las cenizas del pensamiento y sentimiento humano para extraer el valioso tesoro de esos conceptos inmortales de los que la gente debe aprender a disfrutar debido a su valía interior. Contrariamente, los hombres deben comprender que, a través de las costumbres, han aprendido muchas cosas que en realidad son falsas. Debéis desaprender esto si vuestro sentido de los valores ha de reflejar esa nobleza que es vuestro derecho de nacimiento. La astronomía acabará revelando que existen mundos sin fin en una infinitud tan dilatada, que desafía la comprensión humana.

La humanidad, al obrar como lo hace en un mundo tridimensional, debe esforzarse por ser maestra de sí misma en el mundo del presente y, sobre todo, asegurarse el control emocional que evitará que sea presa de toda forma falsa de dominio. Mediante el poder de la libertad el mundo entero superará las ideas erróneas y hará evolucionar para cada persona un concepto de belleza de tales dimensiones como para hacer que todos sean armoniosos dentro de la sociedad mundial diversificada, al crear una sociedad que esté en armonía con el individuo.

La clave universal buscada por todas las religiones ha de hallarse en un amor comprensivo que no solo tolera el progreso en otra persona, sino que lo anima. Por tanto, que todos, con un espíritu de compasión y libertad, sigan siendo guardianes de sus hermanos.

DESPEDIDA

Para terminar, quisiera enfatizar que ni los elementos de la sociedad del mundo de la derecha ni los de la izquierda, ni los elementos religiosos ortodoxos ni los no ortodoxos, poseen en manifestación evidente la solución total para la totalidad de los problemas del mundo; sin embargo, en muchas facetas de sus ideas y doctrinas, prometen un gran bien y una gran iluminación para los hombres.

Ninguna promesa puede cumplirse, sin embargo, a no ser que la fe en la promesa esté activa en la vida de quienes profesan creer en ella. Respeto el derecho de todo hombre o toda organización a pensar que tiene la solución para los males del mundo, ya sea en doctrina o en autoridad. No quiero influir en la voluntad humana, pero ruego por que el favor de Dios Todopoderoso interceda con su voluntad divina y su comprensión suprema en la mente y el corazón de todos.

Con los hilos de una unidad tolerante se puede tejer una unión permanente y universal. Para hacer esto bien, inteligente e inmediatamente, ha de reconocerse que la fe, que la unidad puede lograr es necesaria, empezando por la bendita buena voluntad internacional, que convoca a partir de la confusión de la divergencia elemental, la claridad que invoca la acción correcta.

Que el amor —el amor espiritual que ni disimula ni decepciona los anhelos de la humanidad— se expanda en cada vida hasta que se manifieste ese grado de comprensión universal que, aunque todavía no más que una pequeña parte de la mente de Dios, pueda generar y regenerar en la tierra suficiente de aquello de lo que están hechos ¡los sueños de la era de oro!

Atentamente, YO SOY por gracia de Dios,

EL MORYA

9 de abril de 1963
MLP

26

«Ahora os pronuncio uno con Dios»

Os traigo saludos de la Hermandad de Darjeeling. Esta noche os envolví mientras sonaba esta música con la llama inmortal de la buena voluntad, a la que vuestro corazón está tan dedicado. Y esta noche deseo daros a conocer las maravillas del amor inmortal que se manifiesta en la llama de la buena voluntad.

A la humanidad le ha parecido que el azote kármico ha sido de lo más severo, y encuentro a gente rebelándose constantemente por la necesidad que tiene de corregir. Estuve observando durante el período en el que se hicieron comentarios sobre mi personalidad como Sir Tomás Moro. Amados, aunque no defiendo en esta época ninguna cualidad específica de la flagelación, sí defiendo la necesaria autocorrección, que hará de todo hombre un hombre de Dios. Sí defiendo, tanto si las personas están encarnadas en un cuerpo masculino como femenino, aquellas disciplinas del Espíritu calculadas para evocar un lustre sobre la conciencia inmortal del alma, que se manifiesta en esa expresión específica de divinidad.

Moisés declaró a los hijos de Israel: «He aquí, vosotros sois dioses».[1] A vosotros hoy os digo, como él les declaró, no solo sois de Dios en el sentido de que le pertenecéis, sino que también sois dioses con todo el impulso acumulado de un ser divino. Sois divinos; no hay ninguna otra interpretación posible para la vida. Y al escuchar los murmullos de vuestro corazón, no puedo más que sentir que estáis vivos, y en ese latido siento una ola de amor divino derramada hacia mí esta noche. Y, por tanto, siento que quizá mi austeridad no os ofenderá demasiado, sino que decidáis aceptar la verdad por amor a la verdad, amar y honrar a Dios por amor a Dios y ser honestos con hombres y mujeres en una época en la que esta circunstancia no recibe demasiada popularidad.

Os traigo la deslumbrante luz de la honestidad espiritual

Amados, el deseo que tienen los hombres de hacer amigos e influir en la gente ha hecho que busquen el consejo humano, cuando bien podrían haber descubierto cómo hacer amigos en el cielo e influir en esos magistrados espirituales que solo pueden examinar el registro con ojos imparciales y anotar en él cada cualidad de servicio que los individuos han realizado por la luz cósmica que nunca falla, que ha iluminado los rincones de la existencia para millones de personas. Hoy día, las personas con frecuencia se sienten importantes, con lo cual no se ganan el favor en las dependencias celestiales. El Ser Divino no ha de ser considerado en el sentido humano; no hace falta que busquéis el favor de Dios de la forma en la que un ser humano pretende el favor de otro ser humano. El favor divino se concede cuando hay una aceptación de la confortable voluntad de Dios como la cualidad radiante de vuestra corriente de vida.

Ahora, amados, en el santo nombre de la Verdad presentada de una manera cristalina, ¿cómo podría ser de otra forma? Si se os presenta un prisma cristalino, como os dijo esta tarde la Diosa de la Luz, este solo puede dividir los rayos de luz puros en los colores complementarios que componen el espectro. La Verdad, amados, solo Dios puede presentarla a la humanidad. Porque Dios es Verdad. Las distorsiones que se producen en el vidrio de la percepción humana solo producen confusión para aquellas corrientes de vida desencaminadas así, sin jamás hacer que sus pasos encuentren el sendero correcto.

El sendero correcto es en realidad un sendero fácil. Para nosotros es el más fácil de todos, pues representa una manifestación constante de buena voluntad. Si una cualidad no supera la prueba suprema de la buena voluntad, rechazadla. Si no podéis encontrar en una idea específica que hayáis encarnado por mucho tiempo la cualidad de la buena voluntad hacia vuestro prójimo, es humana: rechazadla. Si las cualidades que expreséis o probéis hacen que encontréis un amor más grande por Dios y el hombre, sabréis que estáis yendo por el buen camino.

En una época en la que la hipocresía esta desenfrenada, cuando la humanidad con demasiada frecuencia siente la necesidad de practicar el engaño, yo os traigo la deslumbrante luz de la honestidad espiritual. Nunca he querido engañar a los estudiantes de esta actividad ni de ninguna otra en la que he estado involucrado. He hablado sin temor y sin un deseo de buscar simpatías, incluso de aquellos chelas en los que las habría invocado de haber sido más afable según sus propias ideas. Pero he deseado expresarles aquellas cualidades específicas que sabía los conducirían hacia su consecución Crística, una manifestación de su victoria y el servicio a la humanidad. Mis hermanos han hecho lo mismo. Todos nosotros, si habéis escuchado nuestras palabras, hemos querido iluminaros acerca de la verdad inmortal del ser.

Deseamos la solución de los problemas del mundo

Como Jefe del Consejo de Darjeeling, título que ostento, esta noche decido poner mis energías en este campo energético creado aquí, en Washington. Comprenderéis que este es un gesto formado en interés de la libertad y con el fin de crear un instrumento de libertad para toda la humanidad.

Hoy el mundo se encuentra en un estado de conflicto e inquietud. Existen muchas situaciones cruciales en el mundo de la política y la religión, situaciones de gran tensión. Los temores están incontrolados en ciertas zonas y esto se debe a que la humanidad ha olvidado su Origen. Nosotros deseamos el alivio de todos esos temores, la liberación de todas esas tensiones, la corrección y solución de todos esos problemas.

Desafortunadamente, aunque en muchos casos hemos logrado la cooperación del Santo Ser Crístico de algunos líderes de países, con lo cual esas personas fueron llevadas a nuestro retiro en Darjeeling para que recibieran un curso especial de enseñanza relativo a la administración del gobierno en el nombre de la verdad y la justicia, esas personas, al regresar a su cuerpo físico, no siempre han llevado a cabo esos edictos y sugerencias que los hermanos de Darjeeling con tanta claridad les han comunicado a niveles internos. Desgraciadamente, algunos estudiantes tampoco lo han hecho y, por tanto, las circunstancias de deterioro permanecen.

Vuestro decretos deben ser intensos y específicos

Consideramos que existe con mucha frecuencia un estado estático en muchos asuntos de gobierno. Me refiero específicamente al asunto de una prohibición de pruebas nucleares, que desde algún tiempo todo el mundo quiere evitar en el campo de la política. A la humanidad de la Tierra le parecería como si nadie la quiere. Sin embargo, debido a los decretos de los estudiantes, no pueden dejar de celebrar conferencias, porque los estudiantes han exigido que se prohíban las pruebas nucleares y la Gran Ley ha actuado. Y nadie puede comprender por qué continúan esas reuniones en consejo, viendo que no hay a la vista posibilidad de solución. Pero, amados, esto os debería poner alerta sobre el hecho de que vuestro decretos son eficaces; pero la pregunta es: ¿por qué no llega la solución?

Amados, ¿alguna vez habéis pensado en el hecho de que los decretos no son suficientemente intensos o específicos? ¿Se os ha ocurrido alguna vez que aún no se ha desarrollado un impulso suficientemente grande? Lo sugiero porque la prohibición de pruebas nucleares, si se maneja eficaz y adecuadamente, supone un paso en el buen sentido para evitar la destrucción y el caos que tuvo lugar en la Atlántida y otras ciudades por haber abusado del poder atómico en eras pasadas.

Debemos daros nuestros consejos

Hoy día los hombres no comprenden la totalidad de los registros de la historia que están escritos en akasha. Las civilizaciones y las culturas que hace mucho cayeron, conservaron en sus registros muchas cosas que sirven como asesoramientos históricos magníficos y que habrían sido invaluables para los historiadores actuales y para el mundo. Desafortunadamente, la acción de los cataclismos interrumpe la continuidad histórica. Habéis oído decir, y es cierto, que en la sala de los registros del Gran Teton tales registros antiguos permanecen en páginas de oro. Pero, amados, el individuo normal y corriente de hoy día no es capaz de abandonar su cuerpo y viajar, según las instrucciones de la amada Leto, a la sala de los registros, ni es capaz de leer el registro si se le diera en mano. Y, por tanto, nosotros, como vuestros amigos de luz ascendidos, nos encontramos con que tenemos sobre los hombros el manto con el cual debemos daros nuestros consejos y aquella información que haga que los estudiantes ayuden a la jerarquía en el desarrollo del plan divino para este planeta.

Los hombres a menudo se quedan perplejos con la situación del mundo. Que dejen de especular sobre la situación del mundo como si fuera una acción que no pueden controlar en absoluto. Tenéis un derecho específico: el derecho a afirmar la autoridad para esta Tierra. Pero debéis recordar, amados, que hay millones de personas en esta Tierra que no piensan como vosotros. Esas personas no están interesadas en la paz, no están interesadas en la buena voluntad simplemente porque se les ha enseñado las artes de la guerra, las artes de la avaricia, las artes de la confusión, y fomentan la confusión de forma deliberada en la mente de la humanidad. Deliberadamente crean la mentira para poder engañar a los millones de personas de la Tierra y manipularlas a placer. Esto no es voluntad de Dios, y con seguridad tales personas cosecharán su recompensa. Pero, amados, no quiero que os preocupéis de esa recompensa.

Sed cautos en vuestro mundo de los sentimientos

Demasiado a menudo caen los estudiantes en la trampa de las fuerzas psíquicas y se enojan debido a alguna situación en el mundo. Al enojarse con esa situación en el mundo, alimentan con su energía de ira esa situación sin corregirla; y la fuerza siniestra se hace con esa energía y la dirige contra ellos del mismo modo en el que muchos soldados de los ejércitos estadounidenses murieron por el acero que Estados Unidos vendió a otros países. La indignación justa que surge en el corazón de los hombres con frecuencia es dirigida contra ellos mismos; y, por tanto, os insto a que seáis cautos en vuestro mundo de los sentimientos, amados estudiantes de la luz.

Hay una forma con la que podéis desviar esas acciones vibratorias que la humanidad alimenta con toda naturalidad. Porque, amados, es comprensible que vuestro espíritu sea preso de cierta indignación al reconocer las difíciles situaciones creadas por los hombres avariciosos, por la bestia del dinero y por otras bestias que manipulan la conciencia de los hombres. Pero, amados, tened presente que esta es una acción impersonal, que esas personas están totalmente concentradas en sí mismas y que viven en la ignorancia. En la ignorancia abismal de su ser, producen esas ideas cualificadas negativamente y manipulan el mundo de la forma a través de esas ideas, y la energía de su ser, y a millones de personas a quienes someten con el poder de la esclavitud; esclavitud mental, hipnotismo y magia negra verdadera.

Bien, amados, nosotros deseamos poner término a eso, y los estudiantes de esta sala tienen el poder, si tan solo lo reconocen, de ayudarnos muchísimo para deshacernos de esas iniquidades políticas que por demasiado tiempo han asolado a la sociedad. Uno de los medios que podéis emplear consiste en que no os enojéis por lo que leéis o lo que veis, sino que reconozcáis el simple y obvio hecho de que se trata de una injusticia que necesita ser corregida y que vosotros, con el método y la metodología de un cirujano, os proponéis extirpar esa enfermedad cancerosa específica del cuerpo del mundo con el poder de la llama violeta y el de vuestros decretos.

Actuad desde el amor Divino

Cuando os decidáis, con una determinación Crística, a limpiar el templo de la vida de cambistas,[2] reconoceréis que esto debe hacerse como una acción de amor. El amor Divino, amados, como lo cargué en esta reunión justo antes de mi discurso, es un poder de luz infinita, y la luz se hace intensa. Los hombres no pueden oponerse a esa gran luz y, por tanto, se ven forzados, amados, a obedecer al cuerpo espiritual del planeta debido a una acción de la gran ley cósmica cuando esta actúa correctamente. Cuando esta ley se utiliza mal, la energía se desvía y dirige de vuelta a los estudiantes, y no realiza ningún servicio a la luz. Y, por tanto, amados estudiantes, vigilad la cualidad de vuestros pensamientos cuando opongáis resistencia a una circunstancia indeseable.

Observad la Ley en acción; y os digo esto como un hombre del primer rayo. Observad la Ley en acción y reconoced que está actuando una circunstancia que no es Cristo. Entonces invocad la ley de vuestra Presencia YO SOY y llamad a la acción a la Presencia para que maneje esa situación. Pero, amados, el llamado debe hacerse con diligencia, y debéis mantener la acción del llamado por una circunstancia específica que deseáis ver corregida. Y no debéis permitir, nunca, ni siquiera por un momento, que los sentimientos humanos entren en vuestra conciencia y os impulsen a realizar incluso lo que parece un buen acto; porque no es un buen acto, amados, si la cualidad humana de la ira se utiliza en la administración de la medida correctiva.

Confío en que los estudiantes vean este aspecto sutil y comprendan la necesidad de que os lo presente, puesto que Saint Germain y otros de la jerarquía están preparando líneas de batalla de fuerza y luz espiritual para moverse de forma combativa contra esas fuerzas destructivas y caóticas que han mantenido a los hombres a lo largo de los siglos como esclavos de sus peor naturaleza en vez de siervos e hijos de su Yo Superior.

Haceos oír

Amados, confío en que sintáis la sinceridad de mi corazón al hablaros, pues en nuestro rayo hay una justicia y plenitud espiritual en manifestación. Espero que aquellos de vosotros que tengáis una devoción filial por mí como para llamarme Padre Morya vengáis a Darjeeling a nuestro palacio de luz, reconozcáis que cuando me veáis, yo pondré mi mano derecha sobre vuestro hombro, y puede que lo haga con una palmada algo sonora. Pues siento un gran afecto por todos vosotros que tenéis la franqueza de haceros oír en vez de quedaros sentados como alguien que simplemente pasa, un fantasma, como si fuera, en la pantalla de la vida. Algunos de vosotros habéis visto en vuestra pantalla de televisión esas imágenes fantasmagóricas; ni de cerca representan una manifestación tan eficaz como algunas de vuestras historias de terror.

Bueno, amados, no estoy interesado en una historia de terror. Estoy interesado en una historia de infinita belleza mediante la cual se manifiesta en la Tierra el resplandor Crístico en un equilibrio cuerdo, pues siempre es una acción cuerda y equilibrada de la Ley. No existe ninguna manifestación extraña en la justicia. Simplemente ocurre que la humanidad ha vivido por tanto tiempo en la injusticia que deja de reconocer completamente la justicia cuando la ve.

Que vuestras estocadas por Cristo cuenten

Amados, ha llegado el momento en el que la jerarquía está convocando con la trompeta de vida inmortal a aquellos amantes de Dios al santo servicio para que, mediante esta cruzada de logro espiritual, la humanidad se deshaga de la discordia de los tiempos y exalte a este planeta hacia su victoria. ¿Creéis, amados, que por no haber ocurrido aún en esta era de Kali Yuga,[3] que la luz no separará el velo y traerá a la humanidad aquello que llevan pidiendo tanto tiempo? ¿Creéis, amados, que, si alguien sale de la pantalla de la vida, que tal persona vaya a evitar que ocurran los acontecimientos de toda la eternidad en este planeta? Solo el que un individuo sea sacado de la pantalla de la vida no significa, amados, que el progreso de la vida vaya a detenerse.

Vosotros, amados, sois importantes, cada uno de vosotros. Pero recordad que la vida estaba aquí antes de que vosotros tuvierais encarnación mortal y la vida continuará cuando abandonéis la pantalla de la vida o seáis elevados hacia vuestra ascensión. Es el servicio entre el punto en el que encarnáis y aquel en el que os marcháis, es el momento en que entráis y el momento en que salís, el espacio entre ambos puntos, lo que cuenta. Y que vuestras estocadas por Cristo cuenten, amados, aplicándoos a la fuente de sabiduría e iluminación divina para que no apuñaléis a oscuras, sino que deis un golpe en el santo nombre de la luz por la causa de la justicia, la pureza y el reino de Dios.

El matrimonio alquímico abre la Puerta al reino de Dios

Amados, Saint Germain acaba de entrar en la sala y me ha recordado que diga algo sobre el reino de Dios. Los hombres siempre han tenido la esperanza de que aparezca un príncipe o una princesa de cuento de hadas y que los transporte a un círculo encantado de existencia; sin embargo, el matrimonio espiritual, el matrimonio alquímico del hombre con su Yo Superior, abre la puerta al reino de Dios. Cada vida individual, por tanto —según sienta el lazo con su gran divinidad que alcanza hacia fuera, hacia arriba y hacia abajo—, hallará una ayuda que nunca ha tenido en su vida.

Amados, puede que os parezca extraño que mencione esto, pero lo voy a hacer. La unión divina, el matrimonio místico del hombre con Dios, es un lazo santo e invaluable. El sacerdocio espiritual está abierto a todos los devotos de la luz que estén dispuestos a dar el paso específico, al que yo no llamo sacrificio.

Porque creo que el mayor sacrificio que nadie pueda hacer es ignorar sus oportunidades de entrar en el reino del cielo y jugar el papel de tontos, amados, comiéndose el potaje y despreciando su derecho de nacimiento celestial;[4] y los hombres han hecho esto a los largo de los tiempos. Nosotros no los miramos con una idea condenatoria simplemente porque hayan hecho eso. No miramos al hombre con un sentimiento de crítica. Miramos al hombre con un sentimiento de compasión.

Os doy una bendición de mi cuerpo causal

Si parezco severo esta noche, no es tanto severidad como es amor en acción. El amor que actúa en mí esta noche es más intenso de lo que os lo he expresado en mis discursos anteriores. Estoy inundado de compasión al ver cómo muchos se han esforzado por subir la ladera de la montaña y están magullados y lacerados por el viaje. Me veo constreñido a daros una bendición esta noche.

Por tanto, invoco a mi propio cuerpo causal. Invoco el impulso acumulado de luz que he obtenido, las invaluables esencias que Dios me ha concedido, y ruego en su santo nombre que os otorgue a cada uno de vosotros una parte especial de ese don. Ruego que ponga un rayo de luz radiante y diamantino de mi cuerpo causal en el corazón de todos vosotros que estáis aquí y que respondáis a la acción vibratoria de mi amor. Ruego que esta cualidad y don específico que os doy, pues, esta noche sea una energía acumulada impulsadora, una joya invaluable de sustancia eterna e inmortal que atesoréis en el alma de vuestro ser hasta el día en el que abandonéis estas orillas para marchar a aquellos reinos de luz celestial.

Ruego que no consideréis que esto sea un simple producto de la imaginación humana. Ruego que sepáis que aquel al que llamáis grande —que aquel a quien llamáis El Morya— ha acudido a vosotros esta noche como un niño para lavaros los pies con la voluntad de Dios, con buena voluntad, para otorgaros a cada uno de vosotros el invaluable amor que Dios me ha dado a lo largo de muchas encarnaciones, que me ha ayudado a realizar mi ascensión, por lo cual estoy eternamente agradecido.

Ruego que cada uno de vosotros, en esta santa estación de Pascua, estéis instalados en conciencia, instalados en el Espíritu, tan castos en vuestros pensamientos, que seáis un recipiente de sustancia angelical tal, que la hueste espiritual de inmortalidad descienda a vuestro ser y que reconozcáis la presencia del Cristo vivo en vuestro mundo.

Manifestad, pues, este cuerpo y esta sustancia en vuestro ser. Participad de sus corrientes de vida. Estas fluyen constantemente en Darjeeling como un gran río. Fluyen en todos los retiros de la Gran Hermandad Blanca. Son la gloria de Dios reflejada en estos lirios, reflejada en los ideales de conciencia Crística. Son la verdadera flor de caballería. Son nobleza total, como la expresa Saint Germain.

La unión con vuestra Presencia Divina

Oh, amado Saint Germain, hermano y amigo mío de libertad, ¿cómo es que has venido esta noche? ¿Cómo es que has venido con tu túnica blanca tan radiante y resplandeciente? ¿Cómo es que has venido con tanto amor que derramar sobre estos queridos y amados, que desean unirse a su Presencia Divina?

¿Queréis, pues, amados, tomar a esta poderosa Presencia Divina de toda la vida para que sea vuestra? Si queréis, decid: «Sí, quiero». [La audiencia responde: «Sí, quiero»]. ¿Amaréis, honraréis y obedeceréis los edictos de esta, vuestra poderosa Presencia YO SOY? La respuesta es: «Sí, quiero». [La audiencia responde: «Sí, quiero»]. Entonces, os pronuncio uno con Dios, uno con su voluntad, uno con el corazón de la libertad. Así sea hasta que estéis en el resplandor estelar en las esferas inmortales. Así sea hasta que la Tierra sea libre. Así sea hasta que Gautama sea elevado hasta su estado más alto y renuncie a su cargo como Señor del Mundo. Así sea hasta que el manto de Sanat Kumara y su estrella irradie toda la bendición de la amada Venus sobre este planeta, reconocido por todos como la hermana de la bendita gente de la Tierra. Así sea hasta que la Tierra esté ascendida. Porque Dios es uno, y las gotas de eternidad se encuentran en el momento presente. Atesoradlas siempre. Son vuestra vida.

Oh, Hermanos del Corazón Diamantino, vidas flamígeras de bien, llenad el mundo de toda la humanidad con vuestro crucifijo flamígero. Bendecid a estos, estos seres sagrados, que vienen a rendiros homenaje. Elevadlos y consagradlos a vuestra vida, a vuestra vida en homenaje.

Paz y gracia a cada uno de vosotros por siempre jamás. Os doy las gracias y os deseo, a todos, el adiós más afectuoso hasta que nos encontremos en Darjeeling.

13 de abril de 1963
Noche del sábado
Ciudad de Washington
MLP

27

El Gobierno para la gloria de Dios

YO SOY el SEÑOR tu Dios, que te saqué de la tierra de servidumbre y te llevé a la Tierra Prometida de la Libertad.[1]

Amados, la saga de la humanidad es maravillosa de contemplar, incluso desde nuestra octava. Aunque a veces nos compadecemos de la grave situación de quienes han forjado sus propias cadenas, nos regocijamos en el honor y la gloria de esos emancipadores que han ayudado a la humanidad a liberarse de esas cadenas autoimpuestas y, por tanto, los ilumina la luz de la libertad, esperando un día mejor.

Esta mañana he venido a recordaros la larga lucha de la humanidad para hallar el sendero de la ley y el orden desde el caos del pasado. La lucha de la humanidad está bien documentada por los historiadores, y quienes deseen adentrarse en su mecanismo pueden hacerlo. Pero el conocimiento sencillo y necesario de ello lo tienen casi todos los niños de la escuela, pero la humanidad no ha dominado las lecciones que son tan evidentes por sí mismas en todo este asunto.

Amados, Dios produce la ley y el orden, los cuales quieren manifestarse en el gobierno de las naciones, del pueblo, por el pueblo y para el pueblo.[2] El gobierno se creó para la gloria de Dios y para bendición de la humanidad a fin de mantener ese orden necesario entre la humanidad y en el tráfico de los asuntos humanos.

Amados, cuando las personas, pues, se disponen a violar la Ley de Dios, a ser irrespetuosas con la Ley de Dios que se manifiesta en las leyes del hombre, es muy natural que invoquen, tanto si lo quieren como si no, las leyes del karma, que ruedan indeterminadamente como una fuerza inexorable de la justicia, para hacer que la ley se cumpla. Podrán desear abolir la Ley o apartarla. No tienen poder para hacerlo. No pueden más que caer sobre la roca de la Ley y serán quebrantadas,[3] sin embargo la voluntad del cosmos no quiere que se haga eso.

La humanidad siempre tiene a su disposición el sendero más sencillo de la paz, un sendero de la paz que se dobla con suavidad, amoldándose al carácter humano allá donde la Gran Ley lo permita y, por tanto, templando el acero de la Ley de acuerdo con el corazón de los hombres, que se estremecen con la esperanza de poder elevarse por encima del destino que tienen designado.

Amados, me estoy refiriendo a su destino autodesignado, no al destino que se les ha designado divinamente; pues los propios hombres han escogido una senda que desean recorrer. Si esa senda se ajusta al patrón divino o no es otra cosa que quizá divulguemos en una entrega más adelante. Hoy me interesan los gobiernos del mundo y el conocimiento que tienen los hombres sobre la función que ellos mismos cumplen.

La Ley de Dios en acción

Benditos y amados, esos instructores magníficos y maestros, los amados Jesús y Kuthumi, en su última publicación de las *Perlas de Sabiduría* han arrojado mucha luz sobre las páginas del gobierno. Por tanto, elogio la *Perla de Sabiduría*[4] de esta semana para que la leáis con detenimiento y obtengáis de ella también alguna enseñanza necesaria sobre la Gran Ley de Dios, que cubre toda la Tierra.

Sed diligentes, pues, y respetad la Ley; pues la Ley es Dios en acción. La libertad, amados, es necesaria. Y la libertad no es libertad para violar la Ley, sino libertad para caminar de acuerdo con sus gloriosos principios. Hoy los gobiernos del mundo deben dominarse a sí mismos.

¿A qué voz hará caso la humanidad?

Ahora debéis deteneros, amados, y reflexionar: ¿cuánto poder individual poseéis cada uno de vosotros para alterar vuestras leyes? Parece diminuto, y así es cuando se lo aísla; pero en conformidad con millones de mentes, se convierte en un mandato del pueblo. No es tan pequeño como parece, ni es tan grande como parece.

En el corazón de los hombres debe hacer equilibrio. Ellos deben comprender que los poderes de influencia actúan en el mundo para hacer que se manifiesten cualidades que en sí mismas son insidiosas y que impondrían la esclavitud sobre el corazón de los hombres. Al mismo tiempo, estas fuerzas salen con la voz de Dios, el amor de Dios y la sabiduría de Dios. El asunto se convierte en una cuestión de a qué voz hará caso la humanidad. Y la humanidad misma, en su confusión y el amor hacia sí misma que ha abortado, a veces presta atención a esas voces discordantes que le quieren hablar de una mejor forma de vida que puede tener sin ajustarse a la Ley.

Bien, amados, tales voces siempre se han escuchado en el desierto de la humanidad, pero nunca han dicho la verdad. Y los que las han seguido, han acabado en la tumba de la opinión humana, como si dijéramos, donde deben acabar todas las malas decisiones, y no se han elevado hacia la luz trascendente de la opinión espiritual exaltada, que para nada es una opinión, sino que es la Ley en acción.

Misericordiosas damas y caballeros, el actual estado de los asuntos del mundo no ha mejorado mucho a pesar de las enormes actividades de los hijos de la luz; sin embargo, sería espantoso si los servicios que habéis prestado no hubieran intervenido e intercedido como un muro de luz contra las hordas de las sombras. Debido a la intervención del cuerpo estudiantil y a la respuesta correspondiente de nuestros llamados, al menos hemos mantenido, como si dijéramos, el estatus quo, y creo que ahí tenemos un pequeño elemento de progreso. Esto puede no aparecer siempre en la superficie. Y cuando la violencia de los volcanes en erupción de la opinión y la discordia humana empiezan a manifestarse y el corazón de los hombres tiemblan de miedo,[5] que reconozcan en ese mismo momento que el cielo permanece imperturbable en lo que concierne a su pureza, virtud y ley divina.

La discordia nunca trae ganancia alguna

Como es natural, el Buen Pastor va al desierto en busca de esa oveja que se ha perdido,[6] que siempre es prerrogativa de los Maestros Ascendidos y de aquellos de nuestro grupo el salir a intentar demostrar a la humanidad cómo puede redimir sus valiosas energías, que tan a menudo ha abortado en actividades inútiles. Tomad, por ejemplo, la discordia. Amados, nunca ha habido un individuo o un país que se haya beneficiado de la discordia, pero todos los países y todas las personas han sufrido grandemente por motivo de ella.

«Hay camino que al hombre le parece derecho; pero su fin es camino de muerte»;[7] los antiguos profetas han citado esto y yo quiero citarlo hoy, porque a veces los hombres son de la opinión de que a través de la guerra o al ejercer las presiones de la discordia producen algún bien para su corriente de vida. Bien, amados, no se puede producir el bien por medios malvados. El bien que parece manifestarse en el mundo de la persona logrado ilícitamente no puede perdurar y debe evaporarse por ley cósmica. Es como una gota de agua sobre la cocina más caliente; hará *puf* y desaparecerá. Amados, este es el camino de las energías discordantes. A pesar de que algunos hombres parecen sacar ganancias ilícitas durante un segmento alargado de su vida, ese segmento de tiempo no es más que un momento para nosotros; destella y desaparece.

Amplificad la virtud que vive en el corazón humano

Los valores eternos permanecen. Estoy seguro de que el cuerpo estudiantil reconoce esos puntos augustos característicos que se manifestaron en el corazón de George Washington y muchos de los primeros pioneros de este gran país, Estados Unidos, y otros países del mundo. Esos hombres viven en las páginas de la historia y todas las buenas obras viven en la pantalla de los valores eternos. Pero toda la infamia y todos los actos de discordia pasarán y dejarán de existir, porque la voluntad de Dios quiere que no permanezcan en ese nuevo cielo y esa nueva tierra[8] que deben continuar sobre las sombras de la creación actual de la humanidad.

La creación humana solo se parece en parte al plan divino que se pretende. Os digo esto porque a veces los estudiantes parecen sentir que todo lo que hay aquí y todo lo que está exteriorizado pertenece a lo humano y que nada de ello es divino. Esto sería una gran falsedad y farsa de la justicia. En el corazón humano vive mucha virtud. La humanidad ha exteriorizado mucho bien, y existe una abundancia de bien que se manifiesta en el corazón del mundo y en el de su gente. No todo es mal, para nada, benditos, ni en el servicio religioso ni en el político. Y, por tanto, espero que los estudiantes no comentan el error de pensar o aceptar el sentimiento de que el mundo es un lugar pernicioso donde todo es infortunio en un valle de lágrimas. Porque uno debe mirar las virtudes que ocurren a diario para que uno pueda amplificar esas mismas virtudes en el corazón de las valientes personas que las han expresado ante un estado casi abrumador de maldad humana.

Amados, entonces quisiera dar un segundo argumento, que es que la fuente de esa virtud no fue la creación humana de la humanidad, sino que la fuente de esa virtud fue la voluntad de Dios, la creación de Dios, la llama de Dios y el amor de Dios que se ha mostrado y manifestado en el corazón de los hombres. Honrad, pues, a vuestro Padre celestial y a vuestra Madre celestial para que vuestros días se alarguen en este universo maravilloso que el Señor tu Dios os ha dado,[9] para que seáis maestros de vuestro destino y alcancéis un estado de amor de los Maestros Ascendidos como el que nosotros tenemos y compartimos con vosotros esta mañana.

Rezad por los que creen que son su propia ley

Si estuviéramos en lo humano y hoy estuviéramos aquí para observar algunos de los pensamientos que los hombres tienen actualmente, ello nos haría temblar, por ellos y no por nosotros. Recordaréis, amados, a la bendita mujer que habló al Cristo con gran llanto porque sentía muchísima tristeza por él según iba hacia el Calvario. Amados, recordad las palabras que el Cristo le dijo: «Hijas de Jerusalén, no lloréis por mí, sino llorad por vosotras mismas y por vuestros hijos».[10]

Y esto es lo que quiero decir esta mañana. No hace falta que lloréis por las huestes del cielo, por los Maestros Ascendidos y por esas benditas corrientes de vida que han puesto pie en el sendero que conduce a su victoria; más bien llorad por quienes, con el error equivocado de sus caminos, parecen creer que no hay justicia en el universo, quienes parecen creer que pueden abolir las leyes del cielo y apartarlas y vivir como quieren sin ningún castigo o sin ninguna acción de la Gran Ley. Parecen creer que son su propia ley. Benditos, llorad por ellos y rezad por ellos, porque lo necesitan mucho más que los que ahora están dirigidos hacia el cielo. Y, sin embargo, también pediría que recéis por quienes llevan la mayoría de la carga espiritual por un planeta y están en la vanguardia de nuestras actividades de luz para ayudar a la humanidad a encontrar su libertad.

Recibid la parte omitida de esta enseñanza

Hoy voy a enseñaros a lo largo del día, periódicamente, hablando a vuestro corazón y vuestra mente sobre las grandes leyes del gobierno interior. Me complace mucho hablaros esta mañana; sin embargo, he formado mis palabras como un enigma y algunas con gran claridad. Lo he hecho de forma deliberada, pues estoy decidido a que los estudiantes, cuando hablamos, hagan caso como deben. Porque hablamos y entregamos nuestras palabras como cálices de luz, y deseamos que el cuerpo de estudiantes reciba el beneficio más pleno de nuestra radiación, así como de nuestra enseñanza.

Y, por tanto, hoy, desde el principio de este discurso hasta el momento presente, se ha emitido una acción vibratoria de enseñanza espiritual de los Maestros Ascendidos relativa a la Gran Ley que no ha sido pronunciada con palabras. He permitido que esto penetre en vuestro cuerpo etérico, que permanezca ahí de modo que hoy podáis buscar la meditación en vuestra poderosa Presencia YO SOY y, por consiguiente, podáis recibir esa parte omitida de esta enseñanza, para que seáis partícipes del mensaje celestial y extraigáis para vosotros mismos algún elemento de verdad espiritual.

Amados, guardaos esto para vosotros mismos y para vuestra bendición espiritual. Os insto a que no tengáis ningún sentimiento en absoluto si no entendéis todo lo que he dicho o si solo entendéis una parte de lo que he dicho en silencio, como si dijéramos. Estad agradecidos por los granos de trigo que caigan al piso de trilla de vuestra bendita conciencia. Refinadlos, utilizadlos y ved cómo ocurrirá una expansión en vuestro bendito mundo.

Hoy he venido a traeros la atención y el amor del Consejo de Darjeeling de la Voluntad de Dios desde Darjeeling. Confío en que nuestro esfuerzo dé frutos, igual que nos complace traeros nuestra enseñanza y nuestro amor.

La paz sea con vosotros hoy en el santo nombre de la voluntad de Dios. Os doy las gracias y os deseo buenas tardes.

5 de mayo de 1963
Mañana del domingo
Ciudad de Washington
MLP

28

La casa de Dios sigue sin estar construida entre los hombres

...desde nuestras espléndidas cámaras, aquí en Darjeeling, para inundar al mundo con luz y esperanza.* El destino humano, guiado por la idea divina de la buena voluntad que emana del corazón de Dios y conservada por el amor de seres inmaculados que han soplado en ese amor la mismísima vida que es suya, ahora está siendo enviado en cada acto de la gracia de los Maestros Ascendidos, que se desborda e inunda el mundo por el poder de la luz y el poder del consuelo divino.

En el nombre del santo consuelo, en el nombre del Príncipe de la Paz, en el nombre de la belleza maravillosa de contemplar, yo digo: apoderémonos y capturemos ahora, para siempre, esas cualidades específicas de nuestra vida que nuestros benditos actos engendran y traen a la manifestación.

¿Os habéis dado cuenta, amados, de que, en un sentido, vosotros sois vuestros actos? Los Hechos de los Apóstoles es un libro incluido en vuestro Nuevo Testamento cristiano. Y habla a la humanidad del servicio amoroso de sus vidas. Vosotros, pues, queridos, al moveros a diario gracias al poder del destino y la realidad divina, deberíais reconocer que vuestros actos son vuestra vida. En verdad, son su desembolso, y los resultados que cosecháis a partir de ellos se os dan a diario.

*Las primeras palabras de este dictado se perdieron en la grabación original.

Lo que sembréis, eso también segaréis

Amados, deteneos ahora y considerad el significado de mis palabras. Digo que [los resultados] se os dan a diario, pues cada día, lo que sembréis, eso también segaréis.[1] Los hombres, debido a la lentitud del movimiento de las ruedas de la justicia cósmica, a veces se olvidan de que los actos de hoy que siembran serán el karma que cosechen mañana. Y en la aflicción del momento presente, olvidan que hubo un tiempo en el que sembraron esa aflicción que hoy es realidad.

Vosotros, queridos de la luz, a veces os habéis asombrado porque parezco ser tan severo. Os recuerdo que si se entendiera la severidad de la Gran Ley (que es un nombre inapropiado, para empezar) como un acto de gracia, la humanidad habría cualificado sus actos con gracia y hoy vivirían en ese estado igual que nosotros. Y, por tanto, son los lazos filiales del amor divino y la compasión lo que llena nuestro ser y hace que declaremos la ley mediante el poder de la luz, el poder del «tres por tres» y el poder de la voluntad de Dios, para que los hombres puedan escapar de los resultados de todos los actos erróneos y sustituirlos con actos de belleza y compasión. Esto, por tanto, es un método para deshacerse de la atrición.

Este no es momento para descansar

Queridos, cuán cerca estoy de vosotros cuando hacéis que la voluntad de Dios puede ser aparente por la cualidad radiante de la luz al fluir a través de vosotros cuando está cargada con amor. Os felicito por la publicación de la actual *Encíclica,*[2] que tiene mi bendición y mi visto bueno. Queridos, esta noche, pues, estoy aquí para darme un festín con vosotros de una manera espiritual y no, como el joven sugirió, de una manera temporal. Porque el festín espiritual es en efecto un tesoro invaluable mucho mejor para vuestra alma. Y creo que lo disfrutaréis por mucho más tiempo en la eternidad que si tuvierais el bocado temporal.

Queridos de la luz, dejad que os envuelva ahora en mi amor y gratitud, y dejad que abogue que ahora sentís que este no es momento de descanso, como si dijéramos, dejando de remar o durmiéndoos en los laureles. Es un momento para tomar nuevas y renacientes fuerzas de la luz de la tarea cumplida y decidir que los actos futuros que se realicen serán aún más nobles que todos los que se han hecho en el pasado.

El prólogo del pasado puede ser una base y un fundamento, pero la casa de Dios sigue sin estar construida entre los hombres. Y de los chelas depende el erigir esa casa con los servicios de sus manos. Nosotros abasteceremos los materiales. Ofreceremos el diseño que es el plan de Dios. Daremos nuestro amor y resplandor, nuestro ánimo. Vigilaremos mientras se levanta el edificio. Avisaremos cuando la ingeniería no sea perfecta y enseñaremos cómo ha de trazarse la plomada de la verdad y la justicia para que no se enganche en ninguna esquina, sino que siempre se eleve derecha, un ascenso vertical hacia las alturas de la pureza del cielo.

Pero vosotros, queridos, y todos los hombres juntos, tomaréis las piedras de la iluminación y la llama de la verdad, la devoción y la consagración y las pondréis sobre el muro del altar. Y el edificio se alzará desde el corazón de muchos hombres, de muchas mentes y de muchas manos de muchos —manos consagradas levantadas en la verdad— como un edificio espiritual, una albañilería espiritual, la construcción del templo del Señor, la casa de Salomón, la casa de luz, la casa de verdad, la casa de pureza.

Construid de acuerdo con la voluntad divina

Me han llamado Maestro Constructor en la construcción del antiguo templo. Hoy vengo, pues, a deciros otra vez, como hice en aquel tiempo de antaño: construid de acuerdo con la voluntad divina, y todo saldrá bien. Construid de acuerdo con la voluntad humana, y todo se derrumbará. Y por eso se derrumbó el antiguo templo.

Queridos, así pues, reconoced la belleza y la pureza de la verdad. Por tanto, bañaos en la fortaleza de los pinos de Darjeeling, que son altos y apuntan al cielo. Su fragancia es una bendición espiritual sensible, sí, cargada de nuestro amor, cargada de nuestra bendición, cargada de nuestro consuelo.

Y ahora me marcho porque hay trabajo aún sin terminar en otras partes del mundo, y mi misión continúa sin cesar. De buen grado hablaría con vosotros hora tras hora y revelaría muchas cosas maravillosas, pero hay muchos que deben escuchar mis palabras o recibir mi consuelo de otras formas aún no conocidas por aquellos de vosotros que aún vivís en estas casas de carne. Pero algún día sabréis y os maravillaréis de todo lo que se revela.

Quisiera decir para terminar que todo el conocimiento del mundo no es más que un pellizco de polvo al lado del gran poder espiritual del Espíritu Santo y la gran sabiduría de Dios. Sabed, pues, que la vanidad de este polvo será esparcida por el viento del cielo, y en su lugar descenderá la omnisciencia. Os doy las gracias. La Hermandad de Darjeeling os da las gracias. Buenas noches.

5 de junio de 1963
Noche del miércoles
Holy Tree House
Fairfax (Virginia)
MLP

29

Un templo vivo de Dios

Enviamos nuestra luz y nuestro amor a los chelas desde Darjeeling, aunque no está previsto en este programa. Amados, bienvenidos a nuestro corazón en el nombre de Dios.

Como los cedros del Líbano crecían antaño,[1] las almas de esos chelas que mantienen intacta su devoción permanecen como un templo vivo de Dios, un bosque de hombres y mujeres señalando al cielo. Alcanzaréis las estrellas. Sois un verdadero misil guiado que brilla a través de la noche, llegando a esos reinos celestiales donde la humanidad será guiada por el camino que habréis abierto ante vosotros.

Esta noche os encomiendo al cuidado de vuestra Presencia Divina y a ese sagrado Pastor de las ovejas, vuestro Santo Ser Crístico, que os protegerá bien mientras os adormecéis y dormís. Porque aquel que lo guarda todo y que es real a vuestro alrededor ni se adormece ni duerme, sino que os tendrá seguros para siempre.[2]

Queridos, esta conferencia está bendecida por vuestra presencia. Agrademos mucho el hecho de que hayáis disfrutado de nuestra *Encíclica.* Ahora está en vuestras manos y la hueste cósmica la guarda; pues, aunque está en vuestras manos, sigue siendo una parte importante de las manos del cielo. Como el pan de los ángeles, proporciona una solución espiritual para muchos males humanos. Tenemos la esperanza de que toméis parte de esta Eucaristía y que la humanidad sea leudada por la gran presencia espiritual que se manifiesta en sus páginas cubiertas.

Os doy las gracias. Os doy la bienvenida a los palacios de Darjeeling. Os invito a que recibáis nuestra hospitalidad que aquí os ofrecemos.

Pueda la eterna Presencia desde las lámparas de Dios que se balancean en los cielos, impregnadas de los dulces incensarios de la hueste angélica, rodearos con una efusiva ola de amor tal, que no haya sitio en la posada de vuestro ser para una manifestación inferior. Haced caso de esta advertencia y viviréis felices.

Os doy las gracias.

6 de julio de 1963
Sábado, 20:00 horas
Ciudad de Washington
MLP

30

¡Solo el poder de Dios puede actuar!

Amigos del corazón de la libertad infinita, hoy he venido por la gracia de Dios para traer entre vosotros el poder radiante del primer rayo: la voluntad de hacer.

A lo largo de los siglos y milenios pasados, la humanidad ha seguido muchos cursos peligrosos, pero la misericordia del cielo ha continuado ofreciendo a los hombres auxilio en los momentos de necesidad. Al hablaros hoy, me viene el recordaros la publicación de nuestras palabras en la *Encíclica,* que acaban de poner en vuestras manos.

Queridos y amados, tened bien presente que con la entrega de gran luz surge muy naturalmente una enorme oposición a esa luz, de modo que la humanidad, debido a la obstinación de siglos, parece desear permanecer en la dureza de concreto de su corazón y en la dureza de granito de su ser, sin querer disolver esos problemas que no han cedido ante los servicios de grandes almas como Gautama, Cristo y otros de nuestras santa orden.

Hoy, amados, os recuerdo que los esfuerzos que tenéis en vuestro poder no se deben a mí, sino más bien a nuestro consejo y a los consejos de la Gran Hermandad Blanca, que transmiten de corazón, cabeza y mano el conocimiento que haría que la Tierra fuera, políticamente (para el bienestar de la humanidad), un lugar seguro, hermoso y maravilloso en el que vivir, donde la voluntad de Dios podría abundar.

La buena voluntad en el mundo es necesaria. Ante esto,

todo el mundo se inclinará. Pero no todos están tan dispuestos a poner su atención en los preceptos que la produzcan. Esto no importa desde el punto de vista de nuestra elección; porque ocupamos una posición de invulnerabilidad en lo que respecta a nuestro ser individual, como seres ascendidos. Pero para la humanidad, que espera pan, sustancia, ayuda, vida, consuelo y todas esas bendiciones que los hombres ansían, la necesidad es muy grande. Y así, continuamos sirviendo para poder derramar en los hombres y las mujeres receptivas la gran maravilla de nuestras bendiciones y eliminar de la conciencia de los hombres aquellas cosas egoístas que tienen, como si dijéramos, sujetadas contra sí, haciéndolas parte de su vida, cuando en el nombre de Dios no forman parte de su vida ni de la vida misma.

Intensificad los llamados de protección por los que están en la vanguardia de nuestro servicio

Quisiera llamar vuestra atención al hecho de que quienes dirigen esta actividad, al expandirse esta actividad en su servicio a la humanidad, se convierten cada vez más en una diana para la distracción siniestra de los enemigos. Quisiera llamar vuestra atención al hecho de que la energía que se dirige hacia ellos se intensifica, y la necesidad de vuestros llamados de protección para ellos aumenta. Con la expansión de las actividades sobre la faz de la Tierra para producir un mayor servicio de luz, todos esos buitres de la sombra salen de sus madrigueras y sus guaridas para intentar dirigir esas flechas de intención venenosa hacia el cuerpo político de aquello que es la acción precursora a nuestras energías divinas.

¿Veis, amados, lo que significa ser una punta de lanza del propósito divino? Significa pasar por la atmósfera donde todos desean desviar la flecha de luz de su diana y evitar que su acción lleve a la humanidad su libertad y una novedad de la vida.

Por tanto, llamo a los estudiantes que aman intensamente, a los que comprenden la necesidad que hay de decretos y de oraciones para una intensificación de la acción de protección alrededor de esos individuos valientes que han estado de una manera sincera en la vanguardia de nuestro servicio. Suplico que estén protegidos más plenamente. Y lo pido porque se necesita la energía de vuestra octava antes de que yo pueda emitir desde la nuestra la necesaria protección del momento.

Se reunirán enemigos de la luz

Hoy la hora está cerca cuando cosas maravillosas se entregarán a la humanidad, cuando una expansión de la verdad engrandecerá a Dios por doquier. Pero los mismos enemigos de la luz que se reunieron alrededor del Cristo Jesús con espadas y palos, como un enemigo de la gente,[1] se reunirán en oposición a la luz de Dios y de quienes quisieran defender la expansión de esa luz. Esto ha sido así siempre.

Y donde no parezca que esto vaya a asumir la forma de violencia física, parecerá que toma la forma de malicia humana —la creación y fabricación de mentiras, la distorsión de los elementos de la verdad, la implementación de toda forma de discordia humana—, de modo que cuando cualquier persona parece haber sucumbido a la discordia por su propia debilidad, esa persona es incluida de inmediato en el clan de esos individuos discordantes para formar un centro de influencia contra los que defienden con franqueza la ley de los Maestros Ascendidos y la verdad del ser.

En el nombre de Dios, digo: ¿vamos a continuar sometidos a esto? Porque la luz de Dios no falla. Y esta obra no empezó como obra del hombre y no continuará como la simple obra del hombre, sino que se expandirá como la obra de Dios porque los corazones están preparados, si fuera necesario, a renunciar a su vida física en la santa causa de la libertad. Al fin y al cabo, amados, os pregunto esto: ¿cuántos hoy día han dado la vida en la batalla por una causa mucho menor? Sin embargo, no os hemos pedido vuestra vida, sino simplemente vuestra valiosa energía en la santa causa de la libertad. Por tanto, os pregunto: ¿no merece la pena reunir las energías de vuestra corriente de vida y consagrarlas a un propósito?

Amados, os digo que las sutilezas del enemigo casi van más allá de cualquier retribución o ajuste de cuentas según la comprensión humana. ¿Me entendéis, amados? Los individuos, traidores de sí mismos, no reconocen lo que hacen como algo malo o un acto malintencionado, sino que creen y suponen que hacen el servicio de Dios[2] cuando dirigen dardos de injusticia a la santa causa, que ellos mismos declaran que quieren defender.

Oh amados, ¿no es esta una batalla de Armagedón, donde las leyes de la justicia y la verdad, impersonales como puedan ser, están por encima de la personalidad humana y dictan a la corriente de vida despierta la necesidad de responder a la virtud, a la pureza, a la divinidad y a la acción correcta y a rechazar de cualquier fuente de la que pueda emanar cualquier manifestación discordante?

Ascended a la conciencia de la voluntad de Dios

Amados, la ley de Dios en sí misma es la perfección pura del ser humano. El primer rayo derrama sobre la humanidad la voluntad de Dios en toda su pureza prístina. Cuando los hombres ponen su atención en ella y derraman su adoración amorosa hacia ella, engrandecen la santa causa dentro del campo energético de su propio ser. Entonces, en efecto, están ascendiendo a la conciencia de la voluntad de Dios; y la voluntad de Dios es la que los lleva hacia arriba por la espiral de su ascensión.

Amados, esos rayos, por la luz, pasan de manera ordenada por la espiral de la ascensión según el patrón del rayo, al manifestar primero devoción hacia la voluntad de Dios, después hacia la sabiduría de Dios y después hacia el amor de Dios; pequeños peldaños de logro, espirales divinas elevándose hacia la victoria de la ascensión de su vida.

Esta causa merece toda la atención del ser del hombre. La humanidad pocas veces ha recibido una mediación tan extraordinaria en épocas pasadas. Vuestro amado Saint Germain os ha dado la mayor oportunidad que nadie ha tenido jamás; y no me atrevo a decir que jamás tendrá, porque Dios crea eternamente nuevas oportunidades para los hombres. Pero cuando ellos no se aprovechan al máximo de esas oportunidades en el presente, la cuestión entonces es: ¿estarán preparados para recibir las oportunidades futuras cuando han desaprovechado toda la virtud y las posibilidades del presente? ¡No lo creo!

Llamado para subir más alto

Por tanto, en el nombre de Dios, no sería inteligente que los hombres, espiritualmente, en sí mismos, cayeran sobre su rostro ante su Presencia Divina y pidieran el engrandecimiento de la luz; que esa luz, ese gran imán, estuviera sobre su ser y dijera: «Sube más alto y eleva la forma caída hacia la belleza de la rectitud».

¿Están los hombres carentes de fuerza? ¿Son débiles? ¿Son incapaces de reunir y convocar las energías necesarias? Entonces, que llamen a Dios con una fe plena. Creo que tanto el Arcángel Miguel como yo mismo y el poderoso Hércules responderíamos al instante a cualquier llamado sincero. Y si pareciera que no sentís toda la manifestación de nuestra aparición, tened presente que puede ser porque no estáis en sintonía con la plenitud de vuestro poderoso ser. Y hace falta que pongáis vuestra atención para evitar y para desechar las tasas de acción vibratoria de discordia humana y para vestiros con la armadura de perfección pura, de modo que podáis aguantar contra artimañas siniestras de la sombra,[3] que nunca, en toda la eternidad, ha dado a la humanidad su libertad y nunca lo hará.

Revertid la marea de la intención humana agresiva

Estando hoy ante vosotros, vengo como amigo. Vengo como un amigo espiritual eterno. He visto la ignominia humana en su aspecto más aciago, debido a la cual he perdido mi cabeza física. ¿Creéis, pues, amados, que vacilo en pediros que volváis el rostro hacia Dios con una devoción tan absolutamente exquisita como para que reunáis en este momento esa energía del corazón del cielo que revierta la marea de la intención humana agresiva dirigida contra las poderosas actividades espirituales de Saint Germain y haga que la humanidad de la Tierra tenga el conocimiento de esta gran ley, responda al instante a nuestro llamado, se una en sus devociones espirituales y se adhiera hermano a hermano y corazón a corazón a la intención divina, uniéndose como un cuerpo espiritual de intensa devoción Crística hasta que ya no quede sitio en las filas intensamente cerradas para ninguna forma de disensión, sino solo para más tesoros de virtud divina?

Os preguntaréis qué me hace venir esta mañana. Os preguntaréis por qué vengo con tal carga de poder. Bien, queridos corazones, es porque vosotros necesitáis esta energía como ayuda para que vuestra corriente de vida se deshaga de aquello que se ha dirigido contra vosotros de manera individual en este movimiento con el fin de detener el progreso que con tanta nobleza habéis iniciado.

¿Sabéis que la últimas dos clases que hemos celebrado aquí han cambiado la faz del mundo? ¿Sois conscientes del hecho de que la conferencia de Pascua dio comienzo a un impulso que ha cubierto a todo el planeta con vientos frescos de libertad espiritual? ¿Sois conscientes del hecho de que las energías de Saint Germain y de la Diosa de la Libertad, unidas durante la convocación de julio, han conmovido el corazón de la Tierra a niveles internos? Entonces, ¿no creéis que sea algo muy natural que toda forma de perversidad humana que los hombres puedan imaginar, los que tienen algún conocimiento del trabajo de las personas que dirigen este movimiento, se dirija contra ellas, haciéndolo personas que ni siquiera saben o reconocen que están siendo utilizadas como peones de la oscuridad y la sombra? Si pudieran ver la mano que tienen sobre el hombro… os digo que es más fea que una serpiente y más baja que la parte más baja de la anatomía de una serpiente.

Estas personas no permitirían nunca, en toda la eternidad, que las utilizaran así si se dieran cuenta de la acción que estaba teniendo lugar en el campo energético de su conciencia. Pero, con una ignorancia lamentable, continúan violando no las leyes del hombres, sino las leyes de Dios. En verdad ya tienen su recompensa.[4] Pero esto no ayuda a los propósitos por los cuales toda esta valiosa energía fue administrada por la hueste angélica y entregada a la humanidad a fin de revivir, revivificar, consolidar, formular y recrear todo el glorioso impulso acumulado espiritual de libertad de Saint Germain para todo el planeta en el corazón de las personas de todas partes que aman la libertad. ¿Comprendéis, amados? Esto está muy por encima de toda personalidad y todo pensamiento humanos. Es una acción de luz, y la oscuridad se opone a la luz. La oscuridad que se opone a la luz es la oscuridad extraída de la luz y después mal cualificada con una sombra humana que la encierra y luego es proyectada hacia la luz para intentar detener la acción de la luz a través de las persona devotas y totalmente dedicadas a la luz y a los propósitos por los que la luz se ha manifestado.

Os elogio por vuestra regularidad y vuestra fe

Por tanto, hoy os digo en el santo nombre de Dios —como vuestro mentor espiritual y, en un sentido, como la cabeza de esta orden de The Summit Lighthouse—, que deseo elogiar la acción sincera de las multitudes de personas de mentalidad espiritual que están conectadas con esta actividad por su regularidad y su fe. A veces, cuando os sentís un poquito bajos en conciencia, no os dais cuenta de que lo que manejáis es lo que se ha dirigido contra vosotros. No comprendéis, benditos y amados, la gran cruz y la carga que a veces soportáis por la humanidad. Estáis dedicados a un propósito santo y muy elevado, y debéis sobrellevar los unos las cargas de los otros[5] y cumplir la gran ley de la luz.

Ahora, queridos, os he dado un aviso. Descansad en vuestra conciencia como un cáliz. Os he dado una acción cortante del rayo azul. Los ángeles de relámpago azul que han venido conmigo hoy han ayudado a liberaros de alguna energía siniestra que os dirigieron antes, el día de hoy y durante la semana pasada.

Pero deseo aseguraros que ahora que estáis avisados y al pronunciar vuestra boca la Palabra, continuaré ayudándoos a liberaros al instante.

Recordad, solo el poder de Dios puede actuar

Amados, a medida que esta actividad se expande aún más, reconoced que habrá más energía dirigida contra vosotros y no menos. ¿Debéis temer? No creo. Tened presente las palabras de un poderoso Arcángel Miguel, que, cuando contendía con el enemigo, dijo estas palabras: «¡El Señor te reprenda!».[6]

Por tanto, recordad que vuestra poderosa Presencia YO SOY tiene el poder y el dominio en vuestro mundo, y solo el poder de Dios puede actuar ahí. Aferraos a esta idea por encima de todo, y las mismísimas puertas del infierno no prevalecerán contra los propósitos de Dios,[7] que consisten en mantener y organizar a la humanidad en un cuerpo espiritual dedicado a la luz y la verdad.

Estáis en la vanguardia de toda la acción de la Hermanad a niveles externos, y a vosotros se os dan a conocer a niveles internos verdades maravillosas. Ser maestros de la vida es vuestro destino. La lucha, amados, no significa nada a la luz del logro, y nosotros que hemos logrado os invitamos a seguir adelante.

Damas y caballeros, os doy las gracias. Desde el corazón de Darjeeling, pido a los hermanos que irradien a vuestro corazón la dureza diamantina de la voluntad de Dios, que no se inmuta por el contacto con aquello que es mucho más blando como para ser vulnerable a la espiritualidad de los hermanos de luz de corazón diamantino que forman nuestro consejo.

Gracias y buenas tardes.

28 de julio de 1963
Mañana del domingo
Dodge House
Ciudad de Washington
MLP

31

¡Vida, vida, vida en radiante esplendor!

Buenas noches santas desde nuestro consejo en Darjeeling. La atmósfera está cargada de perfume de jazmín. El olor a mirto y a pino, incluso la dulzura del jacinto, llenan la atmósfera de mi conciencia. Pues estoy empapado de la percepción divina de la belleza que se manifiesta en el reino floral, con esa magnífica idea de que cada perfume y cada olor está relacionado con la estructura vibratoria de hueste angélica, sosteniendo así, en las tiernas flores de belleza que se manifiestan en el cuerpo planetario, la dulce esencia de la vida inmortal.

Esta noche he venido con una percepción viva también de la saturación de la santa voluntad de Dios que se esparce por el cuerpo planetario —nobleza del alma, expansión de conciencia— con la cual la humanidad puede elevarse por encima de las nubes oscuras y sombrías de los conceptos humanos a los cielos estrellados, donde los orbes radiantes con un esplendor resplandeciente hacen desfilar ante los ojos de la humanidad un concepto de enormidad y santidad espacial que no pueden igualar las numerosas luces que ahora y actualmente se manifiestan en el cuerpo planetario.

Pero me interesa principalmente la voluntad de Dios tal y como se manifiesta en el corazón latiente de cada persona. No basta con que los hombres reconozcan a Dios. No basta que los hombres reconozcan a Dios en los demás o en los Maestros

Ascendidos. El gran requisito de la Ley es que reconozcan a Dios en su propio corazón latiente y deseen exteriorizar su santa voluntad igual que un niño pequeño, con su dulce sencillez, es capaz de arrodillarse ante el pesebre del Niño Cristo y reconocer que esa inefable dulzura del Niño Cristo está afianzada en su propio corazón bendito.

Las páginas de la historia nos han revelado una dulzura inefable, una ligereza, una misericordia, y todo ello está encarnado en la santa voluntad de Dios. Todo lo sórdido y manchado en las páginas de la historia no es del interés de los inmortales por cuanto esas cosas no alcanzan el banco cósmico de inmortalidad, sino que caen a la Tierra para romperse, disolverse y pulverizarse. No son flores de inmortalidad. No son más que espinas desparramadas por el sendero de la vida, y nosotros quisiéramos despuntarlas y poner fin al dolor de la humanidad que durante demasiado tiempo ha afligido al corazón de los hombres, mientras que Dios quisiera aliviar su aflicción y llevarles nuestro consuelo inmortal.

Estaré sobre el estrado al lado de este Mensajero

Esta noche os estoy hablando directamente desde mi sala en Darjeeling. Estoy sentado en el diván mientras pronuncio estas palabras, y tengo un santo asombro por el hecho de que vosotros, amados, debido a mis palabras, podáis acercaros más a la perfección de vuestra Presencia.

Benditos y amados, os preguntaréis cómo puedo proyectarme a través de la conciencia de la persona a través de la cual estoy hablando. No me preocuparía tanto por este hecho, amados, porque en sí mismo no es de interés para la humanidad, sino que solo nos interesa a nosotros del Consejo de Darjeeling, que estamos agradecidos por alguien que da sus energías, la devoción de su corazón y su amor a un principio divino, ofreciendo su cuerpo, mente y cerebro como un sacrificio vivo a su Yo Divino inmortal para poder servir como instrumento y que se manifieste y se pronuncie nuestra perfección.

Sin embargo, esta noche se dará una casualidad, de la que os hablaré para que podáis obtener, por tener un conocimiento anticipado de ello, una mayor idea del evento cuando tendrá lugar. Tengo planeado en un momento dado de este discurso dejar mi morada, aquí en Darjeeling, y destellar como un meteoro por los continentes y los mares. Tengo pensado en efecto manifestarme en esta sala, no en forma tangible que todos vosotros pudierais contemplar, sino en un cuerpo espiritual del luz, que es mi realidad. Y tengo pensado estar sobre este estrado al lado de este amado Mensajero y permitir un contacto más directo con esa luz que YO SOY.

También os digo esto para que tengáis alguna oportunidad de ejercer vuestras facultades espirituales y descubrir si sois capaces de determinar cuándo llegará el momento en el que yo mismo entre en esta sala con una manifestación más radiante que la que estoy usando ahora, lo cual en sí mismo es un poco un deleite para vuestro corazón, que es consciente del amor vivo de Dios que tengo porque su santa voluntad es mi fuerte. Y es la voluntad de Dios la que adoro y a la que estoy dedicado. Ruego, por tanto, que vosotros también os podáis dedicar, como los caballeros de antaño, a una cruzada espiritual por el cuerpo planetario, la vida elemental y vuestro prójimo.

Se necesitan caballeros y damas de virtud

La Gran Hermandad Blanca, con toda su nobleza, con todas sus múltiples reuniones en consejo que hemos celebrado día tras día y con las cuales hemos entrado en una sintonía más maravillosa con el corazón de Dios, ha estado dedicada a la salvación del planeta y su gente, a tejer sobre el cuerpo planetario todas las facciones miniaturizadas de identidad Divina, las cuales, como un palito, se rompen con mucha facilidad sobre la creación humana. Mientras que si se produjera una mayor unión entre las varias separaciones y cismas de la conciencia religiosa de la humanidad, también tendría lugar de manera simultánea una acción de la Gran Ley, mediante la cual el poder generado en el cuerpo espiritual de la ideación cósmica en el planeta clavaría una lanza de propósito divino en la creación humana y destruiría a los monstruos de muchas cabezas de la creación humana, que han afirmado alguna forma de independencia corrupta contra la voluntad de Dios que estoy decidido a despuntar.

También espero que reconozcáis que estáis destinados, si queréis, a jugar un papel en el despunte de ese propósito que no es de origen divino. Espero también que reconozcáis que aún no ha pasado el día en el que se necesitan los caballeros y las damas de virtud, que pueden cabalgar con pureza en el corazón para aceptar los desafíos de la vida y mantener en alto el estandarte de pureza cósmica de modo que la humanidad pueda sentir las potentes corrientes cósmicas de luz llevándosela hacia una era de logro cósmico para el cuerpo planetario y su bendita gente.

Imaginaos la paciencia de Dios

Ahora os pido que consideréis por un momento que sois el Creador del mundo y del universo. Os pido que consideréis por un momento que vosotros, de forma individual, tenéis aquí a un pueblo y que este es vuestro pueblo, en este planeta, que se ha desviado del propósito divino que vosotros mismos encarnáis en vuestra santa conciencia. Al mirar con gran lástima divina la conciencia abortada de la humanidad, ved si tendríais la paciencia que Dios tiene de esperar a que la humanidad manifieste la perfección que vosotros anheláis que manifieste.

Damas y caballeros, quisiera deciros, en cierto modo contrariamente a la voluntad de este amado Mensajero, que recientemente estuvo montando a caballo. Esta es una experiencia de la cual no se le ha concedido en esta encarnación tener mucho conocimiento; y, por tanto, por la mañana temprano, cuando inició su cabalgata, no se imaginó cómo podría soportarla más de un minuto y, sin embargo, pasaron horas antes de que regresara. Quisiera llamar vuestra atención a que esto fue un verdadero ejercicio de paciencia por su parte, pues de vez en cuando se bajó del caballo, cambiando el lomo del caballo por el de la tierra. Sin embargo, al levantarse, encontró que su paciencia, aunque extendida como estaba casi hasta perderse, a su debido tiempo encontró al ejercerla una expansión en su mundo, y por ello le fue posible escoger en una ocasión futura montar sobre un animal con el que estoy un poco más familiarizado.

«¡Cómo estimo la realidad que sois!»

¡Santos hombres y mujeres, cómo estimo la realidad que sois! Cómo estimo esa santa voluntad que desciende de las alturas como el Paráclito, una paloma de luz cósmica que se precipita descendiendo por la atmósfera hacia el cáliz del Grial y la conciencia humana, haciendo que se produzca una pulsación en el campo energético del corazón humano con el que se genera un amor por Dios de proporciones incomparables.

Levántate, pues, oh fuego sagrado en el corazón de los hombres, y late con ritmo santo con la voluntad de Dios, que siempre está activa al crear el poder generativo que regenera en los hombres aquellos ideales consagrados que se manifiestan como un Cristo vivo cuya conciencia, expandiéndose en el gran universo, fuera de lo mundano hacia lo supramundano, es capaz de reconocer el significado de la vida con toda su nobleza y enormidad.

Romped los cántaros de la creación humana

Recordaréis que hace mucho, en épocas pasadas, había un hombre en este cuerpo planetario de nombre Gedeón. Recordaréis que se le dijo que pusiera en cántaros unas teas ardiendo y vibrando con la llama. Recordaréis que llegó a donde estaban los madianitas, en los montes, en la oscuridad de la noche, e hizo que a su señal estrellaran contra el suelo los recipientes que tenían y que los cántaros se rompieran. Y en esa ocasión, la luz brilló y la palabra, «golpead con la espada del SEÑOR y de Gedeón», hizo que huyeran tan solo de unos pocos. ¡Y muchos huyeron de las huestes del Señor debido a la emisión de luz de los cántaros rotos![1]

Santos, pues me dirijo a vosotros así porque ese es el concepto divino, os pido que rompáis los cántaros de la razón humana. Os pido que rompáis los cántaros de la densidad humana. Os pido que rompáis los cántaros de vuestra creación. Esas creaciones, que habéis atesorado durante tanto tiempo que habéis deseado construir un santuario para ellas, no merecen la pena; paja insignificante que se lleva el viento. ¡Rompedlos, pues, en el santo nombre de Dios, y atesorad la llama que hay dentro! Haced girar esta llama santa como un cáliz cristalino de la conciencia de Dios, y que el resplandor vivo del Cristo se manifieste en esa copa de conciencia hasta que seáis transformados de gloria en gloria, como por el Espíritu del Señor.[2]

Los ángeles de Dios que descienden por la escalera hacia la conciencia de la humanidad son seres de virtud divina, cuyas esencias purificadas son impecables e intachables ante el fuego de Dios. Por tanto, yo os digo: cuando desciendan al cáliz de la conciencia de vuestro corazón, deberían encontrar un campo energético dedicado totalmente a la razón santa y dedicado a una razonabilidad correspondiente al seguimiento del Cristo vivo.

Los hombres de hoy día, al seguirse a sí mismos y a sus egos, desarrollan un espíritu ególatra, que en sí mismo es depresivo para la hueste ascendida y que es depresivo para su Presencia Divina, tanto que es necesario que Dios mismo, como si dijéramos, dé la espalda a esa imagen abortada. Porque él no puede mirar a esa creación errónea de la humanidad, a la que él mismo ha destinado para una conclusión y eternidad gloriosísima.

Sed fieles a vosotros mismos

Oh damas y caballeros, en la exhortación que os he dirigido sobre los caballeros de antaño, ruego que seáis fieles a vosotros mismos, como el amado Saint Germain, en sus escritos del pasado, pronunció y dijo: «Por encima de todo, esto: sé fiel a ti mismo».[3]

Ruego, pues, que seáis fieles a la nobleza que hay en vosotros. Cuando llegue el momento en el que parezca necesario que la ira ocupe vuestra conciencia, ruego que reconozcáis que es posible, en el santo nombre de Dios, hacer a un lado la perversidad de la ira humana.

Cuando estéis cara a cara con los celos humanos y algunas personas parezcan manifestar más abundancia que vosotros en la pantalla planetaria de la vida, cuando alguna persona parezca estar dotada de una conciencia superior a lo normal o cuando alguien parezca poseer alguna posesión que vosotros no tenéis, ruego que reconozcáis que los talentos se reparten desde las alturas según los llamados y exteriorizaciones de la persona, debido a lo cual, en un momento u otro, si no en esta encarnación presente, en una pasada, esta ha invocado sus talentos de la Divinidad y han servido de forma magnífica para ser merecedores de ellos. No sintáis celos, pues, en ese momento, más bien dirigíos al logro científico de la luz e invocad para vosotros mismos mayores talentos del corazón de Dios.

Sabéis, amados, la cualidad de los celos en el aura crea una coloración verde turbio. La cualidad de la ciencia espiritual en acción en la conciencia de los hombres crea el verde curativo vibrante con el que Rafael está tan familiarizado y al que Hilarión ama tanto. Y, por tanto, la humanidad debe reconocer que todas las cualidades divinas pueden revertirse y que todo lo que la humanidad manifiesta es muy frecuentemente nada más que un aborto y una distorsión, una conciencia boca arriba de esa verdadera conciencia que de hecho es la estrella polar de su ser. Por tanto, damas y caballeros, pido que reconozcáis la necesidad de simplemente pulsar al nivel positivo de cualquier cualidad negativa que estéis manifestando, revirtiendo vuestra polaridad, y ya veréis que maravillas se realizarán.

Cuando tropecéis, ¡levantaos y seguid adelante!

No basta simplemente con tener una intención divina. No basta con desear elevarse. No basta con desear subir un monte.

Si fuera necesario, deberéis rasgaros las vestiduras con la zarza que tenéis en el camino. Si queréis ir despacio, amados, podéis ir pisando con cuidado y evitar los tropiezos del Sendero. Pero si tenéis un deseo de apresuraros, es casi necesario que al pasar os rasguéis las vestiduras con las ramas.

Pero aquellos de vosotros que sois tan serios y sinceros que no podéis soportar esperar mucho tiempo para la manifestación de la virtud cósmica, a veces corréis de forma impetuosa e intentáis escalar hasta esa cima de la existencia de la vida. Por consiguiente, no denunciéis el hecho de que por necesidad debéis cometer algunas equivocaciones ni os quedéis en el suelo cuando os caigáis u os tropecéis. ¡Levantaos en seguida y seguid adelante! El extraño que viaja por el camino hacia nuestra morada debe reconocer la santidad de su misión y no debe dejar que los ladrones lo separen de las reliquias sagradas que lleva cerca de su pecho.

Esperamos el amanecer del día eterno

Damas y caballeros, espero que estiméis un concepto más grande de lo normal sobre lo que estoy diciéndoos esta noche. Tengo una misión a niveles internos muy concreta que estoy realizando esta noche. Los recipientes de mis palabras están transmitiendo a vuestra conciencia cierta enseñanza, básica y específica, que habéis pedido; y estoy dándoos un poco de la percepción de lo que significa ser un ser ascendido. Porque, amados, cuando miramos aquí, en Darjeeling, y vemos como las nieblas suben en las montañas al amanecer, siempre sentimos alegría en nuestro corazón. Y, por supuesto, esperamos el amanecer.

Sin embargo, amados, el amanecer más importante que pueda tener lugar es el amanecer del día eterno, cuando la noche ha salido para siempre de vuestra conciencia bendita. Aquellos de vosotros familiarizados con las revelaciones de Juan el Amado, que en las escrituras se conocen como el Apocalipsis de San Juan el Divino, recordaréis que, al describir la Ciudad Santa, él se refirió al hecho de que ahí no había noche.[4] Y esto se refiere, benditos, a la conciencia de la humanidad que ya no estará preocupada con las sombras humanas.

La cualidad de la santidad

¿Cuántas personas creéis que hoy día se sienten infelices debido a la opinión humana? ¿Cuántas personas hoy día están preocupadas por lo que piensen de ellas los demás? Los dardos de la humanidad son terribles y perversos, y la gente está condicionada en todos sus actos debido al temor al pensamiento humano y a la crítica humana. Los críticos sufren tanto como los criticados, por lo que todos sufren la desgracia de la experiencia negativa debido a la crítica humana. La eliminación del temor y la duda de la conciencia humana, el deseo de complacer la santa voluntad de Dios a pesar de los conceptos humanos u opiniones genera ese estado de conciencia que en efecto es la cualidad de la santidad.

La experiencia de los santos no nos es extraña, pues conocemos a muchos de ellos y los hemos conocido a todos a niveles internos. También hemos visto, en raras ocasiones, que las cualidades de la santidad florecen en el corazón de gente muy normal y corriente. Sin embargo, desafortunadamente, este valioso loto no siempre es comprendido y a veces se marchita debido al descuido, hasta que los zarcillos marchitos y la magnificencia de la flor se arrastran en el polvo; y entonces se extingue la suave luz de Dios en la forma floral. Todas las acciones así son muy innecesarias, pues en la llama del corazón de todos los hombres, las mujeres y los niños está la santa voluntad de Dios, activa y pulsante.

En el microcosmos, esto es algo pequeño por necesidad, a menos que se expanda. Pero en el Macrocosmos, en la poderosa Presencia YO SOY de vuestra existencia, la gloria de esta flor espiritual supera cualquier descripción, incluso desde nuestra octava. ¿Quién declarará con justicia la belleza de Dios? ¿Quién declarará con justicia la belleza de su perfección?

La conciencia del amor universal conduce a un servicio mayor

Recuerdo una vez cuando iba montado en un elefante, hace muchos, muchos años, cerca de Benarés, que conseguí entrar en el estado de *samadhi* a lomos de un elefante. Para gran asombro de otros que no sabían que esto fuera posible.

Sin embargo, quisiera llamar vuestra atención a que mucho más grande que la conciencia de *samadhi* es la de amor universal con la que el amor de Dios se genera de tal forma en el corazón humano, que el corazón individual late en total congruencia rítmica con el corazón de Dios y el amor que fluye del corazón humano guarda correspondencia con el corazón de todos los hombres, las mujeres y los niños, no solo en este cuerpo planetario, sino en todos los sistemas de mundos.

Amados, cuando esto ocurre, en la conciencia del hombre entra el hecho de que debe dedicarse a un servicio mayor de lo normal. Y así, viene a nuestras cámaras de consejo dedicado al buen gobierno —y aquí me refiero al gobierno del cuerpo planetario desde niveles espirituales— y decide formar parte de nuestro grupo para ayudar a expandir la voluntad de Dios. Y, por tanto, el recién llegado es con frecuencia más franco.

No es deseable ni demasiada confianza ni poca

Recuerdo una ocasión, cuando estaba encarnado como el rey Arturo, que me trajeron a un joven escudero que era extremadamente torpe. Y este joven, al darme una pieza de la armadura, casi sin excepción la dejaba caer al suelo y después se quedaba ahí, ruborizado, con las rodillas casi temblándole por miedo a que le abofeteara con la espada. No se daba cuenta de que a mí casi siempre me daba risa al verlo ahí, de pie, temblando y estremeciéndose mientras yo me quedaba, con paciencia, esperando a que me diera el instrumento y así poder terminar de ponerme las vestiduras.

Al final, el joven, al asistir a las devociones sagradas, cayó de rodillas ante Dios y le suplicó que le quitara este temor, tras lo cual lo puse en las listas y le permití que luchara en aquella ocasión contra un caballero de cierta fama. Cuando, durante el curso de la batalla, el joven consiguió desmontar al caballero, halló una cantidad enorme de valor generado en su conciencia. Lo que no sabía es que yo había susurrado al oído del caballero que ocurriera esto. Y, por tanto, el joven, al obtener más valor, ya no se quedaba ante mí temblando, sino que me miraba con cierta conciencia como a un igual, teniendo la idea de que algún día él también podría subirse a un caballo y pelear incluso conmigo.

Me asombró bastante ver la transformación en su conciencia, pues tendía a alcanzar casi un estado de atrevimiento, lo cual suponía un cambio total del estado de temor que antes ocupaba su conciencia. Y así, esto ilustra para vuestra bendita conciencia cuándo hay demasiada confianza y cuándo hay poca; ninguna de las dos es deseable para obtener la victoria, sino ese equilibrio perfecto de conciencia divina que es consciente de los peligros en el camino de la vida y sabe que la maestría de la vida y la conclusión de la consecución divina es la meta que toda persona puede obtener al buscarla continuamente como un sabueso del cielo.

Voy a hacer una pausa por motivos técnicos[5].

¡Desprendeos de las cualidades impuras!

Así es que deseáis cabalgar con Arturo. Así es que deseáis entrar en las listas de la vida y obtener la victoria. Así es que deseáis buscar el Santo Grial. ¡Desprended de vuestra conciencia, pues, aquellas cualidades que sean impuras! ¡Desprended de vuestra conciencia aquellas cualidades que hagan de los hombres y las mujeres truhanes y no un hombre y una mujer divinos! No intentéis engañar a la Gran Ley, porque nunca podréis hacerlo. La luz de Dios percibe toda virtud humana, y la virtud humana existe, pues siempre se toma prestada de la divina. Todo hombre tiene el privilegio de hacer que las cualidades de su ser sean perfectas.

Nosotros no tenemos el deseo de ver que nadie de aquí

perezca debido al descuido. Los Maestros Ascendidos son la única realidad de la vida para muchos de vosotros; aquellos de vosotros que no estéis bien familiarizados con nuestro ser y con nuestra existencia no sois capaces, por tanto, de tener la experiencia total de nuestro consuelo y nuestra ayuda. Creo que sois conscientes del hecho de que mucho antes de que ascendiéramos, dejamos atrás el orgullo humano. No digo esto con algún orgullo o por alguna idea de una virtud exterior que yo albergue, sino que lo hago con ese orgullo divino y lleno de amor por el poderoso Yo Divino, que es mi Fuente y la vuestra.

Estoy generando una acción para ayudar al cuerpo planetario

Damas y caballeros, mientras os hablo, millones de personas de todo el cuerpo planetario están siendo entretenidas con películas de vaqueros e historias sórdidas en las pantallas de la vida. Llamo vuestra atención a que este discurso de esta noche tiene un motivo y que lo tiene el que hable exactamente cuándo lo estoy haciendo. Confío en que no os aburráis, porque estoy generando una acción específica aquí, dentro de esta sala, que está diseñada para ayudar al cuerpo planetario.

No me considero un entretenedor. Considero que estoy hospedando a los ángeles y que soy consciente de la existencia de la hueste angélica. Y, por tanto, estoy hospedando a los ángeles para poder conferir a vuestra bendita conciencia la exaltación de Espíritu que produce la presencia de los ángeles en vuestra aura o en la atmósfera de este planeta.

Algunos de vosotros habéis hecho comentarios sobre la claridad de la atmósfera desde el principio de esta conferencia que la acción los ángeles ha forjado para vuestra ciudad. Quisiera llamar vuestra atención a que esto no es más que una fracción de la claridad atmosférica que podríamos producir si estas conferencias pudieran expandirse y más personas dedicaran sus energías a hacer estos magníficos decretos para la liberación de la humanidad.

Soy consciente del hecho de que los que no comprenden total y completamente la necesidad de la acción de los decretos, a veces lamentan la longevidad del dar estos decretos por parte del hombre. Sin embargo, quisiera llamar vuestra atención a que este sistema ha sido ideado por el amado Saint Germain para liberar a todo el planeta y para asegurar un punto de anclaje aquí, en el cuerpo planetario, en el que las energías angélicas puedan ser canalizadas casi del mismo modo en el que se lanza una bola por la pista en el juego del *bowling** para golpear los bolos.

Al final los hombres responden al gran mensaje de la vida

Damas y caballeros, damos una estocada por un propósito, pero nunca en vano. Si hombres y mujeres no responden a nosotros, sabemos que, al final, responderán de algún modo al gran mensaje de la vida. La ley del karma ha actuado sobre este cuerpo planetario y el latigazo del karma ha descendido sobre los hombres hasta tener estos la espalda casi lacerada hasta los huesos debido al látigo, cuando el cielo solo dejaría descansar el suave manto de luz sobre sus hombros si pudiera hacerse la voluntad de Dios.

¿Creéis, amados, que cuando el látigo kármico desciende la voluntad de Dios quiere que sus hijos sean castigados así? Os digo que no, excepto en algunos casos en los que las personas han pedido su emancipación en una encarnación específica y han deseado saldar todo su karma. Entonces, Dios algunas veces ha castigado a ese ser amado a fin de tocar los puntos de su cuerpo individual que necesitaba liberarse de la energía densificada para poder hallar una nueva libertad en la gran ley del perdón actuando ahí para ajustar toda jota y tilde de la Gran Ley.[6]

El drama del monte de Betania

El cristianismo ha puesto ante la humanidad el drama del Cristo subiendo por el monte hasta las alturas del Gólgota,

*Bolos americanos; boliche; bolos. (N. del T.)

llamando su atención a ello, durante siglos; sin embargo, los hombres mismos, al seguir la vía dolorosa, no han llegado a las alturas de Betania y al rayo brillante de la ascensión.

Nosotros, por tanto, estamos interesados en el descenso del Paráclito al corazón humano y en la exteriorización de esa virtud pura del fuego sagrado, que hará de todo hombre una conciencia como una copa, identificada con Dios, apta para ser compañera de los huestes angélicas, de los arcángeles, de los Maestros Ascendidos y de los seres cósmicos, para que podamos exaltar a ese individuo hasta la plenitud de su victoria Divina, hasta que la densidad de su carne se le caiga como la cera cae de la vela y las valiosas energías de su vida se eleven hasta el ápice del pabilo e inunden toda su conciencia con el fuego sagrado, hasta que él sea una manifestación de la imagen de Dios y la luz que hay en él, que no puede esconderse[7], brille como un ejemplo perfecto para toda la humanidad.

Y él surge de la densidad humana, de los montes de la Tierra, hacia la exaltación de su ascensión en la luz de donde puede venir otra vez, como Jesús de Nazaret, para consolar a la humanidad de la Tierra, a enjugar las lágrimas de los ojos de los afligidos, a hacer que los hombres, en sus tropiezos, se levanten y vuelvan a empezar para subirse a sus caballos y para cabalgar con paciencia hasta su victoria y para saber que Dios debe ser glorificado en todo lo que hagan si desean obtener su victoria, y que la creación humana debe caer como los muros de Jericó cayeron ante el sonido de la trompeta, y que el último enemigo, que es la muerte, debería ser destruido con el poder del Cristo vivo destellando desde la identidad Divina de ese hombre, esa mujer y ese niño, lo cual los exaltará hacia una hermosura tal y una equivalencia tal al Cristo, que serán bañados en esa luz santa que viene del corazón de Dios, identificando su conciencia completamente con ese Sol de esplendor resplandeciente hasta que ya no quede una lágrima o una sombra sobre su conciencia, sino que todo sea luz.[8]

Es como si hombres y mujeres encararan el sol poniente, el sol de la creación humana, y en sus ascuas moribundas reconocieran que en la larga noche que se expande ante ellos a través del proceso iniciático, encontraran al amanecer el poder de la ascensión inundando su conciencia con tal compasión y comprensión como para hacer que hallen su libertad para siempre jamás.

Habéis recibido estas palabras sagradas para que vuestra vida pueda cambiarse

Ahora, damas y caballeros, si pudierais sentaros conmigo en mis cámaras de Darjeeling, quisiera deciros exactamente lo que os he dicho esta noche. Si acudierais a mí para una consulta personal, si fuerais admitidos por mi amado siervo a la puerta y anduvierais sobre las valiosas alfombras de Darjeeling y fuerais conducidos a mi habitación privada (donde la alfombra es tan mullida que casi hundiríais en ella todo el pie, donde el hermoso blanco resplandeciente de los hilos de cachemira está tejido como el hermoso cabello de un ángel), veríais que, al acercaros al sitio donde me siento y si se os ofreciera un asiento a mi lado, yo os diría exactamente lo que he dicho esta noche, y no se os ha declarado nada más seguro que esto. Y, por tanto, os digo que la responsabilidad de la entrega de mi energía corresponde a vuestra corriente de vida.

Habéis recibido estas palabras sagradas a fin de ser bendecidos por ellas, a fin de que vuestra vida pueda cambiar y que nunca más seáis los mismos. Por esto recé. Porque entré en la capilla de Darjeeling y me arrodillé en solemne adoración ante la Gran Presencia Divina de la Vida en el corazón del Gran Sol Central y llamé a las huestes angélicas para que me acompañaran con su acción vibratoria de la santa voluntad de Dios.

Sé una cosa y quisiera decírosla. El amado Kuthumi me dijo: «Esta noche vas, hermano Morya, y les vas a dar una enseñanza sagrada, y esa enseñanza no será breve. Yo no sería breve si fuera, pero tú sueles ser bastante breve, bastante puntual y directo. Sé, sin embargo, que esto no será en vano, porque toda la Hermandad del Consejo de Darjeeling pedirá en santa oración que los oyentes de tus benditas palabras no olviden la experiencia ni hagan que se la elimine de su bendita conciencia».

Oh damas y caballeros, en tantas ocasiones han tenido lugar eventos milagrosos. Hemos resucitado a los muertos. Hemos sanado a los enfermos. Hemos limpiado a los leprosos[9]. Hemos purificado conciencias. Hemos creado bendiciones en la atmósfera del cuerpo planetario. Hemos impedido terremotos, inundaciones, incendios, epidemias y hambrunas, evitándoselas a la humanidad. Hemos aliviado la aflicción humana. Nos hemos puesto con nuestros propios hombros contra la rueda kármica cuando esta habría pulverizado a los hombres. Y no hemos recibido ni un aliento de gratitud, pero hemos continuado sirviendo. ¿Creéis, pues, amados, que no derramamos nuestra devoción y nuestro ejemplo ante vosotros? Os digo que lo hacemos, y hablo por todos los que están conmigo.

Venerad la voluntad de Dios

Si esta noche presenciarais una manifestación resplandeciente del Cristo vivo sobre este estrado, él mismo os daría el mismo mensaje que os estoy dando yo: Venerad la voluntad de Dios. Porque como ese bendito Espíritu del Cristo descendió de esas alturas ilimitadas de lo alto, él mismo exclamó este fíat: «*¡He aquí, he venido a hacer tu voluntad, oh, Dios!*». Y su voz santa hizo que los arcángeles se cubrieran el rostro con un velo ante la trascendencia que manifestó.

¿Podéis hacer menos? ¿Podéis hacer más? Haceos esta pregunta esta noche y ved: si doce apóstoles santos pudieron llevar al mundo la cristiandad, cómo vosotros, aquí, que sois más de doce, y todos los que lean mis palabras y escuchen mi llamamiento, no podrán unirse a la misión santa de la Gran Hermandad Blanca y llevar a una conclusión gloriosa el plan planetario de la santa voluntad de Dios, poniendo fin a un destino fatal humano y dando entrada —desde la tumba de la mortalidad— ¡a la vida, vida, vida en esplendor resplandeciente!

¡Oh corazón diamantino de la Virgen María, oh corazón diamantino de la Madre del Mundo, que tu esplendor multifacético brille como un fino punto de luz a través de cada corazón que hay aquí! Que cada corazón sea perforado con la dedicación para enfrentarse a los elementos de la naturaleza humana y a todos los habitantes de la sombra y la oscuridad y para entrar en la santidad que es la cruzada justa por la perfección sobre el cuerpo planetario.

Padre nuestro, hágase tu voluntad en la tierra como en el cielo.[10]

Os doy las gracias y os deseo buenas noches.

8 de septiembre de 1963
Domingo, 20:00 horas
Los Ángeles (California) MLP

32

Una estocada por el propósito divino

La niebla se ha disipado. La capa de nieve endurecida sobre la cumbre refleja la gloria del sol de la Presencia eterna.

Esta mañana vengo con una creciente dedicación a la santa voluntad de Dios, una consagración nacida de la renovación de la gran llama Divina de mi identidad en los ejercicios espirituales en los que aún participamos. Contrariamente a la expectación popular, no hemos dejado de arremangarnos y ocuparnos de los negocios de nuestro Padre[1], aunque parece que algunos hombres nos imaginan como individuos de pompa y circunstancia, preocupados principalmente con jugar con joyas y otras facetas de la corona del cielo.

Estoy aquí para desengañar a vuestra mente, si tal fuera el caso, de conceptos vanos así sobre los caballeros del cielo. Puede que sea cierto que somos hombres amables cuando se trata de manejar energías espirituales con finura. Y si esto parece un cumplido hacia mí mismo, tened presente que debemos mantener el concepto inmaculado de nosotros mismos. Porque, desafortunadamente, algunas personas de la humanidad que no consideran nuestra realidad son de la opinión de que no existimos. Y nosotros no estamos muy a favor de esta idea; porque si no existimos, entonces el cielo es en efecto un mito. Porque la Realidad que contemplamos es ciertamente el cielo y, por tanto, estoy deseoso de adherirme a la causa de vuestras visitas a nuestras cámaras para que podáis tomar parte de la misma gloria de la que nosotros tomamos parte y veáis por vosotros mismos si es un mito o no lo es.

Si esto fuera así, dejadme que tenga más mitología así, pues estoy feliz en extremo con la gloria que Dios me ha dado y que ha revelado en las muchas facetas prístinas de su santa voluntad. Porque quisiera dirigir vuestra atención a la idea de los orígenes, por encima del estado de la actual evolución de la sociedad humana. Pues, aunque muchas virtudes se están manifestando sobre la pantalla de la vida, quisiera llamar vuestra atención a que a veces hay escasez, en varios sitios humanos, de la fortaleza celestial necesaria para que la humanidad pase por el mar de las tribulaciones humanas con triunfo y con entendimiento. Sobre todo, se necesita el entendimiento. Porque este parece estar ausente cuando es de lo más necesario y parece abundar cuando no lo es.

Dejad hoy vuestra huella

¡Qué fácil resulta a las personas ejercer continuamente la paciencia cuando no hay nada que la ponga a prueba! Pero cuando surge algo que pone a prueba su paciencia, vemos que esta se ha escapado por la ventana y se ha ido volando con los abejorros y las mariposas a vagar por algún pasto. Por eso estoy deseoso de que los estudiantes se den cuenta de la necesidad de implementar sus palabras con sus actos antes que un mero murmullo de esto o aquello que desean hacer y que quizá, en algún momento lejos en el futuro, exteriorizarán cuando Dios concuerde más con ellos y ellos con Dios.

Quisiera señalar que nunca ha habido una oportunidad más misericordiosa que la que nuestro amado Saint Germain os ha proporcionado hoy; una oportunidad que, si la reconocéis, producirá una huella, como el pico del escalador queda grabado en las cordilleras del Himalaya. Así, dejaréis hoy vuestra huella si seguís la gran ley cósmica; y ningún hombre, ninguna mujer, ningún niño, ni siquiera una figura de reconocimiento mundial que se considere una autoridad podrá conseguir negarla. Porque somos conscientes del magnífico cumplimiento de autoridad que los ángeles del registro tienen conferido, quienes, en lo que a nosotros respecta, son muy precisos en todo lo que hacen y parecen escribir con eficacia todo acto amable del corazón de una persona que está dedicada a la luz y a los propósitos santos para expandir esa luz.

El cielo no hace distinciones

Ahora bien, algunos hombres y algunas mujeres —lo digo con lástima y sin ningún sentido de condescendencia— desafortunadamente tienen la opinión de que pueden escapar de sus propias injusticias. Y persisten en chismorrear, en permitirse pensar en irrealidades y ensoñaciones sobre las personas que están a nuestro servicio, y en ejercer de muchas otras formas cualidades desagradables, aunque Saint Germain y muchos de nosotros les hayamos advertido durante muchos años que no lo hagan. Parecen creer que disfrutan de algún privilegio especial por el cual quizá los grandes ángeles registradores se vayan a dar la vuelta ruborizados y no vayan a escribir ese asunto en concreto cuando tiene lugar.

Bien, dejad que os diga, amados, que el cielo no hace distinciones. Si los hiciera, quizá fuera una buena idea. Porque algunas personas tienen tantas buenas intenciones en todo lo que hacen que casi parece una lástima que se pierdan el premio de su supremo llamamiento[2] en esta encarnación, simplemente por no haber escuchado nuestras palabras y nuestra enseñanza, cuando tienen tan buenas intenciones para hacer caso de ellas y recibir todas las bendiciones que Dios quiere.

Pero si han de recibir estas bendiciones, ello debe obedecer a algo más que a una pulcritud normal y corriente de mente y corazón con lo cual nuestras palabras adornen sus manos, sus brazos y estén escritas en su corazón como preceptos a seguir y no como simples joyas de perlas y de sabiduría reluciente que admiren sobre el cuerpo y persona de otro, pero vean que ellos mismos no las llevan con éxito en sus actos y circunstancias personales; por qué razón, no lo saben. Y si se les preguntara por qué no las llevan, dirían: «Son muy hermosas cuando las llevan otros, pero yo pensaba por algún motivo que las llevaba puestas, pero se me ha olvidado por qué no me las puse». ¿Comprendéis, amados? Este es un caso de olvido por parte de los hombres de adornarse con vestiduras y cualidades invisibles del ser.

Me atrevo a deciros la verdad

Esta mañana soy muy directo en este asunto porque he percibido que todos los Maestros Ascendidos que me han precedido han ejercido una enorme cantidad de finura y diplomacia al entregar a vuestra octava varios períodos de enseñanza y principios de gran sabiduría, que algunos de vosotros no habéis captado en absoluto, siento decir. Y estoy decidido a dar en la diana con una estocada, si es posible, por el propósito divino de que podáis recibir el beneficio de mis predecesores, quienes, os aseguro, tenían tan buenas intenciones como yo y quizás fueron un poco más suaves.

Sin embargo, quiero llamar vuestra atención a que cuando las listas finales estén terminadas y los registros sean descifrados, podréis mostrar gratitud a vuestra Presencia Divina porque hicisteis caso a un hombre del primer rayo que se atrevió a deciros la verdad cuando todos los oídos humanos deseaban deleitarse. Pues estoy interesado en el progreso que se hace por la luz, y os aseguro que Saint Germain también. Y, por tanto, he recibido un susurro de permiso antes de hablar hoy que me alentó, porque los otros maestros que os han hablado pensaron que, a buen entendedor, pocas palabras. Y, por tanto, hoy os traigo una mayor percepción del sinsentido humano y de cómo las personas se engañan a sí mismas continuamente, y a nadie más, cuando escuchan las palabras de los Grandes Seres y después se dan la vuelta y hacen justo lo contrario a lo que declara la enseñanza.

Quisiera recordaros, pues, que eso no es el cumplimiento de la ley del cielo, sino un aborto de las energías de los Grandes Seres que se han puesto a vuestro cuidado con un propósito. Y sé, queridos corazones, que tenéis la intención de guardar nuestros preceptos y que vuestras intenciones están muy bien establecidas, muy bien diseñadas, pero a veces se quedan cortas. Espero, pues, que reconozcáis que esta mañana tengo la intención de removeros las energías para que se cree una gran espiral de logro con la cual todo el amor y toda la energía entregada por los Maestros Ascendidos a lo largo de esta conferencia sea una consumación del ideal celestial, antes que un simple escuchar las hermosas palabras y la música mientras se baila a ritmo de otra melodía en total contradicción.

A veces los hombres se vuelven títeres y muñecas de trapo, con los brazos colgándoles de los hombros y el corazón que parece de plomo, simplemente porque están expuestos a la acción vibratoria de los efluvios humanos psíquicos y no dejan que la cualidad vibrante de la octava de los Maestros Ascendidos y el gran poder de su Presencia Divina aumenten en su ser para avivarlos y vivificarlos.

¡Defended la luz como nunca la habéis defendido antes!

Esto, por tanto, trae a mi atención el hecho de que hay una referencia escritural sobre los vivos y los muertos[3]. Dejad que os recuerde que tanto los vivos como los muertos oyen la voz del Hijo de Dios. Pero los vivos, amados, son los que la reconocen y por consiguiente vibran según la cualidad del cielo antes que hacerlo según todo el jazz del lugar que tocan los distintos trombonistas y saxofonistas de la humanidad, que en realidad son muy falsos en su manifestación de la armonía comparados con la hueste angélica y los que son muy aptos para comprender las leyes de la armonía.

Ahora bien, al hablaros soy completamente consciente de que a vuestra conciencia le puede parecer como si esta mañana yo fuera un poco severo. Bien, para vuestra información, quise serlo. Y tengo la intención de serlo aún más a menos que los estudiantes de gran entendimiento expresen en su mundo el entendimiento por el que tienen una inclinación, pero no han realizado. Amados, he estado ante el Consejo Kármico en muchas ocasiones en nombre de varios estudiantes de todos los Estados Unidos, y he suplicado ante el Consejo Kármico que contuvieran un acto kármico específico que iba a dirigirse sobre sus cabezas.

Bien, amados, yo no tengo por qué hacer eso. Soy un ser libre en Dios y no es necesario en la gran ley cósmica que interceda entre el martillo cósmico y la corriente de vida individual. Y, si fuera necesario, puedo quedarme a un lado y no desviar el golpe. Puedo dejar que caiga para que la lección pueda ser más suprema en vuestra mente, y quizá la cualidad de la misericordia pudiera verse mejor servida si lo hiciera. Veremos en los próximos meses por las respuestas a la gran luz y su expansión si es así o no. Porque os digo que lo que hacemos es muy serio. Este es un asunto muy serio para millones de personas en este planeta.

Os digo, amados, que la escena política no sería como es hoy día si hombres y mujeres de percepción hubieran ejercido la autoridad que Dios les dio. Ni la escena religiosa sería la que es hoy día si los hombres de autoridad se hubieran pronunciado en vez de permanecer en silencio, si hubieran defendido la gran luz y no hubieran sido simplemente los que deseaban calentarse al fuego de otro. Os digo, damas y caballeros, que todos tenéis un fuego dentro de vosotros y, si fuera necesario, ¡estoy decidido a encenderos uno debajo hasta que os levantéis y defendáis la luz como nunca la habéis defendido antes!

Cada momento es un cáliz de oportunidad

Quisiera destacar que, desde la conferencia de Los Ángeles, algunas personas que asistieron fueron bendecidas por una gran luz y algunas ya han abandonado esta Tierra hacia reinos y octavas superiores. Mientras estáis aquí, no es momento de estar aletargados ni es momento de dormirse. Porque cada valioso momento que os da la vida, os lo da Dios, *un momento como un cáliz,* nada menos, una comunión diamantina en la que debéis consumar la unión entre vosotros y vuestro Yo Divino.

Si entonces descuidáis esta gran salvación que os da la vida en los momentos, las horas, los días, las semanas, los meses y los años de vuestra existencia, nadie más puede equilibrar eso por vosotros, por mucho que deseemos hacerlo. Y cada vez que me he puesto entre vosotros y vuestro karma para actuar como un gran intercesor, ello ha sido un acto de misericordia y he dicho al Consejo Kármico: «Dadle otra oportunidad, porque no sabían lo que hacían». Y el Consejo Kármico es más misericordioso de lo que os imagináis, y me ha concedido la petición una y otra vez porque se da cuenta de que soy un ser de esperanza, así como de fe, y en mí hay caridad, como la hay ahora y así permanece.

Pero os digo, damas y caballeros, que cuando consideráis lo que está en juego, que es mucho, debéis reconocer que no podemos permitirnos que nuestros estudiantes pierdan su tiempo y energía con las perversiones inútiles de la verdad que no contienen la acción vibratoria de la gran octava de los Maestros Ascendidos y son una pérdida de tiempo y energías cuando quieren leer varios papeles y documentos que se derivan de fuentes psíquicas en vez de las octavas superiores de luz.

La verdad se tragará el error

Llamo vuestra atención a un ejemplo que ahora deseo citaros acerca de los magos de la corte en lo época de Moisés. Cuando Aarón fue y apareció ante la corte del Faraón y arrojó su vara y esta se convirtió en una serpiente, los magos de esa corte arrojaron sus varas también y estas también se convirtieron en serpientes. Pero quisiera señalaros que la gran vara de poder, que era la vara de Aarón, se estiró y se tragó todas las serpientes de los magos, de modo que no pudieron aguantar contra la luz y se horrorizaron por el gran poder que se manifestó de las alturas.[4] Bien, esta es la diferencia entre la verdad y el error. Porque la verdad, a la larga, se tragará a todos los falsos y asimilará todo eso, y producirá el Hijo Varón que regirá a las naciones «con una vara de hierro»[5].

Ahora, amados, observaréis: «con una vara de hierro», con una vara de Aarón,* que no es una vara de error, sino la verdad que vive y es y siempre será, a la que estoy totalmente dedicado ¡y siempre lo estaré! Es la verdad la que os hará libres[6], y no el error. Tampoco lo es alguna idea del hombre mal escrita; sino que es la Palabra de Dios que ha sido pronunciada por la Gran Hermandad Blanca con todo el rayo brillante y el poder de los maestros de las alturas y los grandes seres cósmicos.

¡Debéis defender la luz!

¡Debéis defender la luz! Debéis daros cuenta de que esto no es por la vanagloria de ninguna persona o ningún movimiento en lo exterior, sino por el gran poder cósmico de luz moviendo a la humanidad desde la imperfección hacia la perfección, desde la vanagloria hacia la victoria y desde la muerte hacia la vida.

Esto es una lucha a vida o muerte entre los poderes y las economías del mundo y los grandes poderes y economías del cielo. No nos está permitido interferir con el libre albedrío y, por tanto, dirijo lo que digo solo hacia aquellos estudiantes que se han dedicado a mí y me han prometido su lealtad. Por haberlo hecho, puedo ejercer un poco de dominio sobre ellos. Y aquellas personas que crean que no las voy a despedir si no persisten siguiendo el sendero correcto, están muy equivocadas. Porque hemos llegado al punto en nuestra evolución relativa a este planeta en el que no podemos permitirnos tener soldados de este sendero de luz que no tengan la intención de dedicarse con ambas manos a un santo propósito.

---

*En inglés, 'hierro', *iron* se pronuncia de forma casi idéntica a *Aarón.* (N. del T.)

Deseamos separar las ovejas de las cabras

Recordaréis que cuando el general de antaño, que estaba conectado con los grandes ejércitos, fue ante la Presencia de Dios y deseó separar las ovejas de las cabras en su propio ejército, se le dijo que los dejara beber del manantial. Y sucedió que los que se arrodillaban, soltando sus armas en la orilla, y lamían el agua con las dos manos fueron puestos en un grupo; y los que sostenían el escudo y la espada en una mano mientras lamían el agua con la otra fueron puestos en otro grupo.[7] Y os digo que esto se volverá a hacer. Porque estamos decididos a utilizar al máximo a las personas que defiendan la luz y la causa de Saint Germain y a dejar marchar al resto. Y ya no nos pondremos entre el hacha y aquellas personas que por demasiado tiempo se han entretenido en el ejercicio de su autoridad espiritual que tienen sobre sí mismas y sobre las actividades que representamos.

Nosotros representamos a la Gran Hermandad Blanca y estamos decididos a que el poder de esta actividad y el de la Gran Hermandad Blanca salga a relucir por la humanidad y por cada niño a quien Dios ama, para que este hogar planetario se convierta en un refugio en vez de un lugar de terror y destructividad.

Damas y caballeros, ¿me prometéis vuestra renovada lealtad? Os pregunto. Os doy las gracias. Y os deseo buenos días.

de octubre de 1963
Mañana del domingo
Dodge House
Ciudad de Washington
MLP

33

Bendición

Oh, esencia del bien Divino, maravillosa santa voluntad, la cual YO SOY, ciñe ahora al planeta con tu resplandor y sella cada corazón en su diseño divino hasta que en el templo del ser humano se cumpla el desarrollo sagrado de todo lo que han escrito aquí los dedos de fuego vivo.

Tal como la ley de Dios se escribió y se grabó en piedra y se entregó a Moisés, ahora decimos: oh Ser Santo, graba tus leyes en el corazón y la mente de los hombres y deja que sientan la presión tanto de la ofrenda como la de su aceptación de esa santa ofrenda.

Ahora llamo a todo el Consejo de Darjeeling reunido para que engendre en el hombre una atención absorta con la que se cree en ellos el reconocimiento de la poderosa marea de luz que se derrama de su centro del corazón:

Cuando estén en momentos extremos haz que sean conscientes de lo que llevan dentro. Haz que sean conscientes de la Presencia eterna afianzada ahí. Haz que sean conscientes de la Presencia eterna afianzada en todas partes dentro de la conciencia universal. Haz que sean conscientes de que no existe nada fuera del gran círculo de su ser santificado.

Porque tú lo eres Todo y estás en todo y en ti no hay lugar para la oscuridad, la discordia y la desesperación. En ti está la gloria suprema que se expande eternamente y que lo impregna todo, que sale del sol y es el poder de iluminar el camino del hombre hasta el final del día de su propia perfección individualizada.

Santifica, pues, a estos corazones y estos cálices del corazón. Santifica, pues, las presencias del Grial. Y haz de estos los caballeros santos de la Mesa Redonda, aquellos que comulgarán con tal pureza como para ser dignos de tu amor.

Padre nuestro en el cielo, te damos las gracias. Consagramos a estas almas en el nombre de Saint Germain a la santa Hermandad de Luz. Decimos: séllalas en las poderosas llamas de Dios. Que sean guardadas en la palma de su mano y que vivan ahí para siempre.

Con la señal del corazón, la cabeza y la mano, la Hermandad Eterna os transmite la Presencia de Dios en cada día por venir.

Permaneced en ella…

Permaneced en ella…

Permaneced en ella…

1 de diciembre de 1963
Mañana del domingo
Dodge House
Ciudad de Washington
MLP

34

No hay nada como el hogar

Aunque deambuléis por placeres y palacios,
por modesto que sea, no hay lugar como el hogar[1].

Amados, vuestro corazón, en su estado y entorno actual, es un corazón pensado para ser cáliz de la oportunidad divina y de las moradas del Todopoderoso, el Dios del universo, la poderosa conciencia de la vida.

Allá donde viajéis en conciencia y sean cuales sean los conceptos que puedan ocupar vuestras meditaciones, independientemente de lo modesto que sea vuestro entorno, no hay lugar como el corazón que está dedicado a Dios como su Hogar y como su morada. Ahí, ángeles servidores de la Presencia Divina se inclinan para adorar la poderosa llama del amor. Los elementos esenciales que componen los cuerpos en el espacio interestelar son la misma sustancia que la llama de vuestro corazón dedicada al principio del amor cósmico.

Al traeros esta noche mi mensaje navideño de Darjeeling, me acuerdo de que muchos deciden llevar mi nombre, pero pocos deciden llevar mi llama. Los que solo llevan mi nombre son los que desean que los hombres los alaben. Pero los que se bañan en la poderosa llama de la verdad reconocen que, además de honrar mi nombre y además de pronunciarse y declarar, «amo la voluntad de Dios», está el hacer la voluntad del Padre en la tierra.

Tenemos la sencillez de la verdad cósmica

Esta noche venimos con una sencillez dulce en el cáliz de nuestro corazón. Tenemos la sencillez de la verdad cósmica. Los hombres y las mujeres de hoy día con frecuencia se enamoran de un cuento cósmico, una historia de alguna faceta de la vida que estimula su curiosidad y ocupa su atención por un momento. Pero las poderosas y eternas verdades se ignoran cuando las pruebas del día a día de experiencia divina le llegan a la humanidad con el mismo propósito de glorificar la intención divina y vestir a la humanidad con las poderosas túnicas de realidad cósmica.

Al hablaros esta noche, me acuerdo de que la intención divina debe enclaustrarse con razón santa y sobre el altar de la verdad pura, y que los hombres deben ejercer cierta razonabilidad de espíritu con la que ser capaces de permitir que otras partes de la vida, además de sí mismos, disfruten de la abundancia divina. ¿No creéis, amados, que es bastante disparatado que algunas personas se imaginen que son los escogidos de Dios mientras que otras hayan de ser excluidas? ¿No parece incongruente con la razón santa que Dios deba tener un hijo preferido e ignore a todos los demás?

Amados, aunque es cierto que los hombres deciden obedecer la Palabra de Dios, también es cierto que Dios ha escogido a todos los hombres y mujeres del cuerpo planetario como sus hijos y ha sido constante en el deseo santo de transmitir a todos ellos poderes y percepciones espirituales que los transportarán del reino de la locura y vanidad humana a la pureza de la verdad del Cristo Cósmico.

Un rey con un corazón caritativo

Hace mucho tiempo, amados, vivía en cierto país de este bendito planeta un rey que poseía una enorme riqueza. Este bendito rey, desde niño, lo prepararon para reconocer las cualidades de la caridad y sobre las rodillas de su madre a repartir su riqueza allá donde fuera y a continuar repartiéndola con justicia y verdad.

Cuando su carruaje pasaba por las calles de la ciudad, tenía por costumbre dar una moneda de oro del reino al mendigo más simple y tosco para que este tuviera el auxilio equivalente al valor de esa moneda bendita. Una vez era un plato de sopa, después un techo para unas pocas noches, más tarde un ungüento sanador, y para algunos era la moneda del reino a utilizarse en un juego de azar que quizá diera a ganar una o dos monedas más.

El rey, con la caridad de todo su corazón por su pueblo, avanzaba por las calles de la vida año tras año repartiendo aquello que recibía de su tesoro, hasta que un día, por la dejadez de aquellos que debían haber protegido el tesoro del rey, el enorme almacén se vació. E incluso el rey en este país se vio incapaz de pagar lo necesario para su sustento y el de su casa.

Y así, se puso sus vestidos reales y salió a los mercados para mendigar por su casa. Y estando en las esquinas de la calle, sucedió que muchos de los que habían recibido su bondad de corazón tuvieron la oportunidad de compartir con él una hogaza de pan de sus hogueras o una comida o alguna fruta fresca de sus árboles.

Pero el rey se sorprendió, porque sucedió que allá donde viajara, los hombres le daban la espalda. Se arropaban bien con sus vestidos y abrazaban fuerte lo que llevaran consigo, y no se desprendían ni de un penique de lo que tuvieran, aunque él les había concedido todo lo que él tenía.

Y, he aquí, con el paso del tiempo sucedió que al convocar una reunión de sus consejeros y exponerles la situación, uno que era muy sabio habló y dijo: «Si el reino ha de sobrevivir y usted ha de seguir siendo el rey, debe quitarles lo que es suyo. Debe exigirles lo que deberían haber estado dispuestos a darle a usted».

Y el rey dijo: «No, porque no soy capaz de utilizar ninguna forma de tiranía ni les quitaré nada injustamente, aunque la necesidad obliga». Y los consejeros persistieron y dijeron: «Oh rey, escuche esto. Aunque no tome nada para sí mismo, mire cómo su casa está afligida y los hijos tienen hambre».

Y así, sucedió que ellos se impusieron al rey con la razón, y no tanto por sí mismo sino por su casa, el rey salió a encontrarlos y les exigió que le dieran lo necesario para la supervivencia de su casa. Pero de nuevo vio que ellos se ajustaban la capa y huían de su presencia.

Entonces el rey volvió al consejo, y ellos dijeron: «Deben acompañarle soldados de su ejército, hombres de lanza y de espada, y debe tomar de ellos por la fuerza lo que sea esencial para su supervivencia». Y el rey habló y dijo a su consejo: «No, no puedo quitarles por la fuerza lo que no me quieren dar por amor».

Y el consejo volvió a recordarle la gran necesidad que tenía su casa para sobrevivir y que, si los amigos fieles que formaban su corte habían de seguir con vida, él debía conseguir lo necesario para ellos. Y así, una vez más, el rey salió acompañado de soldados, y fue a los mercados y por la fuerza de aquellos se hizo con lo que la gente no quería darle de buena gana.

Y poco a poco lo tacharon de tirano. Lo injuriaban en secreto y no le mostraban respeto ni le rendían homenaje. Y sucedió que el rey murió y abandonó el mundo sin honor, y todas aquellas obras buenas que durante tanto tiempo hubo amado y deseado quedaron escritas en el corazón de los hombres como obras infames.

Pero el rey amaba la justicia y la sabiduría, y por ello acudió a nosotros buscando enseñanza. Y deseó saber cómo podría algún día rectificar su gran error, que creía haber cometido al quitarle a aquella gente, por el poder de la espada, lo que ellos mismos no querían dar a pesar de su anterior benevolencia.

Y la enseñanza que le dimos fue muy profunda. No os transmitiré esta enseñanza en este dictado, pero os diré que, a su debido tiempo, sucedió que este nombre recibió otra oportunidad entre los hijos de los hombres para servir a la causa de la libertad.

Y con la llegada de esa encarnación, volvió a encontrarse cara a cara con muchos graves problemas, que no resolvió ni siquiera en esa encarnación, porque a este rey lo conocéis mejor en su encarnación posterior como Napoleón. Y así, quisiera señalar que, aunque recibió la enseñanza de Saint Germain, en esa encarnación no asimiló todo el bien que tenía dentro, y volvió a ser considerado como un tirano.

Lograd el entendimiento Crístico

Los hombres deben darse cuenta de que existe una ley que está por encima de la ley humana, que esa ley es la Ley de Dios, la ley de la verdad, la ley de la dedicación a la santa voluntad de Dios. Los hombres, con todo su entendimiento y con todo su adquirir, están advertidos de que deben asegurarse el entendimiento para sí mismos.[2] Este entendimiento debe ser el entendimiento Crístico que traerá paz al corazón de los hombres y les dará la capacidad de desprenderse de todo el dolor, la aflicción y la indignidad que no forma parte de su naturaleza Crística ni de su naturaleza Divina, sino que es solo el resultado del pensamiento y el sentimiento erróneo.

En varias ocasiones, cuando alguno de vosotros sois mis invitados en Darjeeling y estáis sentados en los sillones acolchados de nuestro hermoso retiro, yo intento extender a vuestro corazón alguna idea de las maravillas de la santa voluntad de Dios. Intento hablaros a partir de los escritos históricos. Intento hablaros a partir de vuestros registros personales. Intento hablaros del futuro y de las glorias que llegarán como resultado de vuestra comprensión directa de la voluntad de Dios.

Hay que estar más alerta y preparados para la tarea a realizar

Amados, ¿sabéis que los hombres a menudo, sin conocimiento, hacen alarde de la voluntad de Dios justo cuando ellos mismos tienen un sentimiento falso de seguridad y les posee la idea de que están haciendo la voluntad de Dios, mientras que están haciendo justo lo contrario? Ahora bien, algunos de vosotros, benditos, podréis decirme: «Amado El Morya, ¿cómo puede ser que no supiéramos cuándo íbamos directamente contra la voluntad de Dios?».

Bien, benditos, creo que está claro que hay ciertos animales en el mundo marino conocidos como calamares y pulpos. Estos seres de las profundidades poseen la facultad de disparar en el agua un líquido negro que se filtra en el elemento acuático y lo hace tan opaco que sus enemigos son incapaces de percibirlos y de saber cómo defenderse contra los ataques. Estas criaturas tienen una lección que enseñar a la humanidad. Existen muchas fuerzas de la densidad proyectadas hacia los hombres. Os voy a dar algunos ejemplos:

Cuando estamos dictando al cuerpo de estudiantes, con mucha frecuencia tiene lugar una actividad de la fuerza siniestra con la que se proyecta a los estudiantes la idea de que no pueden seguir despiertos, la idea de que deben dormir. Esta falsa idea es aceptada por su conciencia y ello da como resultado que no escuchan el dictado que estamos dando, el cual podría tener una acción vibratoria especial diseñada para esa persona en particular que está presente en el preciso momento en el que se está dando el dictado. Otra acción que tiene que ver con esto es la que le produce al amado Mensajero una gran aflicción en su ser, debido a la persona que ha entrado en el estado de sueño, viéndose sometido él a las influencias psíquicas —sin darse cuenta, eso sí—, que entonces son dirigidas hacia nuestras actividad y nuestro foco.

Todas estas cosas deben ponerse en conocimiento del cuerpo de estudiantes. Debe producirse una gran aceleración y un despertar durante el año próximo en el corazón de todos los chelas. Debe haber un mayor estado de alerta y más preparación para la tarea a realizar. No podemos más que progresar, pero este progreso debe nacer en el corazón de los hombres.

La integridad y la cualidad Crística deben inundar la naturaleza de la gente

Mientras os hablo esta noche, tiene lugar la acción vibratoria de la Gran Hermandad Blanca que está diseñada específicamente para ayudar a la humanidad a dirigirse hacia la totalidad del Espíritu Crístico. Amados, durante dos mil años la humanidad se ha bendecido con la conciencia Crística que fluye a través del Maestro Ascendido Jesús. Durante el curso de este largo afán histórico, la humanidad sigue esclava del odio, la violencia y la destructividad.

Los principios del Cristo aún no han entrado en los gobiernos del mundo en suficiente medida. No hay una penetración suficiente para llevar a los cabezas de Estado y a sus partidarios los necesarios atributos justos y píos que harán que se opongan a las fuerzas de la violencia y la perversidad, que surgen de la avaricia humana. Sigue siendo un hecho que donde los hombres poseen una gran cartera, pueden comprar lo que no pueden lograr con otros medios. Y esto a menudo es el caso incluso con los pudientes, pues es un hecho frecuente que los avariciosos consiguen más ganancias ilícitas debido a una avaricia continua que los come y carcome como un cáncer.

Se acerca el día, pues, en el que la integridad y la cualidad Crística deban inundar la naturaleza de la gente y limpiar del estanque de su santa conciencia toda oscuridad, opacidad y sombra. Ha llegado el momento en que la humanidad debe dejar que las aguas curativas agitadas por el Ángel de la Liberación las lave y las limpie en la gran pila cósmica hasta que se produzca una conciencia de devoción, una conciencia de plenitud, una conciencia de consecución Crística.

Háblanos de la virtud que ha fluido a través de ti

A lo largo de los años, la gente ha disfrutado de la música solemne de las grandes catedrales. Su alma se ha deleitado con el sonido de los potentes órganos del planeta. Ha disfrutado de la solemnidad de las ocasiones santas y sagradas. Ha disfrutado incluso de la pronunciación de peticiones a Dios por el perdón de los pecados, pero ha seguido en un estado de desequilibrio cósmico. Damas y caballeros y los que lean o escuchen mis palabras por los milagros del procesamiento electrónico, tened bien presente que el fruto de la vida del Cristo hoy, en el momento presente, es el resultado de vuestra administración y no la de otro.

Aunque en la historia del pasado hay una miríada de personas dedicadas a la santa voluntad de Dios, la influencia de esas corrientes de vida en sí misma y su poder de afectar el momento presente es escasa al lado de la que se os da a vosotros. Sin embargo, vosotros también llegaréis al fin de vuestras vidas individuales, vuestros ciclos individualizados, y os encontraréis a la puerta del ciclo, cuando la gran ley cósmica exigirá de vosotros esta petición: pon sobre el altar del ser esa virtud exteriorizada relacionada con la santa voluntad de Dios que hayas realizado en su santo nombre, YO SOY. Háblanos, pues, de la virtud que ha fluido a través de ti. Háblanos, pues, de los dragones de impureza que has matado en nombre de Dios, no solo en ti mismo, sino en otras personas. Háblanos, pues, de la misericordia que has demostrado.

Escogeos hoy a quién sirváis

Damas y caballeros, caballeros y damas de la era de oro, os envío este cáliz, el cáliz de mi corazón dedicado a la santa voluntad de Dios. Ahora os pregunto: ¿escogéis, en el hombre de Dios y en total consagración a su voluntad, mezclar vuestras energías con las mías y ofrecerlas a Dios y honrar al Cristo y servir a la vida? ¿O escogéis sumergiros en la sequía de la lástima por vosotros mismos y ese estado lastimoso en el que lo que os preocupa es vuestra órbita individualizada de identidad, descolorida de todos los grandes rayos de colores hasta ser de un gris apagado de individualización, libre de todas las virtudes puras y radiantes del arco iris de la vida? Creo que no.

Entonces, escogeos hoy a quién sirváis:[3] la Misa Crística, la dedicación del corazón de los hombres al Cristo vivo, no al que murió en el Gólgota, no el que entró en las frías y oscuras cavidades de la Tierra, sino al que le quitaron radiantemente la agonía de la muerte para levantarse hacia la inmortalidad cósmica desde el monte de Betania y demostrar para siempre que «YO SOY la resurrección y la vida».[4]

En este sentido inmortal, por tanto, enviamos nuestro desafío al espacio. Nuestro desafío es el desafío eterno; no los lazos de culpa humana y aquello que hace que los hombres, cargados de una conciencia desvergonzada, deseen la extinción, sino la pureza y el amor santo de la espléndida virtud gloriosa que evoca su aparición sobre la pantalla de la vida en el presente y exige que todas las condiciones infames del mundo se alteren y cambien debido al fuego sagrado, hasta que la pureza del Señor Gautama, la pureza del Maestro Jesús, la pureza de Saint Germain, la pureza de la Virgen María, sea la pureza de vuestra Presencia Divina que desciende a vuestro corazón.

La brillante joya del futuro pertenece a los dioses

Esta noche he venido no a traeros la reprimenda de un ser ascendido, sino a traeros esa valoración de vuestro actual estado que evocará la respuesta mágica de un corazón contrito que Dios no despreciará.

He aquí, la majestuosidad de la Navidad, la majestuosidad de cada día es la gran sustancia de fe eterna en la voluntad de Dios. ¿Cómo pueden los hombres erigir santuarios de inmortalidad sin fe? ¿Cómo pueden los hombres mantenerse firmes contra las hordas de opresión siniestra sin fe? ¿Cómo pueden los hombres vencer todas las condiciones externas y permanecer en esa pureza cósmica, que ellos son en verdad, en medio del entorno denso sin fe? Sin embargo, permanece la fe, permanece la esperanza y permanece la caridad, pero la mayor de ellas es la caridad,[5] que es amor puro, la sustancia del corazón de Dios.

Y así, esta noche, al hablaros y daros este mensaje de Navidad, un mensaje de júbilo, os digo a todos: tened presente que el pasado en efecto es prólogo, pero el futuro, la brillante joya del futuro, pertenece a los dioses. En efecto es el Dios de dioses, vuestra Presencia YO SOY, la espléndida majestuosidad que no puede mancillarse con la valoración malvada de la humanidad.

Amados, ¿sabéis que una miríada de personas en este planeta, desafortunadamente una cantidad innumerable de ellas, no pueden mirar a otra alma sin una mirada o un vistazo de reproche? Constantemente buscan el defecto en vez de la joya. Quizá se imaginan que son expertos en joyas, pero estoy impertérrito cuando digo que todos los Maestros Ascendidos miran antes que nada la joya perfecta, aun cuando encuentren el diamante en bruto.

Nosotros miramos a esa joya como la obra de Dios y reconocemos que el pulido es cosa nuestra y del buen reporte de las actividades honestas de aquellas personas que reconozcan que, aunque ellas mismas aparezcan como diamantes en bruto, cada plano y faceta de esa joya del ser se pulirá hasta su perfección inmortal. Y entonces, santificada por destello de la gran luz de Dios, que nunca falla, formará parte de la expresión multifacética de la eternidad, *valor recibido.*

Dios os ha dotado de valía cósmica

Amados, tenéis un dicho en vuestro mundo financiero, «por valor recibido». Dejad que os diga que el valor que recibisteis con la vida misma es lo que llegaréis a ser cuando lo veáis tal como es;[6] porque está escrito que «todo ojo le verá, y los que le traspasaron»[7]. Ahora bien, pocos en la Tierra, en una u otra ocasión, no han traspasado al mismísimo Cristo de Nazaret debido a su densidad o cuando han dirigido un haz de odio o discordia humana hacia cualquier parte de la vida. En ese momento supremo han traspasado al Cristo, porque se lo han hecho al más pequeño de estos y se lo han hecho a Él».[8] Y, por tanto, todos necesitan la liberación, todos necesitan ayuda, todos necesitan que el perdón divino los pula y el reconocimiento de las palabras *por valor recibido.* Dios os ha dotado de valor, de valía, de valía cósmica;

y a esta dedicación nos gustaría dedicarnos esta noche para sacar a las grandes y amplias llanuras de vuestra conciencia esta valía cósmica de vuestra identidad y vuestro ser. Porque es ahí, en la escena de la vida y de la conciencia, donde debéis pelear la batalla de Armagedón, que debéis vencer a las hordas del mal, que debéis derrocar todas las opresiones que habéis creado contra cualquier parte de la vida, hasta que, lavados puros y limpios y vestidos de blanco lino fino, seáis llevados ante el Señor del Universo con el conocimiento de que sois su hijo y sois conductores de sus energías.

Al guardar estas energías sagradas en el cáliz de vuestro ser, os convertiréis en caballeros errantes enviados a la búsqueda sagrada. Pero no será una empresa infructuosa, os lo prometo. Estará llena de todo el drama, toda la maravilla, toda la música, toda la alegría y el regocijo que pueda contener el gran cáliz universal. Porque no tiene límite esa bendición que cualquier parte de la vida puede extraer de Dios si tan solo tiene fe para creer en ella y después persistir en seguir adelante sobre todas las piedras de tropiezo y engaño, hasta que se encuentre a sus pies.

No importa si viajan a Belén, a Nazaret, al Gólgota o al monte de Betania o en qué parte del gran viaje entren en contacto con su querida Presencia. Entrar en contracto es suficiente. Porque el Cristo es el Cristo de todo hombre. El Cristo es el Cristo de Dios. Y Dios es vida y Dios es vuestra vida.

En esta relación santa
están el Padre y el Hijo,
y tú eres el Hijo y él es el Padre.
Y de él fluye
esa maravillosa llama Divina
que, aunque está subdividida
en millones o miles de millones o un cuatrillón de misterios,
sigue siendo el mismo nombre;
hueso de su hueso, carne de su carne,

sustancia de su sustancia.
Es luz.
Es amor.
Es vida.
Es regocijo.
Es el Espíritu Santo.
Es el hombre individualizado.
Es un ser ascendido, una estrella, una flor.
Es todo,
pero es parte.
Porque en la parte infinitesimal
está la esencia exquisita del Sol.
Y en el Sol está el propio Sol,
la bendita parte.
Porque todo existe dentro de ese gran círculo,
y es el hogar de todo, el corazón,
el corazón de Dios,
suficientemente dilatado para contener al cosmos
y suficientemente pequeño para entrar por la puerta
de los pequeños, los humildes y los débiles,
que por su empobrecimiento temporal
son conscientes de su gran necesidad.
Y en este gran sentimiento de necesidad,
el cáliz empieza a expandir sus muros.
Y moviéndose hacia fuera se produce un gran abismo del ser
revelado en el corazón del hombre.
Y este cáliz se llena
y rebosa con la identidad de Dios.

Este es mi mensaje de Navidad para vosotros, el mensaje de que allá donde esté vuestro corazón, ahí estará también vuestro tesoro;[9] el mensaje de que vuestro dulce hogar es vuestro corazón donde está Dios. Sin él, está vacío de verdad.

¡He aquí, la Hermandad os saluda! Paz a través de los ciclos eternos. Paz a lo largo de los años; y victoria para todos. Que nadie se encoja. Que todos sostengan la luz. Así llevarán muchos hijos fuertes la cruz de la victoria, la luz de Dios que no puede fallar.

Os doy las gracias y os deseo buenas noches.

25 de diciembre de 1963
Noche del miércoles
Holytree House
Fairfax (Virginia)
MLP

Notas

INTRODUCCIÓN

1. Apocalipsis 6:10.
2. Apocalipsis 6:11.
3. Apocalipsis 7:10.
4. Apocalipsis 7:14.
5. Jeremías 23:1.

PRÓLOGO

1. 1 Samuel 15:22.
2. Filipenses 4:7.
3. La Actividad YO SOY y el Puente a la Libertad.
4. La conciencia Crística universal del amor divino.

CAPÍTULO 1

1. La Teosofía, la Actividad YO SOY y el Puente a la Libertad.
2. Se refiere a la producción de Walt Disney, "Blancanieves y los siete enanitos", que fue una adaptación del cuento de los hermanos Grimm.
3. Mateo 5:14.
4. Mateo 25:24-30.
5. Mateo 26:41.
6. Las *Perlas de Sabiduría,* publicadas semanalmente por The Summit Lighthouse, son mensajes de los Maestros Ascendidos dictados a sus Mensajeros, Mark L. Prophet y Elizabeth Clare Prophet. En las *Perlas* los maestros comparten su sabiduría, su guía y sus técnicas prácticas para volver a encender nuestra espiritualidad y afrontar los desafíos de nuestra época. Para obtener más información sobre cómo suscribirse a las *Perlas,* póngase en contacto con The Summit Lighthouse (véase pág. 318).

CAPÍTULO 2

1. Juan 5:17.
2. Osea 11:1; Mateo 2:15.
3. Filipenses 4:7.

CAPÍTULO 5

1. Mateo 6:24.
2. Esto se refiere al discurso que dio El Morya el 3 de julio de 1960 en la conferencia Libertad, ciudad de Nueva York. Véase capítulo 4.

CAPÍTULO 6

1. 2 Timoteo 4:7.
2. Lucas 1:46-55.
3. Salmos 23:3.
4. Marcos 4:39.
5. William Shakespeare, *Romeo y Julieta,* 2º acto, 2ª escena, líneas 43-44.
6. Isaías 64:4; 1 Corintios 2:9.
7. Salmos 23:1-3, 6.

CAPÍTULO 8

1. Thomas Moore, "Believe Me, If All Those Endearing Young Charms" ("Creéme, si todos esos entrañables encantos juveniles"), 2ª estrofa. El Morya estuvo encarnado como el poeta irlandés Thomas Moore (1779-1852).
2. Salmos 82:6.
3. Juan 10:34-36.
4. Proverbios 4:7.
5. Veáse nota 1 de este capítulo.
6. Marcos 6:35-44.
7. Juan 8:11.
8. Mateo 5:6.
9. Hechos 9:18.

CAPÍTULO 9

1. "The Harp That Once through Tara's Halls" ("El arpa que una vez en los salones de Tara") se publicó en *Irish Melodies,* de Thomas Moore, una colección de versos escritos para melodías de antiguas canciones folclóricas, con el que Moore llegó a ser conocido y amado como el letrista nacional de Irlanda.
2. Marcos 14:22; 1 Corintios 11:24.
3. Mateo 10:16.
4. "Créeme, si todos esos entrañables jóvenes encantos, / que hoy contemplo con tanto cariño, / cambiaran mañana y se desvanecieran en mis brazos… / tú seguirías siendo adorada…", Thomas Moore, "Believe Me, If All Those Endearing Young Charms", 1ª estrofa.
5. John F. Kennedy.
6. Juan 13:4-17.

CAPÍTULO 10

1. Santiago 1:13, 14.
2. Juan 14:2.
3. Lucas 23:34.
4. Lucas 19:40.
5. Véase nota 1 del capítulo 8.

CAPÍTULO 11

1. 2 Timoteo 2:15.
2. Hechos 9:1-18.
3. Juan 14:27; 16:33.
4. Filipenses 4:7.
5. Gálatas 6:7.

CAPÍTULO 12

1. La constitución de los Estados Unidos de América.
2. Lucas 19:41-44.
3. *Bestia del dinero:* la "bestia que subía de la tierra", cuyo número es 666 (Apocalipsis 13:11-18).
4. Abraham Lincoln, Discurso de Gettysburg, Gettysburg (Pensilvania), 19 de noviembre de 1863.
5. Gálatas 6:7.
6. 2 Timoteo 2:15.
7. Sanat Kumara llegó a ser Regente del Mundo el 1 de enero de 1956, cuando su discípulo Gautama Buda lo sucedió como Señor del Mundo, permitiendo que Sanat Kumara volviera a su hogar en Venus, donde continúa ayudando a la Tierra y sus evoluciones. Siglos antes, cuando el Consejo Cósmico hubo decretado la disolución de la Tierra porque las almas ya no cumplían su razón de ser (la reunión del alma con Dios), Sanat Kumara se ofreció a venir a la Tierra y guardar la llama trina de la vida por cada alma, hasta que hubiera quienes renovaran su voto de ser portadores de la llama.

CAPÍTULO 14

1. Génesis 1:26, 27.
2. Apocalipsis 3:4, 5; 7:9, 13, 14.
3. 2 Corintios 3:17.
4. Hechos 2:2.
5. Génesis 1:3.
6. Juan 1:3.
7. Juan 14:2.

CAPÍTULO 15

1. "But trailing clouds of glory do we come from God, who is our home" ("Sino que arrastrando nubes de gloria venimos de Dios, que es nuestra casa". William Wordsworth, "Ode: Intimations of Immortality from Recollections of Early Childhood", ("Oda: insinuaciones de inmortalidad a partir de los recuerdos de la infancia"), 5ª estrofa.
2. Proverbios 6:6.
3. Josué 6:20.
4. De un dicho anónimo atribuido a un cuáquero cuando se dirigía a su mujer.
5. Mateo 6:9.
6. Lucas 22:42.
7. Mateo 3:16, 17.
8. Juan 3:8.
9. Isaías 9:6, 7; Apocalipsis 12:5.

CAPÍTULO 16

1. Mateo 13:9, 13-17.
2. Santiago 1:17.
3. Juan 20:24-29.
4. Juan 1:10; 1 Juan 3:1.
5. Mateo 8:5-13.

CAPÍTULO 17

1. Marcos 16:19.
2. Hechos 1:9.
3. Apocalipsis 1:15; 14:2; 19:6.
4. Apocalipsis 21:6; 22:17.

CAPÍTULO 18

1. Mateo 13:45, 46.
2. Rudyard Kipling, "Recessional" ("Himno de fin de oficio"), estrofas 1-4.
3. 24 de junio de 1962, Ciudad de Washington. Véase *Perlas de Sabiduría,* vol. 15, pág. 62.
4. "La pluma es más poderosa que la espada". Edward Bulwer-Lytton, *Richelieu,* 2º acto, 2ª escena.
5. Mateo 6:23.
6. Apocalipsis 21:6; 22:1, 17.

CAPÍTULO 20

1. Véase Génesis 6:2, 4.

CAPÍTULO 21

1. Isaías 25:8; Apocalipsis 7:17; 21:4.
2. Lucas 15:11-24.
3. Lucas 23:34.
4. Juan 10:14, 16, 27.
5. Mateo 5:45.
6. Mateo 5:18.

CAPÍTULO 22

1. Lucas 21:28.
2. Marcos 4:35-41.
3. Marcos 4:39.
4. "Espíritus rebeldes" se refiere a ángeles rebeldes o "caídos", que fueron echados fuera del cielo (Apocalipsis 12:7-9).
5. Apocalipsis 16:16.

CAPÍTULO 23

1. Génesis 4:1, 22.
2. Lucas 19:15-20.
3. Mateo 25:18.
4. Juan 10:30.
5. Números 17:1-10.

CAPÍTULO 24

1. Juan 4:35.
2. Mateo 9:37, 38; Lucas 10:2.
3. Efesios 6:16.
4. Salmos 23:2.
5. Apocalipsis 21:6; 22:1, 17.
6. Lucas 22:42.

CAPÍTULO 26

1. Salmos 82:6.
2. Marcos 11:15-17.
3. *Kali Yuga:* término sánscrito de la filosofía mística hindú para referirse a la era oscura actual, que empezó el 18 de febrero de 3102 a. C.; el último y peor de los *yugas* (eras del mundo), caracterizado por la lucha, la discordia y el deterioro moral.
4. Génesis 25:29-24.

CAPÍTULO 27

1. Éxodo 20:2.
2. Abraham Lincoln, Discurso de Gettysburg, en Gettysburg (Pensilvania), 19 de noviembre de 1863.
3. Isaías 8:13-15; Mateo 21:42-44.
4. Jesús, 3 de mayo de 1963, "Lecciones de la clase de la corona", en *Perlas de Sabiduría,* vol. 6, n.o 18; Jesús y Kuthumi, *Lecciones de la clase de la corona.*
5. Lucas 21:25, 26.
6. Mateo 18:11-14; Juan 10:11-15.
7. Proverbios 14:12; 16:25.
8. Apocalipsis 21:1.
9. Éxodo 20:12.
10. Lucas 23:27, 28.

CAPÍTULO 28

1. Gálatas 6:7.
2. Véase capítulo 25.

CAPÍTULO 29

1. Salmos 92:12.
2. Salmos 121:4.

CAPÍTULO 30

1. Mateo 26:55.
2. Juan 16:2.
3. Efesios 6:11.
4. Mateo 6:2, 5, 16.
5. Gálatas 6:2.
6. Judas 9.
7. Mateo 16:18.

CAPÍTULO 31

1. Jueces 7:15-22.
2. 2 Corintios 3:18.
3. William Shakespeare, *Hamlet,* acto 1º, 3ª escena, línea 78. Saint Germain estuvo encarnado como Francis Bacon (1561-1626), autor de las obras de Shakespeare.
4. Apocalipsis 21:25.
5. Comentario de Norman Thomas Miller (estudiante de los Maestros Ascendidos): "Al prepararme para asistir a mi primera conferencia de los Maestros Ascendidos, *La clase de Saint Germain de Los*

Ángeles, en Los Ángeles, le recé sinceramente a Saint Germain antes de dejar mi apartamento: 'Saint Germain, me gustaría ayudar en cualquier tarea durante esta conferencia'. Conocí a Mark y Elizabeth Prophet en el Hotel Figueroa y me encantó cuando Mark me pidió que grabara en cinta la conferencia, debido a mi experiencia técnica. Durante el dictado de El Morya yo estaba sentado en la parte de atrás del estrado, detrás de los Mensajeros, grabando discretamente, y me di cuenta de que la cinta se terminaba y me preocupó que se perdiera parte del dictado al detener la grabación para cambiar la cinta. Era imposible que Mark me viera y tampoco él sabía del apuro en el que me encontraba. '¿Qué voy a hacer ahora, El Morya?', imploré en silencio. Cuando los últimos centímetros de la cinta pasaron por la grabadora, de repente el Maestro Morya interrumpió su discurso y anunció: 'Voy a hacer una pausa por motivos técnicos'. Inundado de asombro y alivio, cambié la cinta rápidamente y envié a El Morya mi gratitud sincera, mientras me maravillaba: '¡Claro! Esta es una actividad de los Maestros Ascendidos, ¿y no es este un dictado de un ser ascendido que puede ver por todas partes?'. Con la nueva cinta puesta, El Morya continuó su dictado. Cuando este terminó, a Mark le pareció muy divertido cuando descubrió por qué el Maestro Morya había dicho eso.

6. Mateo 5:18.
7. Mateo 5:14-16.
8. Isaías 25:8; Apocalipsis 7:17; 21:4.
9. Mateo 10:8.
10. Mateo 6:9, 10.

CAPÍTULO 32

1. Lucas 2:49.
2. Filipenses 3:14.
3. Hechos 10:42; 2 Timoteo 4:1; 1 Pedro 4:5.
4. Éxodo 7:8-12.
5. Apocalipsis 12:5.
6. Juan 8:32.
7. Jueces 7:1-7.

CAPÍTULO 34

1. "Aunque deambulemos por placeres y palacios, / por modesto que sea, no hay lugar como el hogar". John Howard Payne, "Home, Sweet Home" ("Hogar, dulce hogar"), *Clari, the Maid of Milan (Clari, la muchacha de Milán).*
2. Proverbios 4:7.

3. Josué 24:15.
4. Juan 11:25.
5. 1 Corintios 13:13 (según la versión bíblica del rey Jacobo).
6. 1 Juan 3:2.
7. Apocalipsis 1:7.
8. Mateo 25:40, 45.
9. Mateo 6:21.

Glosario

Los términos en cursiva se encuentran definidos en otra parte del glosario.

Adepto. Iniciado de la *Gran Hermandad Blanca* de alto grado de logro, especialmente en lo que respecta al control de la *Materia,* la fuerzas físicas, los espíritus de la naturaleza y las funciones corporales.

Afirmación. Una declaración positiva que suele empezar con el nombre de Dios, «YO SOY», que afirma y fortalece las cualidades de Dios en uno mismo, que ayuda a manifestar dichas cualidades.

Alfa y Omega. La totalidad divina del Dios Padre-Madre que el Señor Cristo afirmó como «el principio y el fin» en el Apocalipsis (Apocalipsis 1:8, 11; 21:6; 22:13). Llamas gemelas ascendidas de la conciencia del Cristo Cósmico que mantienen el equilibrio de la polaridad masculina-femenina de la Deidad en el Gran Sol Central del cosmos.

Alma. Proyectada desde la *Presencia YO SOY* hacia la evolución física, el alma es el potencial vivo de Dios. El alma no es inmortal, sino que puede lograr la inmortalidad mediante la fusión con el *Santo Ser Crístico* y la *Presencia YO SOY* a través del ritual de la *ascensión.*

Ángel. Un espíritu divino, un heraldo o mensajero enviado por Dios para dar su Palabra a sus hijos. Un espíritu de ayuda enviado para consolar, proteger, guiar, fortalecer, enseñar, aconsejar y advertir.

Ángeles caídos. Los ángeles caídos son aquellos ángeles que siguieron a Lucifer en la Gran Rebelión, cuya conciencia «cayó» a niveles inferiores de vibración. Fueron «arrojados a la tierra» por el *Arcángel Miguel* (Apocalipsis 12:7-12), constreñidos por el karma de su desobediencia a Dios y a su Cristo a asumir y evolucionar a través de cuerpos físicos.

Arcángel. El rango más alto en los órdenes de los *ángeles.* Cada uno de los *siete rayos* tiene un arcángel que lo preside, el cual, con su complemento divino, o *arcangelina,* encarna la conciencia Divina del rayo y dirige a los grupos de ángeles que sirven a sus órdenes en ese rayo.

Arcángel Miguel. El ángel del SEÑOR que defiende la *conciencia Crística* en todos hijos de Dios; también conocido como Príncipe de los Arcángeles y Defensor de la Fe. Como arcángel del primer rayo, Miguel encarna las cualidades de fe, protección, perfección y la voluntad de Dios. Es el ángel más venerado en las escrituras y tradiciones judía, cristiana y musulmana.

Arcángel Rafael. Arcángel del quinto rayo (rayo verde) de la ciencia, la sanación y la visión. El Arcángel Rafael, junto con la Virgen María, su complemento divino, trae a las evoluciones de la Tierra una gran energía curativa.

Arcangelina. Complemento divino y *llama gemela* de un *arcángel.*

Ascensión. El ritual por medio del cual el alma se reúne con el Espíritu del Dios vivo, la Presencia YO SOY, mediante la aceleración del fuego sagrado a la conclusión natural de la vida de una persona en la Tierra. Es el proceso por el cual el alma, habiendo saldado su karma y cumplido su plan divino, se une primero con la conciencia Crística y después con la Presencia viva del YO SOY EL QUE YO SOY. Una vez que ha tenido lugar la ascensión, el alma, el aspecto corruptible del ser, se convierte en el incorruptible, un átomo permanente en el cuerpo de Dios, libre de la ronda de karma y renacimiento.

AUM. Véase *OM.*

Aura. Una emanación luminosa o campo electromagnético que rodea el cuerpo físico. La atmósfera que rodea e interpenetra los *cuatro cuerpos inferiores* del hombre y sus *chakras* sobre la cual se registran las impresiones, los pensamientos, los sentimientos, las palabras y las acciones del individuo, incluyendo su *karma* y los registros de las vidas anteriores.

Avatar. Del sánscrito *avatara,* literalmente 'descenso'. Término hindú para referirse a una encarnación de Dios en la Tierra. La encarnación de la *Palabra.*

Bodhisatva. (sánscrito, 'un ser de *bodhi'* o 'iluminación'). Un ser destinado a la iluminación o alguien cuya energía y cuyo poder está dirigido hacia la iluminación. Un bodhisatva está destinado a ser un Buda, pero ha renunciado a la dicha de *nirvana* con un voto de salvar a los hijos de Dios en la Tierra. Un bodhisatva puede ser un *Maestro Ascendido* o un *maestro no ascendido.*

Cámara secreta del corazón. Una cámara espiritual detrás del *chakra del* corazón rodeada de gran luz y protección. Es el punto de conexión del cordón de luz que desciende de la *Presencia YO SOY* de cada persona para sustentar el latido de su corazón físico, dando vida, propósito e integración cósmica. Es el punto donde uno comulga con su *Santo Ser* Crístico y aviva los fuegos de la *llama trina.*

Chakra. (Sánscrito, significa 'rueda', 'disco', 'círculo'). Término utilizado para indicar los centros de luz afianzados en el *cuerpo etérico* que gobiernan el flujo de la energía hacia los *cuatro cuerpos inferiores* del hombre. Existen siete chakras principales que se corresponden con los siete rayos, cinco chakras secundarios que se corresponden con los cinco rayos secretos y un total de 144 centros de luz en el cuerpo humano.

Chakra de la base de la columna. Un *chakra* blanco de cuatro pétalos ubicado en la base de la columna vertebral. Está asociado con el cuarto rayo y la expresión de pureza, esperanza, alegría, autodisciplina, integración, perfección, plenitud y sustento.

Chakra de la coronilla. Un *chakra* amarillo-dorado de 972 pétalos ubicado en la coronilla. Está asociado con el segundo rayo y la expresión de iluminación, sabiduría, autoconocimiento, entendimiento, humildad, ausencia de prejuicios y conciencia cósmica.

Chakra del corazón. Un *chakra* rosa de doce pétalos ubicado en el centro del pecho. Está asociado con el tercer rayo y la expresión de amor, compasión, belleza, abnegación, sensibilidad, apreciación, consuelo, creatividad, caridad y generosidad.

Chela. (Hindi, *cela,* del sánscrito ceta, 'esclavo' o 'siervo'). En India, discípulo de un instructor religioso o gurú. Término utilizado generalmente para referirse a un estudiante de los maestros ascendidos y sus enseñanzas.

Chohán. Señor o maestro; un jefe. Cada uno de los siete rayos tiene un chohán que concentra la conciencia Crística del rayo para la Tierra y sus evoluciones.

Ciclopea. Elohim masculino del quinto rayo, también conocido como el Ojo Omnividente de Dios o Vigilante Silencioso. Véase también *Elohim; Siete rayos.*

Ciencia de la Palabra hablada. Véase *Palabra hablada.*

Conciencia Crística. La conciencia o percepción del yo en y como el Cristo; el logro de un nivel de conciencia proporcional al que realizó Jesús, el Cristo. La conciencia Crística es la realización dentro del alma de esa mente que estaba en Cristo Jesús.

Consejo Kármico. Véase *Señores del Karma.*

Cordón cristalino. La corriente de la luz, vida y conciencia de Dios que alimenta y sustenta al alma y a sus cuatro cuerpos inferiores. También llamado cordón de plata. (Eclesiastés 12:6).

Corriente de vida. La corriente de vida que surge de la Fuente, de la Presencia YO SOY, en los planos del Espíritu y que desciende a los planos de la Materia, donde se manifiesta como la llama trina afianzada en la cámara secreta del corazón para sustentar al alma en la Materia y alimentar a los cuatro cuerpos inferiores. Se utiliza para denotar a las almas que evolucionan como «corrientes de vida» individuales y, por consiguiente, es sinónimo de «individuo». Denota la naturaleza continua del individuo a través de los ciclos de la individualización.

Cristeidad. La expresión individual de la conciencia del Cristo universal. En el sendero espiritual, el *Ser Crístico* individual, el *Cristo* personal, es el iniciador del *alma.* Cuando el individuo supera ciertas iniciaciones del sendero de Cristeidad, se gana el derecho a que se refieran a él como un ser Crístico y se gana el título de Hijo o Hija de Dios.

Cristo. (Del griego *Christos, 'ungido'*). Mesías (hebreo, arameo, 'ungido'); «ser Crístico», alguien dotado y lleno (ungido) de la luz (el Hijo) de Dios. La *Palabra,* el Logos, la Segunda Persona de la Trinidad.

Cristo universal. El Mediador entre los planos del Espíritu y los de la Materia. Personificado como el Ser Crístico, es el Mediador entre el Espíritu de Dios y el alma del hombre.

Cuatro cuerpos inferiores. Cuatro fundas compuestas de cuatro frecuencias distintas que rodean al *alma;* los vehículos que el alma utiliza en su viaje en la Tierra: el cuerpo etérico o de la memoria; el cuerpo mental; el cuerpo de los deseos o emocional; el cuerpo físico. El cuerpo etérico aloja el diseño original de la identidad del alma y contiene la memoria de todo lo que ha tenido lugar en el alma y todos los impulsos que esta ha producido. El cuerpo mental es el receptáculo de la mente de Dios, la mente Crística. El cuerpo de los deseos aloja los deseos superiores e inferiores y registra las emociones. El cuerpo físico es el milagro de carne y hueso que da al alma la capacidad de progresar en el universo material.

Cuatro fuerzas cósmicas. Las cuatro criaturas vivientes, que vieron San Juan y otros videntes, como el león, el becerro (o buey), el hombre y el águila voladora (Apocalipsis 4:6-8). Sirven directamente bajo los *Elohim* y gobiernan todo el cosmos de la *Materia.* Son los transformadores de la luz infinita para las almas que evolucionan en lo finito.

Cuerpo causal. Esferas de *luz* que se interpenetran y que rodean a la *Presencia YO SOY* a niveles espirituales. Las esferas del cuerpo causal contienen los registros de los actos virtuosos que hayamos realizado por la gloria de Dios y la bendición del hombre a través de nuestras muchas encarnaciones en la Tierra.

Cuerpo de la memoria. Véase *cuatro cuerpos inferiores.*

Cuerpo emocional. Véase *cuatro cuerpos inferiores.*

Cuerpo etérico. Véase *cuatro cuerpos inferiores.*

Cuerpo físico. Véase *cuatro cuerpos inferiores.*

Cuerpo mental. Véase *cuatro cuerpos inferiores.*

Decreto. Una forma dinámica de oración hablada utilizada por los estudiantes de los *Maestros Ascendidos* para dirigir la *luz* de Dios hacia las circunstancias individuales o del mundo. Es la *Palabra* de Dios autoritaria pronunciada en el hombre en el nombre de la *Presencia*

YO SOY y el *Cristo* vivo para producir cambios constructivos en la Tierra a través de la voluntad de Dios.

Dharma. El dharma de una persona es el deber que ella tiene de cumplir su razón de ser. Es su plan divino, que corre como un hilo por todas sus vidas. Cuando el dharma está cumplido y se ha saldado suficiente karma, el *alma* es apta para la *ascensión.*

Dictado. Un mensaje de un *Maestro Ascendido,* un *arcángel* u otro ser spiritual avanzado entregado por la agencia del Espíritu Santo por un *Mensajero* de la *Gran Hermandad Blanca.*

Dios Padre-Madre. Véase *Alfa y Omega.*

Elías. El profeta israelita que fue llevado al cielo en un carro de fuego (2 Reyes 2:11). Después encarnó como Juan el Bautista, quien preparó el camino para la misión de Jesús (Mateo 17:10-13). Elías fue una excepción como hombre que, habiendo ascendido, después reencarnó en una forma física. Tras su vida como Juan el Bautista, regresó al estado ascendido.

El Morya. El *Maestro Ascendido* instructor y patrocinador de los *Mensajeros* Mark L. Prophet y Elizabeth Clare Prophet y fundador de *The Summit Lighthouse; chohán* del primer rayo.

Elohim. (Hebreo; plural de *Eloah,* 'Dios'). El nombre que Dios utiliza en el primer versículo de la Biblia: «En el principio creó Dios los cielos y la tierra». Los Siete Poderosos Elohim y sus equivalentes femeninos son los constructores de la forma. Son los «siete espíritus de Dios» nombrados en el Apocalipsis 4:5 y las «estrellas del alba» que alababan juntas en el principio, como lo rebeló el SEÑOR a su siervo Job. En el orden jerárquico, los Elohim y los seres cósmicos son portadores de la mayor concentración, la vibración más elevada de luz que nosotros podemos comprender en nuestro actual estado de evolución.

Enoc. Según la Biblia, Enoc fue un profeta que predicó el juicio de los impíos (Judas 4-19). La Biblia dice que «caminó, pues, Enoc con Dios, y desapareció, porque le llevó Dios» (Génesis 5:24). Esto se ha interpretado como el registro de su ascensión; ahora es conocido como el Maestro Ascendido Enoc.

Era de Acuario. El ciclo de 2150 años posterior a la era de Piscis. La era de Piscis nos dio el conocimiento de Dios como Hijo, ejemplificado por el patrocinador de la era, Jesucristo. La era de Acuario nos trae la percepción de Dios como Espíritu Santo y como Madre Divina. Está patrocinada por el Maestro Ascendido Saint Germain y su complemento divino, la Maestra Ascendida Porcia. Durante este ciclo, la humanidad recibirá la oportunidad de aplicar las leyes de la Libertad y la justicia, la ciencia de la precipitación y la transmutación y los rituales de invocación a Dios que pueden traer una era de iluminación y paz como el mundo nunca ha conocido.

Espíritu. La polaridad masculina de la Deidad; la coordenada de la Materia; Dios como Padre, que por necesidad incluye en la polaridad de sí mismo a Dios como Madre y, por tanto, es conocido como el Dios Padre-Madre. El plano de la Presencia YO SOY, de la perfección; la morada de los maestros ascendidos en el reino de Dios.

Fraternidad de Guardianes de la Llama. Fundada en 1961 por Saint Germain, una organización de los *Maestros Ascendidos* y sus *chelas,* que prometen guardar la llama de la vida en la Tierra.

Fuego sagrado. El fuego Kundalini que yace como una serpiente enroscada en el chakra de la base del alma y se eleva mediante la pureza espiritual y la maestría sobre uno mismo hasta el chakra de la coronilla, vivificando los centros espirituales a su paso; también denominada la luz de la Madre Divina. Dios, *luz,* vida, energía, el *YO SOY EL QUE YO SOY. «Nuestro Dios es fuego consumidor»* (Hebreos 12:29).

Gautama Buda (Buda Gautama). Buda significa «el Iluminado». Gautama logró la iluminación del Buda en su última encarnación como Siddhartha Gautama (c. 563-483 a. C.). Durante cuarenta y cinco años predicó su doctrina de las Cuatro Nobles Verdades, el Sendero Óctuple y la Vía Media, lo cual condujo a la Fundación del budismo. Gautama Buda ocupa actualmente el cargo de Señor del Mundo y es el jerarca de Shambala, un *retiro etérico* sobre el desierto de Gobi

Gran Hermandad Blanca. Una orden espiritual de santos occidentales y adeptos orientales que se han reunido con el Espíritu del Dios vivo; las huestes celestiales. Ellos han transcendido los ciclos de karma y renacimiento y han ascendido (acelerado) a una realidad superior, que es la morada eterna del alma. Los *Maestros Ascendidos* de la Gran Hermandad Blanca han surgido en todas las épocas y en todas las culturas y religiones para inspirar el logro creativo en la educación, las artes y las ciencias, el gobierno Divino y la vida abundante en las economías de las naciones. La palabra «blanca» no se refiere a la raza, sino al aura (halo) de luz blanca que rodea su forma. La Hermandad también incluye en sus filas a ciertos chelas de los Maestros Ascendidos.

Gran Sol Central. Véase *Sol Central.*

Gurú. (Sánscrito). Instructor personal religioso y guía espiritual; alguien de gran logro. Un gurú puede estar ascendido o no estarlo.

Jerarquía. La cadena de seres individualizados y libres en Dios que cumplen los atributos y aspectos de la infinita Individualidad de Dios. Este orden universal de la autoexpresión del Padre es el medio por el cual Dios, en el Gran Sol Central, reduce la Presencia y el poder de su ser/conciencia universal para que las evoluciones sucesivas en el tiempo y el espacio puedan llegar a conocer la maravilla de su amor.

Karma. (Sánscrito, significa 'acto', 'acción', 'trabajo' o 'acción'). Las consecuencias de los pensamientos, las palabras y las obras de la vida y vidas anteriores de uno; la ley de causa y efecto, que decreta que aquello que hagamos vuelve a nosotros buscando una resolución. La ley del karma necesita la reencarnación del alma para que esta pueda pagar, o saldar, la deuda por los abusos de la *luz,* la energía y la conciencia de Dios que hay cometido.

Kundalini. Véase *fuego sagrado.*

Ley cósmica. La ley que gobierna matemáticamente, aunque con la espontaneidad de la llama de la misericordia, toda manifestación en todo el cosmos en los planos del *Espíritu* y la *Materia.*

Llama gemela. El equivalente del *alma,* masculina o femenina, concebida a partir del mismo cuerpo de fuego blanco, el ovoide ígneo de la *Presencia YO SOY.*

Llama trina. La llama del Cristo, la chispa de la vida que arde dentro de la cámara secreta del corazón (un chakra secundario dentro del corazón). La sagrada trinidad —poder, sabiduría y amor— que es la manifestación del fuego sagrado.

Llama violeta. Aspecto del séptimo rayo del Espíritu Santo. El fuego sagrado que transmuta la causa, el efecto, el registro y la memoria del pecado o karma negativo. También denominada llama de la transmutación, de la libertad y del perdón. Cuando la llama violeta se invoca a través de la ciencia de la *Palabra hablada,* ello produce cambios constructivos.

Logos. (Griego, 'palabra', 'habla', 'razón'). Véase *Palabra.*

Luz. La Luz spiritual es la energía de Dios, el potencial del *Cristo.* Como personificación del *Espíritu,* el término «luz» puede utilizarse como sinónimo de «Dios» y «Cristo».

Macrocosmos. (Griego, 'gran mundo'). El cosmos más grande; toda la urdimbre de la creación. También se utiliza como contraste entre el hombre como microcosmos, «mundo pequeño», contra el telón de fondo del mundo más grande en el que vive. Véase también *Microcosmos.*

Madre. «Madre Divina», «Madre Universal» y «Virgen Cósmica» son términos alternativos para referirse a la polaridad femenina de la Divinidad, la manifestación de Dios como Madre. La *Materia* es la polaridad femenina del *Espíritu* y el término es intercambiable con *Mater* (latín, 'madre'). En este contexto, todo el cosmos material se convierte en el vientre de la creación en el que el Espíritu proyecta las energías de la vida.

Maestro no ascendido. Alguien que ha vencido todas las limitaciones de la *Materia,* pero decide quedarse en el tiempo y el espacio para concentrar la conciencia de Dios para las evoluciones inferiores. Véase también *Bodhisatva.*

Maestros Ascendidos. Seres espirituales iluminados que una vez vivieron en la Tierra, cumplieron su razón de ser y ascendieron y se reunieron con Dios mediante el ritual de la *ascensión.* Los Maestros Ascendidos son los verdaderos instructores de la humanidad. Ellos dirigen la evolución espiritual de todos los devotos de Dios y los guían de regreso a su Origen.

Maitreya. El Señor Maitreya («aquel cuyo nombre es bondad») ocupa el cargo de Cristo Cósmico y es conocido como el Gran Iniciador. Fue el *gurú* de Adán y Eva en la Escuela de Misterios conocida como Jardín del Edén y también fue gurú de Jesucristo.

Mantra. Una formula mística o invocación; una palabra o fórmula, a menudo en sánscrito, a recitarse o cantarse con el fin de intensificar la acción del *Espíritu* de Dios en el hombre. Una forma de oración que consiste en una palabra o un grupo de palabras que se entonan una y otra vez para atraer un aspecto concreto de la Deidad o de un ser que ha realizado ese aspecto de la Deidad. Véase también *Decreto.*

Mater. (Latín, 'madre'). Véase *Materia; Madre.*

Materia. La polaridad femenina de la Divinidad, cuya polaridad masculina (positiva) es el Espíritu. La Materia actúa como cáliz del reino de Dios y es la morada de las almas en evolución. La Materia se distingue de la materia (con minúscula), que es la sustancia de la tierra, terrenal, de los reinos de maya, que bloquea en vez de irradiar luz divina y el Espíritu del YO SOY EL QUE YO SOY. Véase también Madre; Espíritu.

Mensajero. Alguien preparado por un *Maestro Ascendido* para recibir mediante varios métodos las palabras, los conceptos, las enseñanzas y los mensajes de la *Gran Hermandad Blanca;* alguien que da la Ley, las profecías y las dispensaciones de Dios para un pueblo y una época. Mark L. Prophet y Elizabeth Clare Prophet son Mensajeros de la Gran Hermandad Blanca para *The Summit Lighthouse.*

Mente carnal. El ego humano, el intelecto humano y la voluntad humana; la naturaleza animal del hombre.

Microcosmos. (Griego, 'mundo pequeño'). 1) El mundo del individuo, sus cuatro cuerpos inferiores, su aura y el campo energético de su karma. 2) El planeta. Véase también Macrocosmos.

Nirvana. La meta de la vida según la filosofía hindú y budista; el estado de liberación de la rueda del renacimiento a través de la extinción del deseo.

Octavo rayo. El rayo de integración en el que integramos la maestría de los *siete rayos* a través de la llama del Cristo, la *llama trina.* El octavo rayo corresponde a la *cámara secreta del corazón,* un *chakra* de ocho pétalos detrás del *chakra del corazón,* donde la llama trina está sellada.

Ojo Omnividente de Dios. Véase *Ciclopea.*

OM (AUM). La sílaba sagrada de la creación, la *Palabra* que se pronunció en el principio y de la que se originaron los demás sonidos.

Omega. Véase *Alfa y Omega.*

Palabra. La Palabra es el Logos; el poder de Dios y la realización de ese poder encarnado en y como el *Cristo.* Las energías de la Palabra son emitidas por los devotos del Logos mediante el ritual de la ciencia de la *Palabra hablada.* A través de la Palabra el *Dios Padre-Madre* se comunica con la humanidad. El Cristo es la personificación de la Palabra. Véase también *Cristo; Decreto.*

Palabra hablada. La *Palabra* del Señor Dios emitida en los fíats originales de la Creación. La emisión de las energías de la Palabra, o del Logos, a través del *chakra* de la garganta por parte de los hijos y las hijas de Dios. Hoy los discípulos utilizan el poder de la Palabra en *decretos, afirmaciones,* oraciones y *mantras* para extraer la esencia del *fuego sagrado* de la *Presencia YO SOY,* el *Ser Crístico* y los seres cósmicos y canalizar la *luz* de Dios para la transmutación, la transformación y el cambio constructivo en los planos de la *Materia.*

Perlas de Sabiduría. Cartas semanales de enseñanza dictadas por los *Maestros Ascendidos* a sus *Mensajeros* Mark y Elizabeth Prophet para estudiantes de los misterios sagrados de todo el mundo. Las *Perlas de Sabiduría* han sido publicadas por *The Summit Lighthouse* de forma continua desde 1958. Contienen tanto enseñanzas fundamentales como avanzadas sobre *ley cósmica* con una aplicación práctica de las verdades espirituales ante los problemas planetarios y personales.

Plano astral. Frecuencia del tiempo y el espacio más allá del plano físico, pero por debajo del mental, correspondiente al cuerpo emocional del hombre y al inconsciente colectivo de la raza; depósito de los pensamientos y sentimientos, conscientes e inconscientes, de la humanidad. Debido a que el plano astral ha sido enturbiado por el pensamiento y el sentimiento humano, el término «astral» con frecuencia se usa en un contexto negativo para referirse a lo que es impuro o psíquico.

Plano etérico. El plano más alto de la dimensión de la Materia; un plano que es tan concreto y real como el plano físico (y aún más) pero que se experimenta a través de los sentidos del alma en una dimensión y conciencia más allá de la percepción física. Es el mundo de los

Maestros Ascendidos y de sus retiros, de las ciudades etéricas de luz donde las almas de un orden evolutivo superior residen entre encarnaciones. Es el plano de la realidad.

Presencia electrónica. Un duplicado de la Presencia YO SOY que contiene el patrón del *Yo Real;* una potente réplica de un *Maestro Ascendido,* la totalidad de su cuerpo de luz tangible, que puede enfocarse en el tiempo y el espacio dentro del aura de un discípulo. Un devoto que llame a un Maestro Ascendido, en el nombre del YO SOY EL QUE YO SOY, puede ser bendecido por la Presencia Electrónica de este.

Presencia YO SOY. El YO SOY EL QUE YO SOY (Éxodo 3:13-15); la Presencia individualizada de Dios focalizada para cada alma individualizada. La identidad Divina del individuo.

Registros akáshicos. Las impresiones de todo lo que ha tenido lugar en el universo físico, registradas en la sustancia y dimensión etérica conocida con el término sánscrito *akasha.* Estos registros pueden leerlos los que tienen desarrolladas las facultades del *alma.*

Retiro. Un foco de la *Gran Hermandad Blanca,* normalmente en el *plano etérico,* donde los *Maestros Ascendidos* presiden. Los retiros afianzan una o más llamas de la Divinidad, así como el impulso acumulado y el logro del servicio de los maestros para el equilibrio de la *luz* en los cuatro cuerpos inferiores de un planeta y sus evoluciones. Los retiros tienen muchas funciones para los consejos de la *jerarquía* que ayudan a las oleadas de vida de la Tierra. Algunos retiros están abiertos para la humanidad no ascendida, personas cuyas *almas* pueden viajar a estos focos en su *cuerpo etérico* entre encarnaciones en la Tierra o en sus cuerpos sutiles cuando duermen.

Retiro etérico. El hogar espiritual de un *Maestro Ascendido* o ser celestial. Los retiros se ubican principalmente en el *plano etérico,* o mundo celestial, y tienen muchas funciones para la *jerarquía* en su ayuda a las almas de la Tierra. Algunos retiros se han abierto para que las almas puedan viajar allí en sus cuerpos sutiles cuando duermen y estudiar en las universidades del Espíritu.

Saint Germain. El *Maestro Ascendido* jerarca de la *Era de Acuario* y patrocinador de los Estados Unidos de América; *chohán* del séptimo rayo.

Santo Ser Crístico. Véase *Ser Crístico.*

Sendero. El sendero de iniciación con el cual el discípulo que busca la *conciencia Crística* supera paso a paso las limitaciones de la individualidad en el tiempo y el espacio y logra la reunión con la Realidad a través del ritual de la *ascensión.*

Señores del Karma. Los Señores del Karma reparten justicia en este sistema de mundos, adjudicando karma, misericordia y juicio a cada alma. Todas las almas deben pasar ante el Consejo Kármico antes y después de cada encarnación en la Tierra para recibir su tarea y asignación kármica correspondiente a cada vida antes y para hacer una revisión de su rendimiento a su término.

Ser Crístico. El Yo Superior; nuestro instructor interior, protector, amigo y defensor ante Dios; el Cristo Universal individualizado para cada uno de nosotros; el Yo Real de todos los hombres, las mujeres y los niños, al cual se debe elevar el *alma.* El Ser Crístico es el mediador entre el individuo y Dios.

Siete rayos. Las emanaciones de *luz* de la Divinidad que, cuando se invocan en el nombre de Dios o en el nombre del *Cristo,* estallan como una llama en el mundo del individuo. Los siete rayos de la luz blanca que emergen a través del prisma de la *conciencia Crística.* La conciencia Divina de seres ascendidos o no ascendidos puede proyectar rayos a través de los *chakras* y el tercer rojo como una concentración de energía que asume numerosas cualidades Divinas, como el amor, la verdad, la sabiduría, la sanación, etc.

Sol central. Tanto en el *microcosmos* como en el *Macrocosmos* el sol central es la principal fuente de energía, vórtice o nexo de intercambio de energía en átomos, células, el centro del corazón del hombre, en la vida vegetal y en el núcleo de la Tierra. El Gran Sol Central es el centro del cosmos, el punto de integración del cosmos Espíritu-Materia y el punto de origen de toda la creación física-espiritual.

Summit University. Una escuela de misterios moderna fundada en 1971 bajo la dirección de los *Mensajeros* Mark L. Prophet y Elizabeth Clare Prophet. En Summit University los estudiantes estudian las Enseñanzas de los *Maestros Ascendidos* entregadas a través de sus *Mensajeros.*

The Summit Lighthouse. Una organización exterior de la *Gran Hermandad Blanca* fundada por Mark L. Prophet en 1958, en la Ciudad de Washington, bajo la dirección del Maestro Ascendido El Morya con el fin de publicar y diseminar las enseñanzas de los *maestros ascendidos.*

Transfiguración. Una iniciación del sendero de la *ascensión* que tiene lugar cuando el iniciado ha alcanzado cierto equilibrio y cierta expansión de la *llama trina.* La transfiguración de Jesús se describe en Mateo 17:1-8.

Tubo de luz. La luz blanca que desciende del corazón de la *Presencia YO SOY* en respuesta al llamado de la persona. De unos nueve metros de diámetro, es un cilindro que se origina en la *Presencia YO SOY* y se extiende un metro por debajo de los pies de la persona. El tubo de luz actúa como escudo de protección contra las energías negativas y se mantiene las veinticuatro horas del día, siempre que uno mantenga la armonía en sus pensamientos, sus sentimientos, sus palabras y sus obras.

Vida elemental. Espíritus de la naturaleza que sirven a Dios y al hombre en los planos de la *Materia* para el establecimiento y mantenimiento del plano físico como plataforma para evolución del *alma.* Los elementales que sirven al elemento fuego se llaman salamandras; los que sirven al elemento aire, silfos; los que sirven al elemento agua, ondinas; los que sirven al elemento tierra, gnomos.

Vigilante Silencioso. Véase *Ciclopea.*

Yo Real. Véase *Ser Crístico.*

YO SOY EL QUE YO SOY. Véase *Presencia YO SOY.*

Yo Superior. La *Presencia YO SOY;* el *Ser Crístico;* el aspecto exaltado de la individualidad. Utilizado en contraste con el término «yo pequeño», que es indicativo del *alma* que salió del Todo Divino y puede escoger, por libre albedrío, volver a él a través de la realización de la unión del yo en Dios. Conciencia superior.

The Summit Lighthouse®
63 Summit Way
Gardiner, Montana 59030 USA

1-800-245-5445 / 406-848-9500

Se habla español.

TSLinfo@TSL.org
SummitLighthouse.org

Mark L. Prophet y Elizabeth Clare Prophet son escritores reconocidos mundialmente, instructores espirituales y pioneros en la espiritualidad práctica. Entre sus libros más vendidos se encuentran los siguientes títulos: *Las enseñanzas perdidas de Jesús, El aura humana, Saint Germain sobre alquimia, Los ángeles caídos y los orígenes del mal;* y la serie de libros de bolsillo para la espiritualidad práctica, que incluye *Cómo trabajar con los ángeles, Tus siete centros de energía* y *Almas compañeras y llamas gemelas.* Sus libros se han publicado en más de treinta idiomas y están disponibles en más de treinta países.

www.ingramcontent.com/pod-product-compliance
Lightning Source LLC
LaVergne TN
LVHW021946220826
846091LV00015B/4102

9781609884321